명상은 깨달음의
열쇠이자
천국의 열쇠다

명상으로 나를
치유하는 시간

Time To
Heal Myself With
Meditation

명상으로 나를 치유하는 시간

초판인쇄	2024년 9월 02일
초판발행	2024년 9월 06일
지은이	김주수
발행인	조현수, 조용재
펴낸곳	도서출판 더로드
기획	조용재
마케팅	최관호 최문섭
편집	이승득
디자인	오종국 (Design CREO)
주소	경기도 파주시 초롱꽃로 17 305동 205호
물류센터	경기도 파주시 산남동693-1 1동
전화	031-925-5364, 031-942-5366
팩스	031-942-5368
이메일	provence70@naver.com
등록번호	제2015-000135호
등록	2015년 06월 18일

정가 23,000원
ISBN 979-11-6338-466-3 03190

명상은 깨달음의
열쇠이자
천국의 열쇠다

명상으로 나를
치유하는 시간

Time To
Heal Myself With
Meditation

김주수 지음

도서출판 **더 로드**
The Road Books

명상법으로 치유와 성장의 열쇠를
얻을 수 있기를 바랍니다

1

"선생님 어제 우울증 다 나은 것 같은 기분이 들었어요. 지옥에서 나온 기분이에요. 너무 감사드려요." 이것은 제가 우울증 내담자(40대 여성)로부터 비대면 화상상담으로 1시간 30분 1회 상담을 한 후 그다음 날 받은 문자입니다.

이분은 제 권유로 상담받기 시작한 당일부터 먹고 있던 정신과약을 바로 끊었으며, 제게 상담을 한 번 더 받고 상담 2회 만에 우울증은 대부분 다 좋아졌습니다. 이것만으로도 놀라운데, 더 놀라운 것은 다음날 다시 3회 상담을 했을 때 영적 각성(초견성)까지 하셨습니다. "하늘을 나는 기분입니다. 이런 기분은 태어나서 처음이에요!" 고작 총 상담시간 4시간 30분, 상담 시작한 지 4일 만에 일어난 일이었습니다.

53세 여성께서 우울증 때문에 제게 상담을 신청하셨는데, 이분은 평생 우울증과 자살충동을 느끼셨던 분입니다. 실제로 제게 상담받기 1주일 전에 자살시도를 하셨던 분입니다. 이분의 언니께서 제 책 『내가 나를 치유하는 시간』을 읽고서, 제게 상담을 받아보라고 권유하셔서 상담을 받게 된 경우였습니다.

이분이 제게 말하길 '내 우울증은 50년이나 되었는데 어떻게 빨리 나을 수 있겠는가?'라고 하셨습니다. 그래서 제가 이렇게 답했습니다. "텅빈마음[1] 에는 아무런 우울증이 없습니다. 고로 50년 된 우울증이든, 500년 된 우울증이든 나을 수밖에 없습니다."라고 말했습니다. 이분은 상담 초기부터 조금씩 좋아지기 시작했고, 그 때문에 "선생님 만난 것은 축복입니다!"라는 말을 제게 여러 번 하셨습니다.

상담이 진행될수록 점점 더 좋아지고 있었지만 다른 중증 내담자들과 마찬가지로 자신의 틀과 고집, 저항 때문에 나름의 진통이 있어서 상담진행이 꼭 쉽지만은 않았습니다. 그러던 와중 놀라운 일이 벌어졌습니다. 8회 상담 후 혼자서 밤에 '내려놓기 명상'을 하다가 이분 또한 영적 각성을 하셨습니다. 하루아침에 우울증이 완전히 좋아진 것은 물론이요, 일반사람보다 더 평온한 상태가 되어버렸습니다. 여전히 상황은 아무것도 달라진 게 없는데, 그것을 바라보는 시각이나 마음이 달라져서 예전처럼 괴롭지도 않고 대부분 늘 마음이 평온해서……, 너무 신기하고 놀랍다는 말씀을 하셨습니다.

어떤 영성단체에서 마음공부를 하시던 30대 여성께서 제게 참나 코칭을 신청하셨습니다. 이분은 그 영성단체에서 5년 동안 공부했지만 별다른 진전 없이 지지부진한 상태가 계속되어 제게 참나 코칭을 신청하게 되었다고 말했습니다. 대화를 나누어보니 5년이라는 시간과 노력과 비용이 무색할 만큼 제대로 아는 것이 너무 없었고 마음공부 또한 너무 안 되어 있었습니다. 이분은 제게 참나 코칭을 3회 받은 후 혼자서 제게 배운 '참나 만트라 명상'을 하다가 초견성을 하셨습니다. 참나 코칭을 시작한 지 불과 1주일 만에 일어난 일입니다. 왜 그곳에서 5년을 해도 안 되던

---

[1] 이 책에선 '텅빈마음'이라는 단어가 수없이 나오는데 고유명사처럼 쓰기 위해서 일부러 띄어쓰기를 하지 않았습니다. 제가 의도한 바가 있어서 그런 것이니 양해해 주시기 부탁드립니다.

것이 고작 1주일 만에 되었을까요?

사람마다 증상과 상황(환경)과 자세와 습득력이 천차만별이므로, 제게 상담이나 코칭을 받는 분들에게 항상 모두 이렇게 기적 같은 일이 벌어지지는 않습니다. 하지만 이와 비슷한 일들은 지금도 계속 일어나고 있고, 갈수록 점점 더 많이 일어나고 있는 추세입니다. 다소의 차이가 있을 뿐 요즘은 대부분의 내담자들께 이와 비슷한 일들이 수시로 벌어지고 있습니다.

증상과 상처는 다양하지만 이처럼 어떤 증상과 상처를 가졌든 대부분의 내담자들이 단기간에 좋아지는 경우가 많습니다. 제게 상담받는 분들의 90%가 다른 곳에서 많은 상담을 받고도 여전히 좋아지지 않은 분들입니다. 이분들은 대부분 상담료로 이미 수백 만원, 수천 만원을 쓰고도 낫지 않았던 분들인데, 이런 분들이 대부분 단기간에 좋아집니다. 그 이유는 무엇일까요? 그것은 오직 '치유 방법'의 차이 때문일 것입니다.

회의론자나 부정적인 사람은 세계적인 문제를 도저히 해결할 수 없다.
그들의 시야는 빤한 현실에만 제한되어 있기 때문이다.
우리에게는 없던 것을 꿈꿀 줄 아는 사람이 필요하다.

-존 에프 케네디

심리치유를 위해 제가 상담 때 쓰는 방법은 크게 '감정수용', '명상', '최면(자기최면)' 이 세 가지입니다. 심리치료의 원리와 감정수용하는 법에 대해선 제 책『내가 나를 치유하는 시간』에서 설명했다면, 이 책에선 제가 개발해서 사용하는 명상법들에 대해서 다루었습니다. 이 책엔 실로 저의 핵심적인 치료기법과 노하우가 거의 다 소개되어 있습니다. 이 기법들은 하루아침에 만들어진 것이 아니라, 절차탁마와 천신만고의 오랜 숙련 속에서 만들어진 것들입니다.

저는 심리치유에 있어 스스로 하는 '자가 치유'를 무엇보다 중요하게 생각하는 상담가이며, 자가 치유에 있어 '명상'보다 더 좋은 치유 도구는 없다고 생각하는 상담가입니다. 효과적인 명상법을 익히고 꾸준히 실행한다면 상담이나 타인의 도움 없이도 많은 부분 '자가 치유'가 가능해질 것입니다. 그것이 제가 모든 노하우를 공개하며, 이 책을 쓴 이유이기도 합니다.

2

나는 항상 신비주의적인 동시에 실용적이다. 과학적인 증거를 좋아하며, 그 것을 실제로 이용하는 것을 좋아한다. 양자물리학의 모든 이론이나 영성, 심리학, 철학 등을 아무리 제대로 이해해도 인생에서 성과를 창출하는 데 사용하지 못한다면 아무런 의미가 없다.

-제임스 아서 레이, 『조화로운 인생』에서

저 또한 신비주의적인 동시에 실용적인 것을 지향합니다. 특히 명상에 대한 제 생각은 더욱 그러합니다. 명상은 반드시 실용적이어야 하고 인생에 유의미한 어떤 가치를 창출해야 합니다. 어떤 명상법으로 명상을 하든 명상을 하면 반드시 효과가 있어야 하고, 이왕이면 익히기가 더 쉽고 간단하며 그 효과는 빠르면 빠를수록 더 좋다고 생각합니다. 제가 새로운 명상법을 탐구하고 개발한 것은 바로 이 때문입니다.

비전은 기존의 과학적 사실, 방법, 결과에서는 찾을 수 없는

새로운 시각에서 사물을 볼 수 있게 해준다.

-슘페터

상담을 받는 내담자들은 대부분 나름의 심각한 고통과 증상을 가지고 있기 때문에 일반인보다 학습 능력이나 실전의지가 훨씬 떨어지는 경우가 많습니다. 명상은 나름의 숙련 기간이 필요해서 초심자들에겐 그 문이 쉽게 열리지 않는 측면이 있기 때문에, 내담자들이 명상을 잘 해내기는 결코 쉽지 않은 일이었습니다. 그래서 일반적인 명상보다 훨씬 더 쉽게 익힐 수 있지만 그 효과는 거의 즉각적이라고 할 만큼 체감속도와 치유속도가 빠른 명상법이 필요했습니다. 즉 제게는 더 쉽고 효과적인 명상법이 간절히 필요했으며, 그 필요에 따라 새로운 명상법을 개발할 수밖에 없었습니다.

저는 마음공부를 오래 한지라 이미 많은 명상법과 수련법을 알고 있었습니다. 하지만 새로운 명상법을 계발하기 위해선 명상과 명상법에 대한 더 많은 공부를 계속해나갈 수밖에 없었습니다. 그 과정에 많은 지식이 축적되었고 또 계속 다양한 실험을 하다 보니 많은 명상법을 개발하게 되었습니다. 이 책에 수록된 56가지나 되는 명상법은 그러한 공부와 탐구의 결과물들이라 할 수 있습니다.

같은 비타민이라고 해도 비타민A, 비타민B, 비타민C, 비타민D가 각각 조금씩 다른 영상소를 지니고 있는 것처럼 명상법도 종류에 따라 조금씩 다른 효과와 영향을 가지고 있습니다. '명상법마다 각기 조금씩 다른 효과가 발생한다.'는 사실을 연구한 대니얼 골먼은 『명상하는 뇌』에서 이렇게 말했습니다. "마음의 영역에서는 무엇을 하는지가 결과로서 무엇을 얻을지를 결정한다. 결론적으로 '명상'은 운동과 마찬가지로 단 하나의 활동이 아니라 광범위한 수련법들이고, 모두가 나름의 특정

한 방식으로 마음과 뇌에 작용한다."

세상에 요리법이 다양하듯 명상법도 다양합니다. 명상법에 따라 체험도 조금씩 다를 것입니다. 하지만 어떤 명상법이든 목적과 목표는 거의 동일할 것이요, 그 궁극의 도달점 또한 거의 동일할 것입니다. 제가 내담자에게 명상법을 알려주고 권하는 것은 단 하나의 이유 때문입니다. 그것은 치유와 영적 깨달음을 위해서입니다.

심리치유도 쉽지 않은 일이지만 깨달음은 더더욱 쉽지 않은 일입니다. 필요는 발명의 어머니라는 말이 있듯, 그래서 제게는 최고의 명상법이 절실히 필요했습니다. 심리상담의 경우 '좋은 치유 결과(성과)'를 만들어내지 못하면 다른 것은 아무런 의미가 없습니다. 그런 점에서 상담가는 늘 책임의 칼날 위에 서 있는 존재와 같습니다. 이에 그 책임의 무게에서 자유로워지기 위해선 뛰어난 치유 기법이 절실할 수밖에 없습니다.

구글의 명상프로그램을 만든 차드 멍 탄은 이렇게 말했습니다. "명상의 이점에 다가가려면 그것이 단지 이상한 옷을 입은, 산속의 머리 깎은 사람들이나 뉴에이지 신봉자들의 전유물이 되어서는 안 되었다. 명상은 현실적이어야 한다. 그것은 현실에 발 디디고 살아가는 사람들의 삶과 관심사에 공조를 이루어야 했다." 차드 멍 탄은 자신의 말대로 현실에 발 디디고 살아가는 일반인들에게 매우 현실적이고 실용적인 명상 프로그램을 만들어 구글 직원들에게 큰 도움을 주었으며 회사를 혁신시키는 데 크게 일조하였습니다.

저는 상담가이므로 제가 만든 명상법들은 치유 차원에서 철저히 현실적이어야 하며, 모든 사람의 삶과 관심사에 공조하며 좋은 영향을 줄 수 있는 것이어야 했습니다. 아울러 저는 늘 속전속결의 치유를 추구하기에 명상법 또한 그러해야 했습니다. 제가 만든 여러 명상법들은 오로지 이를 위해 만들어졌습니다. 100년 전의 자동차도보다 요즘 나온 자동차의 성능이 훨씬 더 뛰어난 것처럼, 저는 세계 최고를 꿈꾸며 혁신적인 최상의 명상법을 만들고 싶었습니다.

3

요리책을 읽고서 직접 요리를 해보지 않는다면 요리에 대한 체험 자체가 부재할 뿐 아니라 요리 실력 또한 결코 늘지 않을 것입니다. 좋은 레시피를 아는 것과 그 레시피대로 실제로 요리를 여러 번 해봐서 그것은 온전히 체득하는 것은 전혀 별개의 일입니다. 운동이 몸에 좋다는 것을 이론적으로 아는 것과 운동을 꾸준히 해서 몸을 건강케 하는 것이 전혀 다른 것처럼, '명상이 좋다는 것을 아는 것'과 그것을 '실행을 통해 실제로 체득하는 것'은 전혀 다른 별개의 일일 것입니다.

백 번, 천 번을 앵무새처럼 말과 글로 되풀이해도 단 한 번의 체험 앞에서는 아무런 힘이 없습니다. 이 세상은 생각으로 살아내는 곳이 아니라, 몸으로 직접 통과해 체험해 내는 곳이기 때문입니다. 생각 속의 세상만 바라보며 사는 것은 똑같은 필름 속에 갇혀 사는 것과 같습니다.
-진세희, 『사는 것도 두렵고 죽는 것도 두려운 당신에게』에서

저는 독서에서 가장 중요한 점은 '인풋과 아웃풋의 선순환'이라고 생각합니다. 읽기가 인풋이라면 실천으로 '경험 쌓기'는 아웃풋일 것입니다. 아웃풋이 없는 독서는 반쪽짜리 혹은 반에 반쪽짜리 독서요, 바퀴가 한쪽 밖에 없는 독서와 같을 것입니다. 특히나 책 중에는 실행과 체험이 더 중요한 책들이 있습니다. 만약 명상책을 읽고서 명상을 하지 않는다면, 요리책을 읽고서 요리를 하지 않는 일과 같을 것입니다.

뭔가 정확히 안다는 것은, 개념과 체험의 결합이라는 점을 잊어서는 안 된다. 개념만으로도 부족하고, 체험만으로도 부족하다. 체험이 개념화될 때 진정한 '지혜'가 탄생한다. 개념은 체험으로 증명되어야 하며, 체험은 개념으로 명확히 표현되어야 한다.

–윤홍식, 『내 안의 창조성을 깨우는 몰입』에서

제가 힘들어하는 내담자께 보낸 문자 하나를 소개합니다. "내가 좋아지려면 어떤 생각과 믿음을 가져야 할지를 항상 생각해 보세요. 마찬가지로 내가 꿈을 이루려면 어떤 믿음과 행동을 가져야 할지를 항상 생각해 보세요. 늘 집중하고 몰입해서 오로지 그 생각만 해야 합니다. 그런 생각으로 내면을 가득 채워야 합니다. 간절히 간절히 매 순간 깨어서 온 마음으로 그렇게 하셔야 합니다. 그러면 반드시 답이 찾아질 것이요, 반드시 좋아지게 될 것입니다!"

제 경험에 비춰보면 '삶의 변화'는 생각처럼 쉽게 일어나지는 않는 것 같습니다. 심각한 상처나 증상이 있거나 삶의 환경이 어려운 경우는 더욱 그렇습니다. '간절함'이라는 열쇠 없이 운명의 문이 열리는 경우는 극히 드문지 않은가 합니다. 지금까지와 '다른 삶'을 살고 싶다면, 그 무엇보다 먼저 내가 '다른 존재'가 되어야만 합니다.

존 아사라프는 이렇게 말했습니다. "정신 이상이란 똑같은 일을 거듭 반복하면서 다른 결과를 바라는 것이라는 말이 있다. 정신 이상자가 되지 마라! 적극적으로 다른 것을 시도해 보라. 지금 현재보다 더 중요한 사람이 되도록 기꺼이 직접 도전하라. 지금보다 더 나은 인생을 정말로 원한다면 그것에 필요한 일을 하라."

'삶을 변화'를 만드는 데 있어 혹은 '더 나은 인생'을 사는 데 있어 명상은 누구에게나 값없는 좋은 도구일 것입니다. 특히 내면의 치유와 영적 깨달음을 위해서는 필수적인 것이라 하겠습니다. 명상으로 자신을 치유하는 시간, 명상으로 자신을 깨우는 시간을 가져보시기 바랍니다. 그 시간은 삶에 빛과 소금이 데려오는 시간이 될 것입니다. 그 시간은 영혼의 자양분이 되는 시간이요, 삶의 나침반이 되는 시간일 것입니다.

> 비전이 없을 때 사람들이 망하는 게 사실이라면,
> 행동이 없을 경우
> 사람들과 그들의 비전 모두 망한다는 것은 두 배로 사실이다.
>
> -조네타 베취 콜

저는 많은 분들이 제가 만든 명상법으로 치유와 성장의 열쇠를 얻을 수 있기를 바라면서 이 책을 썼습니다. 이 책엔 동작이 주가 되어 설명이 쉽지 않거나 혼자서 체득하기 쉽지 않은 방법을 빼고는 제가 만든 거의 모든 명상법과 노하우가 다 담겨 있습니다. 이 책엔 총 56가지 명상법이 소개되어 있는데, 가능하다면 명상법 전체를 다 경험해 본 후에 자신에게 가장 잘 맞는 명상법 서너 가지를 꾸준히 해보시기를 권해드립니다. 나이테처럼 체득의 깊이가 자나날 때까지, 꾸준한 훈련으로 많은 성과를 이루시를 기원합니다.

'홀로있음'은 분열된 내면의 역사를 재구성한다. 생의 어느 한 마디도 잘라 내거나 부정하지 않고 일관된 의미로 통합하는 삶의 연금술이다. 가히 혁명이라 할 수 있는 존재의 질적 변화는 고요한 숨과 단순한 삶에 깃든다. '홀로 있는 힘'

이 길러지면 외로움은 모습을 바꾼다. 선한 친구, 누구보다 믿음직한 벗이 된다. 홀로 멈추는 시간이 많을수록 흔들리지 않는다. 온전해진다.

-성소은, 『반려명상』에서

두더지가 땅을 파듯 저는 '홀로 멈추는 시간' 속에서 다양한 명상법들을 찾아냈고, 홀로 멈추는 시간 속에서 이 책을 썼습니다. 그 덕에 저는 시공을 초월해서 수업이 많은 독자들을 만날 수 있게 되었습니다. 이제 독자들께서 홀로 멈추는 시간 속에서 존재의 질적 변화를 만들어내며 내면의 보석을 수없이 캐내시기를 바랄 뿐입니다. 조금씩 흔들리면서 또 흔들리지 않으면서 삶에 점점 더 '뿌리 깊은 온전함과 평온함과 조건 없는 행복'이 깃들 때까지!

2024. 5. 29

취루재에서 **김주수** 드림

Contents
차례

제 2 부
나를 살리는 실전 명상법 56가지

명상의 효과와 가치는
너무나 다양하지만, 명상은 특히 치유를 위해서도
아주 좋은 도구입니다.

제1부

명상이란
무엇인가?

내면에 심리적 중심이 없으면
잘 넘어질 뿐 아니라,
넘어진 후 잘 일어나지 못하게 됩니다.
오뚝이 같은 회복탄력성도
이러한 심리적 중심이 있을 때,
생성되는 것입니다.

Time To Heal Myself With
Meditation

긴장을 푸는 것이 치유의 출발점인 이유

모든 증상은 지나친 긴장 때문에 생기는 것입니다. 감정을 억압하는 것도, 마음이 굳어져 무감각해지는 것도, 불편한 신체화 반응이 일어나는 것도, 실은 전부 '어떠한 긴장' 때문에 만들어진 것입니다. 그것이 고착화되어 부조화된 현상으로 나타나는 것이 증상입니다. 때문에 긴장을 푸는 것은 모든 치유의 출발점이라고 할 수 있습니다.

보통 위기 상황을 예감할 때 우리 몸은 긴장하고 떨리고 힘이 들어가며, 두려움과 공포를 느낄 때면 얼어붙습니다. 위험 상황이 지나가고 안정적인 상태가 되어야 비로소 몸의 반응도 정상으로 돌아오지요. 이것이 몸과 마음의 조화입니다. 그런데 원래 몸의 상태로 회복하는 과정이 방해받거나 충분하게 이루어지지 않으면, 이성적으로는 위험이 지나갔음을 알아도 내 몸 한구석에서는 여전히 두려움과 공포의 반응이 지속됩니다. 아무리 오랜 시간이 지났어도 말입니다.

-배재현, 『나는 가끔 엄마가 미워진다』에서

심리치유를 위해 우리가 꼭 알아야 할 긴장에는 크게 두 가지가 있습니다. '의식 차원에서 자각되는 긴장'과 '무의식 차원에 내재되어 잘 자각되지 않는 긴장'이 바로 그것입니다. 긴장에는 일시적인 긴장과 만성적인 긴장이 있는데, 일시적인 긴장이 의식 차원에서 자작되는 긴장이라면 만성적인 긴장은 무의식에 내재되어 잘 자작되는 않는 긴장인 경우가 많습니다.

어떤 긴장이 계속 반복되고 지속되면, 이것이 내면에 내재화되어 버리는데 이렇게 되면 긴장을 하면서도 긴장을 하고 있음을 잘 모르는 상태가 됩니다. 이런 만성적 긴장 상태가 되면 마음도 굳어버리고 몸도 굳어서 무감각한 상태가 됩니다. 이것이 어떤 불편하거나 고통스러운 현상으로 나타나는 것이 바로 '심리증상'입니다.

무의식 차원에 내재되어 있는 긴장은 대부분 어린 시절부터 시작되는 경우가 많습니다. 아이가 어떤 일로 크게 상처를 받거나 지나치게 긴장하게 되면, 그 긴장을 완화하기 위해 자신의 감정과 욕구를 억압하는 일이 발생하게 됩니다. 이것은 내면이 분열되는 핵심 원인입니다. 그래서 이런 일이 반복되면 될수록 감정과 욕구는 더 많이 억압되기에 정서적 부조화가 만들어지고, 긴장은 더욱 내면화되게 됩니다. 그렇게 억압된 감정과 내재화된 긴장이 많아질수록 부정적인 생각과 신념 또한 점점 더 강화됩니다. 이렇게 연쇄적인 심리적 악순환의 고리가 만들어지는 것입니다.

그래서 예외 없이 증상이 심하면 심할수록 억압되어 있는 감정도 더 심하고, 내재화되어 있는 긴장도 더욱 심합니다. 간단히 말해 증상이 심할수록 몸과 마음이 더 굳어져 있고, 부정적 신념도 더 고착화되어 있습니다. 때문에 우리는 눈에 보이는 긴장뿐 아니라, 보이지 않는 내면 깊은 곳의 긴장까지 볼 수 있어야 합니다.

이완반응을 일으키는 마음 수련을 정기적으로 실시하게 되면 굳어 있던 마음과 몸이 부드럽게 이완됨을 느끼게 된다. 이런 이완된 기분은 마치 '무언가를 꼭 움켜쥐고 내려놓지 않으려고 긴장하고 있다가 이를 내려놓았을 때 느끼는 해방감'과 같은 것이다. 이 말은 흔히 우리가 일상생활 속에서 듣는 '집착을 내려놓았다' 또는 '마음을 비웠다', '욕심을 버렸다'는 말과도 일맥상통한다. 꼭 움켜쥐고 있던 것들을 내려놓았을 때 느끼는 기분은 긴장이 풀렸을 때 느끼게 되는 편안함 또는 긴장이 이완될 때의 가벼움 등과도 관련 있는 느낌이다.

천천히 깊이 숨을 쉬면서 내뱉을 때마다 호흡과 함께 '긴장감을 내려놓는다'고 상상을 하면 근육의 긴장이 이완되고 정서적으로 편안하게 느껴지는 것을 맛보게 될 것이다. 이처럼 누구라도 긴장을 내려놓는 이완 훈련을 정기적으로 실시하면 우리는 몸과 마음이 편안하게 되는 이완 능력을 길러갈 수 있다.

-장현갑, 『명상에 답이 있다』에서

어떤 증상을 만들 만큼 굳어 있는 마음, 굳어 있는 신념은 잘 바뀌지 않습니다. 그래서 일단 이 마음과 신념을 녹여야 합니다. 녹인다는 것은 '이완'을 시켜야 한다는 뜻입니다. 쇠붙이가 그러하듯 굳어있는 마음 또한 일단 부드럽게 녹여야 바꿀 수 있을 테니까요!

심리치유에서 가장 중요한 해결과제인 억압된 감정이나, 부정적인 신념도 전부 이러한 긴장 상태가 지속되고 있는 것과 다르지 않습니다. 하여 치유를 위해선 의식차원의 긴장뿐 아니라, 무의식 차원의 긴장까지 풀려야 합니다. 이것이 모든 치유의 출발점입니다.

모든 긴장을 내려놓으면,

우리 몸은 자연치유력을 발동하기 시작한다.

-틱낫한

그렇다면 긴장을 푸는 가장 효과적인 방법은 무엇일까요? 다양한 방법이 있겠지만 그 가장 대표적인 방법이 바로 명상과 최면(자기최면)입니다. 명상도 긴장을 풀고 몸과 마음을 편안히 이완하는 것이고, 최면도 긴장을 풀고 몸과 마음을 편안히 이완하는 것입니다. 그래서 이 두 가지가 심리치유에 아주 좋을 뿐 아니라, 너무나 중요할 수밖에 없는 것입니다. 긴장을 풀지 않고는 어떠한 치유작업도 좋은 효과를 볼 수 없을 테니까요! 내재된 오랜 긴장을 풀고 몸과 마음이 편안해진다는 것은, 그 자체가 일종에 치유작업이고, 치유의 결과이기도 합니다.

몸과 마음을 편안하게 이완시키는 것이 명상의 첫걸음입니다. 이때에 일어나는 느낌(감각과 감정)과 생각들을 볼 수 있게 됩니다. 마음이 어느 정도 가라앉지 않으면 생각과 감정에 휩쓸려 바라보기 어렵습니다.

-최훈동, 『내 마음을 안아주는 명상 연습』에서

거듭 말씀드리지만, 어떤 증상이든 빠르게 확실히 치유가 되려면 의식 차원의 긴장뿐 아니라, 무의식 차원의 긴장까지 다 풀려야 합니다. 이것이 치유의 가장 중요한 과제입니다. 왜냐하면 긴장만 잘 풀리면 나머지 치유작업은 아주 쉬워지니까요! 자신의 마음을 치유하고자 하는 분들은 이 정도는 필수 상식으로 꼭 알고 계시는 게 좋지 않을까 합니다. 이건 심리치유에 핵심 사안이자 기본 중에 기본이니까요!(제게 상담 문의를 주신 어떤 분이 말하길 '나는 기독교인인데 명상을 해도 되느냐'고 물었습니다. 이는 나는 기독교인인데 몸과 마음을 편안하게 이완하는 것을 해도 되느냐고 묻는 것과 같습니다. 저는 명상의 가치가 널리 알려져 세상에 이토록 무지한 질문을 하는 사람이 없기를 바랍니다.)

단 한순간 동안 아무것도 하지 않고
자신의 중심에서 완전히 이완할 수 있다면,
그것이 바로 명상이다.

– 오쇼

불면증을 예로 들어보겠습니다. 왜 잠을 자지 못하는 것일까요? 간단히 말해 생각의 과부하 때문에 긴장이 가라앉지 않아서입니다. 생각과 긴장의 과부하로 자율신경계의 균형이 무너져 내 몸과 마음이 내 뜻대로 움직여지지 않는 것입니다. 이것이 불면증의 근본 원인이니, 어떻게 해야 잠을 잘 수 있을까요? 생각을 내려놓아야 하고 긴장을 가라앉혀야 합니다.

생각을 내려놓고 긴장을 이완시키는 것, 그것으로 몸과 마음을 편안하게 하는 것이 바로 명상입니다. 생각을 내려놓아야 머리가 휴식을 할 수 있고, 긴장을 이완시켜야 호흡이 깊어지고 몸과 마음 전체가 편안해집니다. 명상은 간단히 말해 과활성화되어 있는 생각과 긴장을 내려놓고 몸과 마음을 휴식케 하는 이완훈련입니다.

명상이 불면증 치료에 아주 좋은 이유는 이 때문입니다. 불면증이 나으려면 생각과 긴장이 풀려서 의식과 무의식 차원까지 몸과 마음이 편안하게 이완되어야 하듯 다른 심리증상 또한 다 마찬가지입니다. 모든 심리치료는 생각의 고착과 지나친 긴장 상태에서 벗어나는 것이라 해도 과언이 아닙니다. 그것이 모든 증상이 가지고 있는 핵심 공통 기제이기 때문입니다. 과부화 되고 고착된 생각과 긴장을 내려놓는 수련이 바로 명상이니, 심리치유를 바라는 사람이 어찌 명상을 하지 않을 수 있겠습니까.(심지어 상담가나 정신과전문의 중에도 아직 이러한 명상의 가치와 중요성을 잘 모르는 사람이 많은 것 같습니다. 좀 심하게 얘기하자면 이는 기본 중에 기본도 모르는 것과 같을 것입니다.)

마음을 쓰고 부리는 법을 배울 때, 편안함이 자연스러운 상태가 되며 무슨 일이 벌어지든 우리는 늘 편안함 속에 있다는 걸 알게 될 것입니다. 화가 나거나 깊이 절망하거나 몹시 두려운 순간에도 본래 가지고 있는 편안함의 공간, 늘 푸른 하늘이 나와 함께 있습니다. 천둥벼락이 쳐도 푸른 하늘은 흔적 없이 본래 고요하기 때문입니다. 명상은 생각과 갈등으로 가득 찬 마음 너머의 여백, 바로 그 공간에 머무르게 합니다.

-최훈동, 『내 마음을 안아주는 명상 연습』에서

하버드 의대 크리스토퍼 기머 교수는 "마음챙김 명상 수행법이 미국에서 심리치료 분야에 널리 확산돼 있고 심리치료가의 40% 이상이 이 명상법을 쓰고 있다."라고 말했습니다. 이 말은 2009년에 한 말이니 지금은 명상을 사용하는 심리치료가가 훨씬 더 많이 늘어났을 것입니다. 미국에선 매년 1200편 이상의 명상 관련 논문이 발표되고 있다고 합니다. 이는 무엇을 말하는 것일까요? 명상이 뇌과학과 의학과 심리학의 뜨거운 연구 주제가 되었음을 의미합니다. 명상은 심리치유에 있어 이미 아주 중요한 수단이 되었으니, 오래된 미래라는 말처럼 오래된 최첨단이 되고 있습니다.

그대가 어떤 단계에서도

육체적, 심리적으로 아무것도 하고 있지 않을 때,

모든 행위가 멈추고 그저 존재할 때,

그것이 바로 명상이다.

-오쇼

　강남성모병원 신경정신과 이철 박사는 명상의 효과에 대해 다음과 같이 말했습니다. "명상은 정신 건강을 되찾는 데 아주 좋은 방법입니다. 명상을 하면 알파파가 증가하는 생리적인 변화가 생깁니다. 명상 알파파가 증가하면 맥박·호흡·뇌파가 안정되지요. 불안정한 마음이 가라앉는다는 말입니다. 명상을 하면 스트레스 호르몬과 면역 기능이 좋아진다는 것이 이미 여러 연구를 통해 입증되지 않았습니까? 면역 기능이 좋아지면 감기에도 걸리지 않고 건강해진다는 것은 두말할 필요도 없지요."

　우리가 명상을 해야 할 이유는 너무나 많지만 명상을 하지 말아야 할 이유는 전혀 없습니다. 우리의 몸과 마음이 적절한 휴식과 안정을 원하기 때문이요, 생각과 긴장을 내려놓지 않고는 그러한 상태를 좀처럼 얻을 수 없을 것이기 때문입니다. 그러므로 우리는 명상에 대해 더 열린 마음을 가져야 할 것입니다. 크게 보면 언제 어디서든, 생각과 긴장을 내려놓는 모든 방법은 그 어떤 것이든 다 일종의 명상이라 할 수 있을 것입니다.

　"단순하게는 내 호흡을 알아차리는 일도, 내가 잘 안다는 마음을 내려놓고 초심자로 돌아가는 일도, 고정관념에서 물러나 보는 것도, 나 자신과 세상에 민감한 마음을 가지는 일도, 그저 차나 한잔 정성스럽게 마시는 일도 다 명상이에요. 명상은 이렇게나 풍요로운 개념이어서 일상과 딱 달라붙어 있습니다. 깊은 산사나 무슨 센터에 가서 하는 특별한 활동이 아니고, 걷고 먹고 말하고 청소하는 지극히 일상적인 일에서 내 모습을 발견하는 일의 총칭이에요."

저는 디아님이 1일 1 명상 1 평온에서 한 말에 100% 공감하며, 모든 이가 명상에 대해 확장된 시야와 열린 마음으로 할 걸음씩 더 나아가보시길 권하고 싶습니다.

명상의 효과와 가치

혼자 있는 시간이 많아졌지만 오히려 자신과 마주하는 시간은 줄어들었습니다. IT기기나 TV 등으로 인해 늘 무언가에 마음을 빼앗겨 있기 때문입니다. 특히 모바일의 발달은 여러 편리함에도 불구하고 자기접촉을 차단함으로써 자기 인식을 방해합니다.

–문요한, 『마음 청진기』에서

명상이 습관이 되면 우리는 어떤 것을 얻을 수 있을까요? 명상이 습관이 되면 마음이 안정되고 기분 조절 능력이 향상됩니다. 또 스트레스가 감소하고 집중력과 기억력이 향상되고, 수면의 질 또한 좋아집니다. 면역이 강화되고 건강 회복에 도움을 주며 자존감 향상과 판단력과 문제 해결 능력 향상에도 도움을 줍니다. 이처럼 명상은 삶의 거의 모든 면에서 우리에게 좋은 영향을 줍니다. 그래서 '명상은 인간의 모든 능력을 향상시키는 기술'이라는 말이 있을 정도입니다.

가장 단순한 형태의 명상은 주의력훈련이다. 명상훈련을 충분히 하면 주의는 흔들림 없이 차분해지고 한곳에 집중된다. 이렇게 주의력이 높아지면 마음은 쉽게 그리고 장기간 아주 느긋하고 평안하면서도 동시에 맑고 기민한 상태를 유지할 수 있다. 이 느긋함과 기민함이 결합될 때 마음의 세 가지 놀라운 속성이 자연스럽게 생성된다. 바로 평온함, 청명함, 행복이다.

-차드 멍 탄, 『너의 내면을 검색하라』에서

구글에선 사내에 명상프로그램을 도입한 이후 업무성과가 훨씬 더 좋아졌다고 합니다. 그 명상프로그램의 내용과 성과를 담은 책이 차드 멍 탄의 『너의 내면을 검색하라』입니다. 왜 세계적인 기업에서 직원들에게 체계적으로 명상교육을 시킬 만큼 이토록 명상에 관심을 가질까요? 그 이유는 명상이 주는 이점이나 유익함이 너무나 많기 때문입니다.

이와 비슷한 이유로 카이스트에서도 명상프로그램을 개발해 학생들에게 명상교육을 하고 있습니다. 이덕주 교수의 『카이스트 명상수업』은 명상이 학생들에게 왜 필요했으며, 어떤 효과와 가치가 있었는지를 잘 설명해주고 있습니다. 또 클라이브 에리커의 『학교명상-명상수업이 학교를 바꾼다』는 명상을 통해 학생들의 창의성, 집중력, 인지 기능 등 두뇌계발은 물론 우울증, 무기력, 공격성, 분노 조절 등 정신건강까지도 개선할 수 있다고 말하고 있습니다.

팀 페리스는 200여 명의 명사들을 만나 성공 비밀을 인터뷰했고 그들의 습관을 따라 해 놀라운 성과를 얻어냈다고 합니다. 그들의 공통적인 성공습관을 정리한 책이 『타이탄의 도구들』인데, 이 책에선 성공한 사람들의 아주 중요한 공통점으로 명상습관을 꼽고 있습니다.

"타이탄들이 명상을 하는 이유는 명확하다. 현재 상황을 직시하고, 사소한 일에 예민하게 반응하지 않고, 침착한 태도를 유지하는 데 도움이 되기 때문이다. 집중력을 완전히 발휘하려면 하루에 몇 분씩은 의식적으로 기분을 가라앉힐 필요가 있다. 명상을 통해 '목격자의 관점'을 얻게 되며, 이를 통해 나 자신을 관찰할 수 있다는 것이다."

팀 페리스는 타이탄들에게 배운 명싱을 습관화하면서 '날마다 일을 30~50퍼센트 더 하면서도 스트레스는 절반으로 줄어들었다'고 말하고 있습니다. 이것이 그가 인터뷰한 많은 거장들과 그에게만 해당하는 일일까요? 아니면 모든 사람들에게 해당되는 일일까요?

스티브 잡스가 젊어서부터 명상을 했다는 것은 널리 알려져 있는 사실입니다.(심지어 그가 가장 애독한 책은 영성가 요가난다의 『요가난다 자서전』이었습니다.) 빌 게이츠를 비롯한 미국의 CEO 대부분이 명상습관을 가지고 있다고 합니다. 이것이 우연의 일치일까요? 아니면 필연적 결과일까요? 우리의 일반적 상식 선에선 명상과 성공은 별로 관련이 없어 보이지만, 통념적인 인식과 달리 명상습관은 성공을 위해서도 아주 좋은 도구가 되는 것입니다.

> 명상은 지금 그대가 있는 곳으로부터
> 그대가 있어야 할 곳으로 이동하는 지름길이다.
>
> -오쇼

세계적인 역사학자인 유발 하라리는 무려 하루에 2시간씩 매일 명상을 한다고 합니다. 그는 그러한 명상이 자신의 지적 성취와 창조력에 아주 좋은 영향을 주고 있다고 말합니다. "광범위한 지식의 사실이나 세부적인 사항들을 점검하다 보면,

처음에 구상했던 큰 그림을 보지 못하고 정보의 바다에 빠져 익사하기가 쉽다. 그래서 나는 매일 두 시간씩 명상을 한다. 명상을 통한 집중과 정신적 균형이 없다면 『사피엔스』도, 『호모데우스』도 쓰지 못했을 것이다."

그는 저서 『21세기를 위한 21가지 제안』에서 자신이 명상을 통해 얻은 깨우침을 이렇게 적고 있습니다. "내가 깨달은 가장 중요한 것은, 내 고통의 가장 깊은 원천은 나 자신의 정신 패턴에 있다는 사실이었다. 내가 뭔가를 바라는데 그것이 나타나지 않을 때, 내 정신은 고통을 일으키는 것으로 반응한다. 고통은 외부 세계의 객관적 조건이 아니다. 나 자신의 정신이 일으키는 정신적 반응이다. 이것을 깨닫는 것이 더한 고통의 발생을 그치는 첫걸음이다."

이어 그는 고도의 기술 발전을 이룬 현 인류가 '자기 자신에 관한 실체를 관찰하는 것이 거의 불가능'에 가까워지고 있음을 이야기하며 '명상'의 필요성을 역설(力說)하고 있습니다. "만약 우리가 낯선 문화와 미지의 종과 먼 행성을 이해하기 위해 그만큼의 노력을 기울일 의향이 있다면, 우리 자신의 정신을 이해하기 위해 그 정도로 열심히 노력할 만한 가치는 충분할 것이다." 그는 기술 문명의 알고리즘이 우리의 정신을 지배하지 않게 하려면, 명상을 통해 우리가 먼저 우리의 정신을 이해하고 탐구하는 것이 필요하다고 이야기하고 있습니다.

우리가 힘을 들여 경직된 방식으로 주의를 기울일 때, 그것은 몸과 마음 전체에 해로운 영향을 미친다. 그럴 때 우리는 겁내고, 화내고, 애를 쓰고, 경직되고, 저항하는 식으로 반응하게 된다. 반대로 유연한 방식으로 주의를 기울일 때, 우리는 더 수용적이고 편안하고 에너지가 넘친다. 또한 깨어 있는 상태에서 더욱 건강하고 생산적이고 자연스러운 리듬을 탈 수 있다. 온전한 주의는 창조성,

자발성, 수용, 신뢰, 공감, 통합, 생산성, 유연함, 능률, 스트레스 완화, 인내, 끈기 정확성, 전체적인 조망, 자애로 우리를 이끈다.

-레스 페미, 『오픈포커스 브레인』에서

명상의 효과와 가치는 너무나 다양하지만, 명상은 특히 치유를 위해서도 아주 좋은 도구입니다. 인상적인 사례를 하나 소개할까 합니다. 탁정언 님의 『명상하는 글쓰기』엔 인상적인 치유 경험담이 소개되어 있는데, 그는 자신이 직접 경험한 명상의 치유효과를 이렇게 이야기하고 있습니다.

"틱 장애가 사라지고 나서 곧 눈이 뻑뻑하고 아픈 안구건조증이 사라졌다. 코가 마르는 증상도 사라졌다. 침이 마르는 증상도 슬그머니 사라졌다. 머리에서 비듬도 사라졌고, 입속이 허는 궤양도 사라졌으며, 쉽게 목이 쉬는 증상도 사라졌다. 뭐든지 서둘러 빨리 해야 한다며 주변사람들을 강압적으로 보채지도 않게 되었다. 그러자 가까운 가족, 동료들과의 관계가 좋아졌다."

그가 언급한 신체적 증상만 '틱 장애/안구 건조증/코 마름/비듬/입속 궤양/목 쉼' 이렇게 여섯 가지나 됩니다. 심리적 문제만 좋아진 게 아니라, 오랫동안 지속되어 온 신체적 증상까지 좋아진 것입니다. 약을 먹은 것도 아니요, 약을 먹어도 잘 해결되지 않던 신체적 증상이 명상을 통해 저절로 다 좋아진 것입니다. 왜 이런 일이 일어나는 것일까요? 명상을 통해 이런 일이 일어나는 이유는 우리와 몸과 마음이 서로 연결되어 있기 때문입니다. 몸의 병은 대부분 마음의 문제와 연결되어 있습니다. 때문에 마음의 문제가 해결되면 몸의 병까지 낫게 되는 일이 벌어지는 것입니다.

이런 신기한 일은 비단 탁정언 님만의 일이 아닙니다. 이런 놀라운 사례는 숱하게 많기 때문입니다. 예컨대 유명한 명상가 고엔카도 현대의학으로도 평생 고치지 못했던 편두통을 명상으로 짧은 시간에 고쳤습니다. 잘나가는 사업가였던 그는 이 일을 계기로 사업을 접고 명상 지도자가 되었습니다. 제 내담자 중에도 명상을 열심히 했을 뿐인데 병원에서도 고치지 못한 만성적인 어깨 통증이 깨끗이 다 나은 사례가 있었습니다.(이분은 손연꽃호흡명상을 매일 1시간씩 하셨는데 한 달 만에 어깨 통증이 깨끗이 다 사라졌습니다.) 고로 우리는 명상이 심리치유뿐 아니라 신체적 질병을 고치는 데도 많은 도움을 줄 수 있는 도구임을 인지해야 할 것입니다.

미 국립보건원에선 명상을 지속적으로 할 경우 다음과 같은 효과가 있다고 발표했습니다. "스트레스 관련 호르몬을 감소시키고, 혈압과 맥박, 혈중 콜레스테롤 수치를 떨어뜨린다. 불안감과 만성 통증을 완화시키고, 명상이 수면보다 3배나 높은 휴식 효과가 있으며 뇌의 기능까지도 변화시킨다."

UCLA대의 연구에 따르면 '목 부분에 동맥경화가 있는 60명을 상대로 관찰한 결과, 7개월간 하루 2번씩 명상을 한 환자들은 동맥 속의 혈전이 뚜렷하게 줄어들었고, 그렇지 않은 환자들은 동맥경화가 심화되었다.'고 합니다. 이러한 사례들은 명상이 신체에 미치는 치유효과가 예외적인 것이 아니라 보편적인 것임을 의미합니다.

좋은 것을 받아들일 때마다 새로운 신경 구조체가 조금씩 만들어진다. 하루에 몇 번씩 이렇게 해서 몇 달 심지어 몇 년이 지나면, 점차 뇌가 바뀌고 자신이 느끼고 행동하는 방식도 큰 영향을 받아 바뀐다.

-릭 핸슨, 『붓다 브레인』에서

신경학자 브루스 맥웬은 나무두더지로 스트레스가 뇌에 미치는 영향을 실험을 했습니다. 서열이 높은 나무두더지 한 마리와 서열이 낮은 나무두더지 한 마리를 같은 우리에 28일 동안 두는 실험이었습니다. 이는 마치 후임이 까다로운 고참과 24시간 함께 있어야 하는 상황과 같습니다. 28일 후에 서열이 낮은 나무두더지의 뇌에 변화가 있었는데, 기억을 담당하는 해마의 수상돌기가 줄어든 것이었습니다. 뉴런의 수상돌기는 신경 세포를 연결하는 역할을 하기 때문에, 이는 기억에 결함이 생겼다는 것을 의미합니다.

매리앤 다이아몬드는 쥐로 이와 반대되는 실험을 했습니다. 쥐에게 장난감도 많고 다채로운 색으로 칠해진 공간에서 친구와도 함께 지낼 수 있는 환경을 만들어주고 몇 주나 몇 달 동안 지내게 했습니다. 그런데 이 환경에서 지낸 쥐들에게는 수상돌기의 가지들이 두꺼워지는 현상이 나타났습니다. 그런 환경이 쥐의 뇌에 좋은 영향을 끼친 것입니다. 이 두 사례는 환경적 자극이 뇌를 좋게도 나쁘게도 변화시킬 수 있음을 극명하게 보여주는 것이라 하겠습니다.

우리는 반쯤 잠들어 있는 상태이다.
불은 꺼져 있고, 불을 지피는데 필요한 바람은 제대로 통하지 않는다.
우리는 우리가 동원할 수 있는 정신적, 신체적 능력의
극히 일부만을 사용하고 있다.

-윌리엄 제임스

쥐도 이렇게 환경과 훈련에 따라 뇌가 바뀌는데, 사람이야 더 무슨 말이 필요하겠습니까? 훈련을 통해 뇌가 바꿀 수 있다는 신경가소성 이론은 이제 만인의 상식이 된 시대입니다. 쥐는 자발적으로 자신의 뇌를 바꿀 수 없지만, 우리는 언제든 자발적으로 뇌를 훈련할 수 있고, 언제든 뇌를 더 좋은 쪽으로 바꿀 수 있습니다. 만약 우리가 스스로 뇌를 좋은 쪽으로 바꿀 수 있다면 우리는 그 가장 좋은 도구를 찾아야 할 것입니다.

> 분노, 불안, 우울은 심장에 스트레스를 주어 심장병을 일으키는 주요한 요인이다. "가슴이 무너진다"는 표현은 단지 비유적인 의미일 뿐만 아니라 객관적인 사실이다. 뇌와 심장의 생리학적 연결성 때문에 뇌파의 동조 상태는 뇌 건강만큼이나 심장 건강에도 중요하다.
>
> -레스 페미, 『오픈포커스 브레인』에서

"뇌에서 스트레스 회로의 핵심인 편도체는 불과 30시간가량의 MBSR 수련만으로도 활동이 위축되는 양상을 보였다." 이 구절은 『명상하는 뇌』에 나오는 내용입니다. 이 책에는 명상이 뇌에 어떤 영향을 끼치는지에 대한 다양한 연구결과가 소개되어 있습니다. 이런 것에 대해 보다 상세한 내용을 알고 싶으신 분은 이 책과 김주환 교수의 『내면소통』을 읽어보시기 바랍니다. 명상이 전전두엽 활성화를 비롯해 뇌에 다양한 긍정적 영향을 준다는 것은 이미 숱한 연구를 통해 밝혀져 있습니다. 명상은 뇌를 바꾸는 최상의 도구 중 하나라고 할 수 있습니다.

명상은 뇌파를 '알파파 상태'를 만들기 때문에 뇌를 좋게 만드는 훈련이라고 할 수 있습니다. 때문에 명상은 머리를 맑게 만들어 주고, 스트레스와 긴장을 줄여주고, 뇌세포를 활성화시켜 줍니다. 아울러 기억력과 집중력과 감성지능을 향상시켜주고, 부조화된 자율신경계를 정상화시켜 줍니다. 명상을 통해 다양한 치유효과가 발생하는 것은 이 때문입니다.

정신과의사들은 약을 처방하고, 약이 뇌를 바꿀 수 있다고 말하지만 약은 '일시적인 방편'이 될 뿐 결코 뇌를 온전히 바꿀 수가 없습니다. 왜냐하면 우리는 뇌는 마음과 연결되어 있기 때문입니다. 뇌와 마음은 서로 연결되어 있는 유기체입니다. 뇌가 마음에 영향을 끼치듯이 마음이 뇌에 영향을 끼칩니다. 때문에 뇌와 마음은 반드시 함께 다루어야 하고, 함께 다루어야만 진정한 변화가 발생합니다.

명상은 뇌와 마음을 함께 바꿀 수 있는 최상의 도구입니다. 제 내담자 중에는 우울증이나 공황장애 때문에 약을 먹는 분들이 있는데, 이분들은 제게 상담을 받고 대부분 단시간에 좋아져서 약을 끊고도 잘 지낼 수 있는 상태가 됩니다. 아주 빠른 경우는 하루 만에 약을 끊은 경우도 있었습니다. 그분들이 제게 처방을 받은 것은 '명상법'뿐이었습니다. 좋은 명상법은 약을 먹는 사람조차 단시간에 약 없이 살아가게 만들어 줍니다. 명상은 뇌와 마음 양쪽에 좋은 변화를 가져다주기 때문입니다. (저는 이런 면에서 정신의학 쪽에서 많은 의식 개선과 변화가 필요하다고 생각합니다.)

MBSR 및 이와 유사한 개입 형태로 제공되는 마음챙김 훈련은 환자들의 불안, 공황장애, 우울은 물론 스트레스 및 스트레스 관련 질환들을 감소시키는 데 효과적인 것으로 증명되었다. 또 환자들이 만성적인 통증을 효과적이고 충분하게 대처하는 데, 암 환자와 다발성경화증 환자들의 삶의 질 향상에, 높은 재발 위험을 가진 주요 우울 장애 병력을 가진 사람들의 재발 감소에 매우 효과적인 것으로 증명되었다. 이러한 효과들은 과학 문헌에 보고된 수많은 임상 결과의 몇 가지 사례에 불과하다.

MBSR은 스트레스를 받는 힘든 감정을 처리하는 데 긍정적인 영향을 주는 것으로 나타났다. 전전두 피질의 특정 영역을 오른쪽 활성화에서 왼쪽 활성화로 전환시켜 정서적 균형을 향상시켜주고, 이러한 뇌의 변화에 상관되는 면역 체계의 긍정적 변화를 가져오는 것으로 나타났다.

-존 카밧진, 『처음 만나는 마음 챙김 명상』에서

하버드대학교 교수이며 명상학자인 허버트 벤슨 박사는 명상 효과에 대해 이렇게 이야기하고 있습니다. "명상을 하는 사람들의 혈액 속의 유산(乳酸) 농도를 측정해 보았다. 그 결과 명상하고 있는 동안에는 혈액 속의 유산의 농도가 눈에 띄게 떨어지고 명상이 끝난 다음에도 한동안 같은 상태가 유지된다는 점이었다. 유산은 근육이 피로해졌을 때 생겨나는 피로 물질인데 이 혈액 속의 유산값이 낮다는 사실은 근육의 피로가 풀리고 충분히 이완되어 있는 상태에 있음을 말해주는 것이다. 명상은 또 어깨 결림과 귀울림 증세를 고쳐주고 잠을 잘 자게 해 준다. 명상을 하고 잠을 자면 숙면을 할 수 있으며 다음 날 아침에는 가뿐한 몸으로 일어나게 된다고 많은 이들이 증언하고 있다. 명상은 또한 고혈압과 콜레스테롤을 낮추는 데 탁월한 효과를 발휘한다. 명상을 통해 스트레스가 해소되면 혈압이 내려가고 콜레스테롤값도 내려간다."

당신의 성공은 세 가지로 결정되는데,
그 세 가지는 다음과 같다.
즉, 당신이 알고 믿는 것, 당신의 전략, 당신이 날마다 끊임없이 하는 것이다.

-존 아사라프

"명상이 없었다면 저는 아마 세상에 없었을지도 모릅니다." 이 말은 누가 한 말일까요? 코리안 특급으로 불리던 한국인 최초의 메이저리그 박찬호 선수가 한 말입니다. 그는 선수 시절 명상으로 극심한 슬럼프의 고통에서 벗어날 수 있었습니다. 이처럼 명상이 슬럼프나 우울증에 빠진 사람의 생명을 구해낼 수도 있습니다. 예컨대 유튜버 '마인드풀tv'의 정민도 명상으로 극심한 우울증과 공황장애를 극복했다고 말하고 있으며, 『10억 빚이 선물해준 자유』의 수리아킴도 명상을 통해 인생이 바뀌었다고 이야기하고 있습니다.

오프라 윈프리는 명상에 대해 이렇게 말했습니다. "명상은 다른 차원의 존재 방식이 있다는 것을 알게 해 주었다. 명상을 알기 전과 알고 난 다음의 내 삶은 완전히 다르다." 이런 말을 하는 사람은 이들 외에도 아주 많습니다. 그러므로 우리는 명상의 효과와 가치를 더 널리 알려야 할 것이요, 더 널리 함께 공유해야 할 것입니다.

> 명상은 무한한 마음, 온전한 마음에 더욱더 가까이 우리를 데려갑니다. 온전한 마음을 경험하면, 한계는 없어집니다. 마음이 자신에게 그렇게도 많은 경계를 강요하는 것이 얼마나 불필요한지를 깨닫게 됩니다. 깨어난다는 것은 경계가 얼마나 무의미한지를 알게 해 줍니다,
> -디팩 초프라, 『완전한 명상』에서

웨인 다이어는 『인생의 모든 문제에는 답이 있다』에서 단체 명상에 대한 인상적인 사례를 소개하고 있습니다. 단체 명상을 하기 전과 후에 개개인의 세로토닌 수치를 측정했는데, 명상을 한 후에 모든 참가자의 세로토닌 수치가 크게 상승했다고 합니다.(세로토닌은 뇌에서 분비되는 신경전달물질로, 수치가 높을수록 평온한 상태라는 것을

의미합니다.) 더 놀라운 사실은 명상 그룹 곁에서 단지 명상하는 사람들을 지켜본 사람들의 세로토닌 수치도 측정을 했는데, 이들의 세로토닌 수치도 높아졌다는 점입니다.

"수천 명이 집중 명상을 하기 전과 후, (명상을 하지 않고) 그들 곁에 있었던 이들의 수치 역시 차이가 있었다. 고요한 에너지를 방출하는 사람들 곁에 있기만 해도 세로토닌 수치가 크게 증가한 것이다. 이 과학적 연구의 의미는 되새겨볼 만하다. 당신이 평화로운 상태에서 고요함을 발산할 때 주위에 있는 다른 이들에게도 좋은 영향을 미치는 것이다."

웨인 다이어의 말처럼 명상은 자신을 이롭게 할 뿐 아니라, 타인에게도 이로움을 줄 것입니다. 명상하는 사람이 많아진다는 것은 세상에 고요하고 평화로운 에너지를 방출하는 사람이 더 많아진다는 뜻이 됩니다. 그렇기에 그런 사람이 많아지면 많아질수록 분명 세상엔 고요하고 평화로운 에너지가 더 늘어나게 될 것입니다. 그렇게 되면 그 좋은 영향을 우리 모두가 누리게 될 것임은 자명한 일입니다.

모든 흐름에는 방향성이 있고,
그 방향성을 전환하기 위해서는
일정량의 에너지를 일정 시간 공급해 주어야 한다.

-이지혜

저는 아침/저녁 15분 명상이 세상을 바꿀 수 있다고 믿습니다. 우리나라 모든 학생들이 매일 아침/저녁으로 15분씩 명상을 한다면 어떻게 될까요? 우리나라의 모든 교육자와 정치인들이 매일 아침/저녁으로 15분씩 명상을 한다면 어떻게 될까요? 만일 그렇게 된다면 나라 전체에 엄청난 변화가 생겨날 것입니다. 정말 그렇게 된다면 긍정적인 시너지 효과가 사회 곳곳에서 도미노처럼 계속 이어지게 될 것입니다. 명상이 습관이 되면 마음의 무늬와 풍경이 달라지고, 의식의 수준이 달라지기 때문입니다.

심리학자 윌리엄 제임스는 이렇게 말했습니다. "방황하는 주의력을 자주적으로 계속 돌려세울 수 있는 능력이 바로 판단력, 인격 그리고 의지력의 뿌리다. 이 능력이 없는 사람은 자신의 주인이 될 수 없다. 이 능력을 키우는 것이야말로 최고의 교육이다."

명상은 마음을 다스리는 훈련이자 뇌를 좋게 만드는 훈련입니다. 때문에 명상은 모든 사람에게도 좋지만, 어린 학생들에게도 명상은 너무나 좋은 것이라 할 수 있습니다. 우리가 아이들에게 꼭 가르쳐야 할 것이 있다면 명상을 결코 빼놓을 수 없을 것입니다. 그것은 평생 지속될 좋은 정신적 씨앗을 아이들의 내면에 뿌리는 일과 같을 것이 때문입니다.

비교적 최근에 개발된 수용전념치료나 변증법적 행동치료에서도 명상을 중요한 치료 기법으로 다루고 있는데, 이런 추세는 점점 더 확장되고 상황입니다. 미국에선 명상인구가 이미 2000만 명을 넘어섰다고 알려져 있습니다. 미국 성인 인구 8명 가운데 1명꼴로 명상을 하고 있고, 미국의 어느 중고등학교에서는 명상을 교과목으로 채택하는 경우도 있다고 합니다. 어느 교도소에서는 재소자들을 상대로 명상을 시켰더니 재범률이 75%에서 56%로 떨어졌다는 보도도 있었습니다. 프랑스를 비롯한 유럽 대부분의 국가에서도 몇 년 전부터 명상하는 사람이 급격히 늘어나고 있다고 합니다.

깊은 길이야말로 늘 명상의 진정한 목표다. 우리가 생각하는 명상의 가장 강력한 효과는 건강 개선이나 업무 능력 향상이 아니라, 우리의 더 나은 본성을 향해 나아가 변성된 특성을 발현할 수 있도록 해준다는 것이다.

깊은 길과 관련해서 끊임없이 새로운 발견들이 쏟아지면서, 우리가 지닌 긍정적 잠재력의 상한선에 대한 과학적 모델들이 뚜렷하게 드러나고 있다. 깊은 길을 따라 더 멀리 나아가면 갈수록 무아, 평정심, 사랑 가득한 현존, 그리고 편향 없는 연민심과 같은 지속 가능한 특성들, 다시 말해 고도로 긍정적인 변성된 특성들이 함양된다.

-대니얼 콜먼·리처드 베이비드슨, 『명상하는 뇌』에서

명상하는 사람이 앞서가는 사람(타이탄)이 되는 거처럼 명상하는 나라가 앞서가는 나라가 될 것입니다. 우리가 추구해야 할 진정한 선진국이란 영적으로 성장한 나라, 영성과 물질이 잘 조화된 나라일 것입니다. 명상은 개인의 치유와 평화와 행복을 위해서도 꼭 필요한 것이지만, 인류의 치유와 평화와 번영을 위해서도 꼭 필요한 것입니다. 인류의 진정한 평화와 번영을 위해서 우리가 해야 할 것은 무기 만드는 데 돈을 쓰는 것이 아니라, 더 많이 더 함께 명상하는 데 시간과 노력을 쏟는 일일 것입니다.

당신이 평화로운 상태라면 세상도 조금쯤은 평화롭다.
하지만 당신의 평화를 모든 사람과 나누면
모든 사람이 평화롭다.

-토머스 머튼

명상은 현존의 기술이다

나는 언제나 나와 작별한다

어제의 나, 오늘의 나

1분 전의 나, 1초 전의 나

언제나

처음이자 마지막이라

영영 다시 못 볼

아쉬운 별리 속

아득하고

수많은 나여!

－졸시, 「지나간 나에게」

1초만 지나도 1초 전의 과거가 됩니다. 1초만 지나도 '1초 전의 나'는 1초 전의 과거와 함께 사라졌습니다. 이런 개념은 심리치유에 있어서 아주 중요합니다. 모든 증상은 과거의 상처에 묶여 있어서 발생하는 것이기 때문입니다. 지나간 시간, 지나간 나에게 집착할수록 그것에 더 묶여있을 수밖에 없습니다.

상처받은 모든 나는 언제나 과거에 있습니다. 상처받은 모든 나는 언제나 과거에 묶여 있습니다. 과거에서 벗어나는 것, 상처받았던 과거의 모든 나에게서 벗어나는 것이 치유의 첩경입니다. 모든 과거에서 벗어나는 것, 상처받았던 모든 과거의 아픔과 상처로부터 벗어나는 것, 상처받았던 모든 과거의 나로부터 벗어나는 지름길은 그것을 있는 그대로 인정하고 받아들이는 것입니다. 있는 그대로 인정하고 받아들일 때 온전한 분리가 일어나기 때문입니다.

우리는 1초마다 '1초 후의 새로운 나'를 만나 새롭게 태어나야 합니다. 모든 과거로부터, 모든 과거의 상처로부터 완전히 벗어나 지금 이 순간을 사는 것! 그것이 치유요, 현존이요, 진정한 나를 만나는 길일 것입니다. 이것만이 우리가 매 '순간-순간'을 온전히 만나고 경험하며 삶을 삶답게 사는 최상의 길일 것입니다.

본질적으로 우리의 전체 과거가 엄청난 고통과 괴로움을 포함하고 있다 해도 그것은 우리가 자각과 평정, 명료성, 돌봄으로 현재 순간을 사는 데 직접적인 토대가 된다. 우리에게는 우리가 지금까지 살아온 과거가 필요하다. 그것은 도공의 물레에 놓인 진흙 반죽은 같은 '원재료'이다. 우리가 과거와 이상, 관념에 빠지지 않고 우리가 진정으로 가지고 있는 유일한 순간(그것은 언제나 바로 지금 이 순간이다)을 되찾는 것은 필생의 작업이자 모험이다.

-존 카밧진, 『처음 만나는 마음 챙김 명상』에서

우리의 삶이 늘 순간 속에 있듯이, 우리가 사용할 수 있는 시간도 오직 지금 이 순간뿐입니다. 순간이 우리가 누릴 수 있는 유일한 시간이요, 우리가 가질 수 있는 유일한 영원입니다. 그래서 우리는 행복하고 건강하고 성공적인 삶을 살기 위해 반드시 시간을 잘 사용하는 능력, 지금 이 순간을 온전히 누리고 쓰는 능력, 즉 '현존하는 능력'을 익혀야 합니다.

때문에 이런 관점에서도 우리는 명상에 대한 가치를 깊이 살펴보아야 할 것입니다. 왜냐하면 지금 이 순간에 오롯이 현존하게 하는 가장 좋은 방법이 바로 명상이기 때문입니다. 명상은 현존의 요람이요, 지렛대요, 핵심루트입니다. '명상을 한다'는 것은 곧 '온전한 현존을 연습한다'는 말과 같은 것입니다. 호수가 물로 만들어져 있듯, 명상은 현존이라는 물결로 만들어져 있는 내면의 호수와 같습니다.

명상은 그러한 현존을 따라 내면으로 가는 오솔길이자, 내면의 지극한 고요를 깨우는 확성기입니다. 그 속에서 우리는 숨겨지고 억압된 자아를 만날 수도 있고, 조금의 흠도 티도 없는 완전한 나의 신성을 만날 수도 있습니다. 그러한 내적 만남 속에는 이완과 휴식과 고요와 평온함과 치유와 깨달음이 있습니다. 이것이 우리가 '지금 이 순간을 사는 현존의 길'을 따라 마음의 숲으로 깊이 들어가 명상의 호수를 마주해야 하는 이유일 것입니다.

바라보고 자각한다면 무엇을 하든 명상이라 할 수 있습니다. 식사 중에 깨어 바라보면 식사 명상, 차를 마실 때도 조용히 바라보며 음미하면 차 명상, 설거지 할 때도 바라보고 알아차리면 설거지 명상, 손이나 몸을 씻을 때도 바라보고 알아차리면 씻기 명상, 걸을 때 바라보고 알아차리면 걷기 명상입니다. 문을 열고 닫을 때조차 일상의 모든 순간, 멈추고 바라보면 명상이 됩니다.

-최훈동, 『내 마음을 알아주는 명상 연습』에서

1초 전의 나와 1초 후의 나 '사이'에 지금 이 순간 현존하는 나가 있습니다. 그 1초 '사이'에 매 순간 우리 모두가 만나야 할 진정한 나가 있습니다. 그 나를 자주 만날 때 우리는 더 평온해질 것이고, 더 건강해질 것이고, 더 자유로워질 것이고, 더 깨어있는 사람이 될 것입니다. 만약 늘 깨어서 현존한다면 무엇을 하든 삶의 모든 순간이 명상이 될 것입니다. 그래서 궁극의 명상은 삶의 모든 순간이 명상이 되게 하는 데 있습니다. 늘 삶의 모든 순간에 깨어있는 사람, 삶의 모든 순간에 오롯이 현존하는 사람이 되는 것이 명상의 근본 목적이자 최종 목표이기 때문입니다.

　　'매 순간 깨어서 현존하기!' 허나 처음부터 이러한 수준이 되기는 쉽지 않을 것입니다. 그렇게 되기 위해선 누구에게나 훈습의 시간이 필요할 것입니다. "모든 행동을 의도적으로 멈추고 그저 실험 삼아 자리에 앉거나 누운 채 지금 이 순간 떠오르는 것 외에 어떤 다른 할 일도 없이 내적인 고요함에 마음을 연다면 그건 당신에게 아주 소중한 경험이 될 것이다."(존 카밧진) 자각과 현존 속에는 '내적 고요함'이 있습니다. 그것은 늘 우리 안에 있었으나 우리가 지금껏 충분히 만나지 못한 미지의 신비일지도 모릅니다. 명상을 한다는 것은 내적 고요함이라는 내면에 호수에 마음을 열고 틈날 때마다 조금씩 다가가는 일이 아닐까 합니다. 그 신비의 호수를 자주 접하다 보면 우리의 마음 또한 점점 더 평온하고 고요해질 것입니다.

내 마음은 100% 내 책임이다

모든 심리적 고통은 단 하나의 원인, 나의 '생각'과 그 '생각에 대한 집착' 때문에 생깁니다. 내 생각은 내가 선택한 것입니다. 뜨거운 컵을 붙잡고 놓지 않으면 괴로울 수밖에 없듯이, 괴로운 생각을 꼭 붙잡고 놓지 않으면 계속 괴로울 수밖에 없습니다. 고로 그 선택의 책임은 100% 내게 있습니다.

그래서 어떤 고통이 있든, 외부에 어떤 문제가 있든…… 고통의 원인은 외부가 아니라 100% 내 안에 있다고 할 수 있고, 그 책임 또한 100% 내게 있다고 할 수 있습니다. 아울러 그 생각을 내려놓거나 다른 생각을 선택할 자유도 전부 100% 내게 있습니다. 고통의 원인이 100% 내 안에 있음을 알게 되면, 그것을 해결할 힘도 100% 이미 내 안에 다 있음을 알게 됩니다.

물론 돌에 걸려 넘어진 것도, 어린 시절 폭력에 시달렸던 것도 나를 힘들게 한 것은 사실입니다. 하지만 그 사건 자체가 준 시련보다도 생각으로 인해서 훨씬 더 큰 고통을 당할 수도 있습니다. 그렇다면 너무 억울하지 않나요? 지금 나를 힘들게 하는 것은, 고장 난 라디오처럼 과거의 기억을 반복 재생하면서 부정적인 말을 되풀이하고 고통스러운 감정을 일으키는 '생각'임을 알 아차려야 합니다.

-김지나, 『명상과 함께하는 삶』에서

어떤 일이 있었건, 어떤 상황이건, 그것에 대한 내 생각은 나의 선택이고, 그 생각에 대한 책임도 100% 나에게 있습니다. 즉 고통은 외부적 문제와 아무런 상관이 없습니다. 고통은 오직 내가 선택한 생각과 그 생각에 대한 집착 때문에 일어나는 것입니다. 고로 모든 괴로움의 원인이 100% 내 안에 있고, 그 책임을 100% 내가 질 수밖에 없음을 자각(이해)하고 받아들이면 그 순간부터 바로 마음이 편안해지기 시작합니다.

자극과 반응 사이에는 공간이 있다.
그 공간에는 자신의 반응을 선택할 수 있는 자유와 힘이 있다.
그리고 우리의 반응에 우리의 성장과 행복이 좌우된다.

-빅터 프랭클

괴로운 생각을 누가 붙들고 있나요? 내가 붙들고 있습니다. 이는 마치 뜨거운 물컵을 붙들고 스스로 괴로워하는 것과 같습니다. 이걸 깊이 자각하면 저절로 놓게 됩니다. 괴로운 생각을 다 내려놓으면, 고통의 원인이 사라졌으므로 나는 편안해질 수밖에 없습니다. 이것은 외부상황과 무관한 것입니다. 그래서 모든 마음은 100% 내 책임이고, 모든 고통 또한 100% 내 책임입니다. 생각에 집착하지 않으면, 괴로운 생각을 내려놓으면 나는 저절로 편안해집니다. 내가 이 모든 것을 결정할 수 있는 주체라는 점, 이걸 알면 알수록 내려놓기는 점점 더 쉬워집니다.

'내 마음이 100% 내 책임'이라는 말은, '상처를 받고 안 받는 것도 100% 내 책임'이라는 뜻이 됩니다. 상처를 주는 것은 상대방의 몫이지만, 그것을 상처로 받을지 말지를 결정하는 것은 오직 내 마음이 결정하는 것입니다. 그래서 모든 고통의 원인은 100% 내 안에 있다고 하는 것입니다. 즉 모든 고통은 내 마음이 만드는 것입니다.

상처는 오직 '상처받았다는 생각' 속에만 있습니다. 그래서 '상처받았다는 생각'을 다 내려놓으면 모든 상처는 그 즉시 다 사라져 버립니다. 아울러 죽을 때까지 다시는 상처받을 수 없는 사람이 됩니다. 상처받을 수 없는 영혼으로 거듭나는 것, 이것이 절대적 자존감이요 참나의 부활입니다.

고통은 피할 수 없지만, 삶에서 벌어지는 사건이나 환경에 어떻게 대응할 것인가 하는 것은 우리 자신에게 달려 있습니다. 그리고 그로 인해 우리가 괴로움을 겪을지 그렇지 않을지가 결정됩니다. (…) 우리가 오직 생각하는 것만을 느낄 뿐이라는 사실을 깨달은 사람은 생각을 바꿔 느낌을 바꿀 수 있다는 사실도 깨닫게 됩니다.

-조세프 응우엔, 『당신이 생각하는 모든 것을 믿지 말라』에서

"내 마음에 100% 책임진다!" 이런 마음으로 살아가는 사람은 어떤 상태가 될까요? 외부의 영향을 많이 받는 사람이 될까요? 아니면 그 반대일까요? 이런 마음으로 살아가게 되면, 심리적 중심과 안정감이 생겨 점점 더 단단하고 평온한 사람이 되어갈 것입니다. 그래서 "내 마음에 100% 책임진다! 모든 것은 내가 결정한다!"

이 만트라를 자주 외우는 것은 이런 마음을 안착시키는 데 많은 도움이 될 것입니다.(내 마음에 100% 책임을 질지 말지도, 다 내 마음이 결정하는 것입니다.)

　　①내 생각이 옳아. 그래서 내 생각을 놓을 수 없어!
　　②내 뜻대로 되어야 해. 내 뜻대로 안 되는 것은 받아들일 수 없어!

　이 두 가지가 에고의 핵심 사고패턴이고 모든 고통의 원인입니다. 그래서 이 두 생각에 대한 집착을 자각하고 내려놓으면, 조건 없는 수용의 상태(평정심)가 만들어집니다. 두 생각에 대한 집착을 내려놓으면 에고가 조금씩 해체되고 마음은 점점 더 평온해집니다. 몸에 급소가 있는 것처럼 이것이 에고의 급소요 자각(알아차림)의 핵심 포인트인 것입니다.

저 밖에 있는 대상이 실은
자기의 측면이라는 발견은 그 자체가
적을 친구로, 싸움을 춤으로, 전투를 놀이로 바꾸어 놓는다.

-켄 윌버

　"내 생각이 옳아! 내 뜻대로 되어야 해!" 이것은 에고의 생각이요, 그 생각이 만든 집착이요 저항일 뿐입니다. 이러한 집착과 저항을 내려놓으면 조건 없는 수용은 저절로 일어납니다. 이와 같은 원리와 맥락을 제대로 이해하고 자각하면 바로 '생각'으로부터 분리가 일어나고, 마음이 텅 비워지게 됩니다. 이것은 결국 전면적인 자각과도 같고, 절대적 수용과도 같은 것입니다. 고통의 원인을 정확히 자각하면 내려놓을 수밖에 없습니다. 그래서 이것만 제대로 이해하고 자각하면 바로 빠른 치유가 일어날 수도 있습니다. (그러니 이 글을 여러 번 읽어보고 숙고해 보시기 바랍니다.)

내 안에는 생각을 넘어선 깊은 의식의 차원이 존재합니다. 이것은 순수의식이며 나의 실체입니다. 생각이 만들어 낸 '작은 나'가 지배하고 있는 삶은 고통 그 자체입니다. 하지만, 이것을 알아차리고 순수의식으로 돌아올 때 '큰 나'가 중심에 있는 삶이 되며 고통은 사라집니다. 이것을 통해서만이 사랑과 기쁨이 넘쳐나고 마음은 고요하며 삶에 평화가 찾아옵니다.

-김지나, 『명상과 함께하는 삶』에서

삶에 어떤 일이 일어나건 우리는 자신의 '생각과 반응'에 책임을 져야 합니다. 그것은 전부 내가 선택한 것이기 때문입니다. 무거운 물건을 계속 들고 있으면 팔이 아플 수밖에 없듯이, 괴로운 생각을 계속 붙들고 있으면 괴로울 수밖에 없습니다. 내게 '마이너스되는 것'은 붙들고 있으면서 좋은 변화가 생기기를 바랄 수는 없습니다. 오래 붙들고 있는 방식을 경험해 보았으니, 이제 그 반대로 그것을 내려놓는 방식도 체험해 보아야 할 것입니다.

거듭 강조하지만 (인정하기 쉽지 않은 일이긴 하나) 영적 차원에서 보자면 고통은 타인이나 상황(사건)이 내게 준 것이 아니라, 내가 '어떤 생각'에 고착됨으로써 스스로 만든 것입니다. 고통(반응)은 내가 스스로 만든 것이므로, 내가 스스로 없앨 수 있으며 무엇보다 그것에 대한 책임은 100% 내가 져야 합니다. 내가 고통에 100% 책임질 때, 의식의 전환이 일어나고 그때 고통과 카르마와 에고는 녹기 시작합니다. 그때 나는 에고구름에서 벗어나 넓고 넓은 텅 빈 무한의 하늘이 됩니다.

이것이 대자유를 얻는 길이니, 자각과 수용과 내려놓음은 그 길의 가장 좋은 가이드가 되어줄 것입니다.

에고의 핵심 심리기제 두 가지

에고의 구성요소는 곧 생각입니다. 고로 에고는 에고만의 사고방식을 가지고 있고, 이러한 사고방식은 큰 맥락에서 보면 절대적 공통점을 지니고 있습니다. 이것은 거의 예외가 없는데, 에고의 속성이나 사고방식을 꿰뚫어 볼 수 있는 핵심 심리기제는 다음의 두 가지라 할 수 있습니다.

① 좋다/나쁘다(좋다/싫다)
② 옳다/그르다

에고는 의식/무의식 차원에서 항상 이 두 가지 기준으로 모든 사고 작용을 만들어 냅니다. 이 두 가지가 모든 판단과 비교분별의 기원인 셈입니다. 아울러 이것은 인간의 모든 욕망과 생각과 감정과 긴밀히 연결되어 있습니다. 자신에 대한 자아상도, 세상에 대한 세계관도 모두 이것으로 인해 만들어집니다.

에고는 '좋다'에 집착하기에 '나쁘다(싫다)'를 거부합니다. '옳다'에 집착하기에 '그르다'를 거부합니다. '어떤 옷을 살지, 점심엔 뭘 먹을지, 어느 학교-어느 학과에 들어갈지, 누구와 결혼을 할지, 어떤 후보에게 투표를 할지, 어느 종교를 믿을지(혹은 믿을지 말지), 명상을 할지 말지……'에 이르기까지 삶의 모든 것이 이와 관련되어 있습니다. 더 좋은 결과를 위해 우리는 늘 취사선택을 해야 합니다. 이런 관점에서 보면, 이는 자신을 보호하고 삶을 잘 영위하기 위해서 자아에게 필수적인 것이요 아주 중요한 것입니다. 결코 잘못되거나 이상한 것이라 할 수 없습니다.

우리는 판단분별을 잘하지 않으면 집에 가는 지하철도 제대로 탈 수가 없습니다.(부산 사는 저는 28년 전 서울 처음 갔을 때 지하철에서 한참 헤맨 적이 있습니다.) 다만 문제는 판단과 비교분별이 지나쳤을 때, 집착과 저항과 고통과 갈등이 양산된다는 점입니다. '꼭 이래야만 된다'고 하면 그렇게 안 되는 상황은 받아들일 수가 없게 됩니다. 아울러 자기 생각에 집착할수록 사람은 누구나 자신의 생각만이 옳다는 독선과 아집과 착각에 빠질 수 있습니다. 이는 필연적으로 제한적 시야와 거대한 무지와 부조화를 낳습니다.

아울러, 그렇게 되면 에고 차원의 사고만 할 수 있을 뿐, 에고의식을 넘어서 사고를 전혀 할 수 없게 됩니다. 연못 속에 사는 물고기에겐 그것이 자기 세상의 전부이듯이, 에고의식의 차원에선 '분별의 지혜'는 알지만 '무분별의 지혜'를 결코 알 수가 없습니다. 예컨대 '조건적 사랑'이 분별의 지혜라면, '무조건적인 사랑'은 무분별의 지혜라 할 수 있습니다.

분별을 해서 얻어지는 것이 있듯이 분별하지 않아서 얻어지는 것이 있습니다. 무분별의 지혜를 얻을 때 우리는 집착과 저항에서 벗어날 수 있고, 치우침 없이 양쪽을 다 받아들일 수 있고, 자아의 경계를 뛰어넘을 수 있게 됩니다. 분별의 지혜가 이원성의 지혜라면, 무분별의 지혜는 일원성의 지혜입니다. 삶을 잘 영위하기 위해 우리에겐 분별의 지혜도 반드시 필요한 것이지만, 무분별의 지혜 또한 반드시 필요한 것입니다. 우리 삶이 온전해지려면 반드시 '분별의 지혜'와 '무분별의 지혜'를 함께 가져야만 합니다.

아마도 내가 나라고 생각한 것은 실제로는 참된 내가 아니었을 것입니다. 아마도 참된 자유는 나의 이야기를 완벽하게 만들어 더 나은 물결이 되는 것과는 아무 상관이 없을 것입니다. 아마도 자유란 애초에 우리 자신을 분리된 물결로 여기는 꿈에서 깨어나, 바다에 나타나는 모든 것, 즉 지금 이 순간의 경험을 껴안는 일일 것입니다.

-제프 포스터, 『가장 깊은 받아들임』에서

사람은 누구나 자신의 생각과 신념에 집착합니다. 그래서 '좋다'에 집착하면 '안 좋다'를 거부하게 되고 이를 받아들일 수 없게 됩니다. '옳다'에 집착하면 '옳지 않다'를 거부하게 되고 이를 받아들일 수 없게 됩니다. 그런데 이때의 '좋다'와 '옳다'는 어디까지나 전부 개인의 생각과 판단일 뿐입니다. 결코 절대적인 것이 아니요, 한 개인의 심리적 세계관(신념) 속에서 일어나는 일에 지나지 않습니다. 문제는 이것이 지나쳤을 때 생각의 고착 혹은 중독이 된다는 점입니다. 기실 우리의 모든 고통은 바로 여기서 발생하기에 우리는 이런 속성에 대해 잘 알고 있어야 할 것입니다.

예컨대, 개를 좋아하는 사람은 산책을 하다 개를 보면 좋아하겠지만, 개 공포증이 있는 사람은 개를 보면 무서워합니다. 똑같은 상황인데도 자신의 신념필터에 따라 저마다 이렇게 해석이 다르고 반응도 다르게 일어납니다. 그러니 개는 '좋은 것'일까요? '안 좋은 것'일까요? 개를 '좋아하는 것'이 옳을까요? '좋아하지 않는 것'이 옳을까요?

우리 어머니는 개를 유독 안 좋아하시는데 그 이유를 물었다가 제가 몰랐던 사실을 하나 알게 되었습니다. 큰 누나가 일곱 살 무렵 옆집 큰 개에 허벅지를 물렸는데, '피 흘리며 우는 아이'를 업고서 정신없이 병원을 찾아가며 고생했던 일이 있었던지라 어머니는 그 일 이후로 개를 안 좋아하게 되셨습니다. 저는 이 이야기를 듣고서, 그때 당시 어머니의 당혹스러운 모습이 떠올랐고 어머니 마음이 다소 이해가 되었습니다.

일반적인 경우 이런 일을 겪으면 개에 대한 신념필터(경험필터)는 그 전과 달라질 수밖에 없습니다.(개 공포증이 있는 사람들 또한 대부분 이와 비슷한 일을 경험한 사람들입니다.) 이렇게 사람마다 개에 대해 경험과 신념필터가 다르기 때문에, '좋다/싫다'에 대한 반응(조건반사) 또한 다를 수밖에 없으니 이는 어쩜 자연스러운 일이라 하겠습니다. 이처럼 '좋다/싫다'는 절대적인 것이 아니라 개인의 심리적 선택이자 그 결과라 할 수 있습니다.

> 우리는 서로 다른 신념체계(경험의 성격에 대한 각자의 정신적 스토리)를 가졌기 때문에 특정 사건이 갖는 의미도 사람마다 다르다. 당신이 가진 믿음은 당신이 찾고 있는 것만을 보게 만든다. 이 때문에 당신은 자기가 경험하는 현상에 대한 해석을 왜곡시켜서라도 자신의 믿음이 진실임을 확증해 보이려고 한다.
> -마이클 브라우, 『현존수업』에서

개고기를 좋아하는 사람은 개고기를 먹는 것을 좋아할 뿐 아니라 그것을 옳은 일이라고 여깁니다. 하지만 이를 혐오하는 사람은 그것을 좋아하지 않을 뿐 아니라 그것을 옳지 않은 일이라고 여깁니다. 만약 이 두 사람이 만나 '개 식용문제'에 대해

토론을 한다면 서로를 비난하며 싸우게 될 것입니다. 정치적 논쟁이나 종교적 논쟁을 하는 경우도 이와 비슷할 것이요, 이 외에 세상의 거의 모든 논쟁도 이와 비슷할 것입니다. 이 속에는 '옳다/그르다'라는 신념의 충돌이 내재되어 있으며, 이는 크게 보면 절대적인 것이 아니라 개인의 심리적 선택이자 선호라고 할 수 있습니다.

에고는 자신이 취사선택한 '좋다'와 '옳다'에 엄청나게 집착합니다. 이것은 의식/무의식 차원에서 확고한 내적 신념이 됩니다. 내적 신념이 된다는 것은 이것이 내면을 작동시키는 '조건화 프로세스'가 된다는 것을 의미합니다. 그래서 우리는 그 신념필터에 따라 자동적으로 늘 조건반사를 하면서 살아가게 됩니다. 에고가 에고일 수밖에 없는 이유가 여기에 있으며, 사람이 잘 변화지 않는 것도 바로 이 때문입니다.

다른 예를 하나 들어보겠습니다. 어린 시절 폭력적인 가정에서 자란 사람은 폭력에 예민하게 반응할 뿐 아니라, 자신을 보호하기 위해 그것에 대한 보호기제(방어기제)를 조건반사처럼 사용하게 됩니다. 학창 시절 왕따나 학교폭력에 시달렸던 사람은 이에 대한 트라우마가 생기기 때문에 대인관계의 측면에서 지나친 두려움이나 수치심, 회피욕구를 느끼게 됩니다. 아울러 그에 대한 자기 나름의 보호기제(방어기제)를 조건반사처럼 사용하게 됩니다.(이 속에도 '좋다'와 '옳다'가 담겨 있습니다.)

모든 심리 증상은 조건반사 프로그램을 가지고 있습니다. 저는 늘 '모든 증상은 보호기제'라고 말하는데, 그 이유는 모든 증상은 자신을 보호하기 위해서 만들어낸 나름의 자구책이기 때문입니다. 다만 조건화되어 있는 '그 보호기제'가 효과적인 방법이 아닐 때는 더 좋은 방법으로 그것을 대체해야 할 것입니다. 이것이 심리치유의 본질입니다.

생각은 쾌락과 고통에 대한 무수한 기억들을 축적하고 있으며,

이 기억들로부터 생각은 다시 생겨난다.

그러므로 생각은 과거이며 언제나 낡은 것이다.

-지두 크리슈나무르티

톰 스톤의 『평정심』에선 조건화된 반응들을 다음과 같이 말하고 있습니다.

· 압도적인 감정 피하기의 조건화

· 의심의 조건화

· 분리 망상이 조건화

· 혼란과 중독의 조건화

· 갈망의 조건화

· 의존의 조건화

· 통제의 조건화

· 억제하기의 조건화

· 강요하기의 조건화

· 독단적 신념의 조건화

· 오해의 조건화

· 자동적으로 반응하기의 조건화

간단히 말해 우리의 의식과 무의식은 '조건화 프로세스'와 같습니다. 이러한 조건화(조거반사)들이 내면에 새겨져서 한 사람의 사고방식과 행동방식을 결정하고,

성격과 인격까지를 형성케 합니다. 정도 차이가 있을 뿐 사람은 누구나 이렇게 '조건화'되어 있기 때문에, '내가 옳다'는 생각을 내려놓기가 정말 어렵고, 내 생각 밖을 바라보기가 정말 어렵습니다. '내 생각이 옳아. 그래서 이 생각을 내려놓을 수 없어!'는 모든 에고의 기원이자, 모든 집착의 출발점입니다.

사람은 누구나 자신이 믿고 싶은 대로 믿고 보고 싶은 대로 봅니다. 빨간 안경을 쓰면 세상이 온통 빨갛게 보이고, 검은 안경을 쓰면 세상이 온통 검게 보이듯이 우리는 저마다 자신이 가지고 있는 신념필터라는 안경으로 세상을 바라봅니다. 그래서 우리는 있는 그대로의 실상이나 진실을 보지 못하고, 자신의 신념필터에 비춰진 세상만을 보고 그것이 실상이요 진실이양 착각하며 살아가게 됩니다. 그래서 우리는 저마다 색깔 안경을 쓰고 있는지도 모른 채 거대한 착각과 무지 속에서 '자기 마음속 세상'에서만 살고 있는 셈입니다.

우리는 모두 '나는 답을 안다.'는 자부심에 찬 기분 탓에 성장하거나 발전하지 못한다. 마음의 독선적인 부분이 독선을 위해 그 사람의 나머지 모든 면을 희생하는 것도 불사한다는 점은 흥미로운 사실이다. 사람들은 잘못을 인정하느니 (십자군 전쟁 같은 종교 전쟁처럼) 목숨마저 포기해 생명의 모든 것을 에고의 제단에 바치려 한다.

−데이비드 호킨스, 『놓아버림』에서

비유하자면 영적 각성이란 '에고의 색안경'을 벗는 일과 같습니다. 조건반사를 일으키는 모든 신념이 절대적인 것이 아니라 에고의 취사선택에 의해 만들어진 '조건화 프로세스'임을 알고 이에서 벗어나는 것이 깨달음의 출발점이라 할 수 있습니다. 숲에서 나와야 숲 전체를 볼 수 있는 것처럼, 그럴 때 우리는 에고의 신념과 사고작용을 객관적으로 볼 수 있고 에고의식 너머까지를 볼 수 있습니다.

에고는 저마다의 틀을 가지고 있습니다. 틀은 치우침이요 제한된 의식입니다. 심리치유란 의식/무의식의 조건화된 프로세스를 건강하게 바꾸는 것이요, 영적 각성이란 그러한 수준을 넘어 조건화된 프레스를 최대한 자유롭게 사용할 수 있게 되는 것입니다. 영적 각성이 궁극의 치유일 수밖에 없는 것은 이 때문입니다.

삶의 매 순간이 선택으로 이루어지기에 우리는 '좋다/나쁘다'와 '옳다/그르다'에 대한 분별의 지혜가 있어야만 살아갈 수 있습니다. 하지만 그것은 에고의 고착과 고통을 낳기 때문에, 그 너머를 볼 수 있고 모든 것을 받아들일 수 있는 무분별의 지혜도 함께 가져야만 합니다. 간단히 말해 깨달은 사람이란 분별의 지혜와 무분별의 지혜를 함께 가춘 사람입니다.

만약 우리를 힘들게 하는 문제들을 있는 그대로 받아들여 그것에 대한 모든 저항을 그친다면, 그 순간 우리 마음 안에는 어떤 질적인 변화가 일어나, 더 이상 문제가 문제로 보이지 않게 되는 묘한 힘 같은 것이 생깁니다. 그렇게 되면 이제 마음이 만들어 내는 모든 허구적인 고통이 사라지게 되어, 다만 문제 자체가 갖는 약간의 힘겨움과 고통만을 치러 내기만 하면 되기에, 우리의 삶은 한결 가볍고 자유로우며 설명할 수 없는 평화 같은 것을 맛볼 수 있게 됩니다.

-김기태, 『지금 이 순간이 기회입니다』에서

명상(마음공부)은 에고의 색안경을 벗게 하는 일이자, 마이너스로 조건화된 프로그램을 리셋 시키는 일입니다. 자신의 관점과 고착에서 벗어나 '좋다'만이 아니라

'안 좋음'도 받아들이고, '옳다'만이 아니라 '옳지 않음'도 받아들일 수 있도록 내면을 넓히는 일이자, 양쪽 어디에도 얽매이지 않는 초연함을 얻는 일입니다. 자기 기준(생각)밖에 모르는 에고의식에서 벗어나 초자아 속의 전체 맥락과 실상을 있는 그대로 보게 하는 일입니다.

> 허물을 벗는다는 것은 고통스럽고 무서운 일이지만,
> 죽은 허물 안에서 살아가는 것은 더 고통스럽고 끔찍한 일이다.
>
> -제프 포스터

지두 크리슈나무르티는 이렇게 말했습니다. "우리는 '나는 불행하다. 그래서 나는 행복해야 한다.'라고 말한다. 하지만 행복해야 한다는 바로 그 요구 속에 불행이 있다. 이 끊임없는 요구에서 벗어나야 하며 그렇지 않으면, 이원성의 회랑은 끝나지 않을 것이다."

사람은 자기 뜻대로 되지 않을 때 고통과 괴로움을 느낍니다. 그것이 에고의 본질입니다. 에고는 끊임없이 집착하고 저항(거부) 하기 때문에 끝내 고통과 괴로움에서 벗어날 수가 없습니다. 이 모든 것을 받아들이고 자유로워질 수 있는 순간은 오직 '에고의 판단분별과 집착과 저항에서 벗어날 때'만 가능한 일입니다. 이는 에고의 조건화된 프로세스를 깊이 이해/자각하고 그것을 해체시키는 일과도 같은 것입니다. 색안경을 벗으면 세상이 투명해지듯이, 붙잡고 있는 것을 다 내려놓으면 무집착/무저항의 기류 속에서 나는 더 가벼워질 것이요 더 초연해질 것입니다.

우리는 이분법이라는 에고의 허물을 벗어야 신성으로 거듭날 수 있습니다. 에고의 이분법을 내려놓아야 이분법 너머의 일체성과 전체성을 깨달을 수가 있습니다.

전체성을 알지 못하는 에고는 '나'밖에 모르고 '한쪽'밖에 모르는 거대한 분리요, 거대한 무지요, 거대한 고착입니다. 고로 삶의 절정과 대자유의 길은 그러한 분리와 무지와 고착에서 벗어나는 데 있을 것입니다.

자신이 특수하고 유일무이한 개인이면서 동시에 불확실한 상태의 전체적인 참존재이기도 하다는 사실을 알아차릴 때, 당신의 삶은 불필요한 고통으로부터 자유로워진다. 하지만 그보다 더 중요한 것은 당신의 삶이 근본적으로 자유로워진다는 점이며, 이것이야말로 전체적인 참존재의 진짜 삶을 사는 즐거움이기도 하다.

-알마스,『늘 깨어나는 지금』에서

'둘이면서 하나요, 하나이면서 둘'이라는 말이 있습니다. 영적 관점에서 보면 나는 에고이면서 참나요, 참나이면서 에고입니다. 이분법이 사라지면 네 속에 내가 있고, 내 속에 네가 있습니다. 하지만 에고의식이 녹아 합일의식이 깨어나기 전에는 이 사실을 알 수가 없고, 이 말이 무슨 말인지도 알 수가 없습니다. 이원성의 경계를 넘어서지 않으면 끝내 무경계의 합일 세계를 알 수가 없습니다.

우주는 이원성의 짝으로 이루어져 있습니다. 종이의 앞면과 뒷면이 서로 분리될 수 없는 것처럼, 모든 이원성은 서로 연결되어 있습니다. 빛과 어둠이 하나의 짝인 것처럼 신성과 에고가 하나의 짝이요, 기쁨과 슬픔이, 사랑과 증오가, 시작과 끝이, 성공과 실패가, 행복과 불행이, 선과 악이, 번뇌와 깨달음이 모두 하나의 짝입니다.

이와 마찬가지로 에고가 늘 취사선택하는 '좋다/나쁘다'와 '옳다/그르다' 또한 하나의 짝입니다. 왼쪽이 없으면 오른쪽도 없듯이, 안이 없으면 밖도 없듯이 삶의 모든 것은 서로 연결되어 있습니다. 그래서 어느 하나도 부정하거나 배제할 수가 없습니다. 전체의식은 어느 한쪽에 치우치지 않기에 이 둘 다를 받아들입니다. 무분별의 지혜가 반드시 필요한 것은 이 때문입니다. 비교분별밖에 모르는 에고의 이원적 사고를 내려놓을 때에만 조건 없는 전면적인 수용과 사랑이 가능해집니다. 그때 에고의식은 모든 고착의 허물을 벗고 우주보다 광활한 신성의식(전체의식)으로 거듭나게 될 것입니다.

'그렇게 해도 되고, 그렇게 안 해도 된다. 다 허용하고 아주 편안해진다!'

증상이 심하면 심할수록 마음공부를 해야 하는 이유

증상과 상처가 심하면 심할수록 필히 마음공부를 하는 게 좋습니다. 왜 그럴까요? 마음공부란 나의 본성인 '텅빈마음'을 회복하는 것입니다. 텅빈마음엔 어떠한 상처도 증상도 없을 뿐 아니라, 이는 조건 없는 수용과 허용의 상태입니다. 텅빈마음이 된다는 것은 마치 정신적 리셋이 되는 것과 같습니다. 그래서 이보다 더 궁극적이고 완벽한 치유는 없다고 할 수 있습니다.

고통과 상처가 심하면 심할수록, 이를 수용하기는 더 어렵습니다. 하여 증상이나 상처가 심하면 심할수록 치유가 더딜 수밖에 없는데, 내면이 리셋되어 버리면 한방에 모든 증상이 다 좋아질 수도 있습니다. 설령 그런 상태가 금방 되지 않는다 하더라도, 리셋을 위한 무의식 정화 과정에서 증상이 빠르게 호전됩니다.

빠른 치유를 위해선, 우리 안에 이미 모든 고통과 상처를 수용할 수 있는 '텅 빈 무한의 마음'이 있음을 알아야 합니다. 치유를 이러한 본성의 자리에서 시작하는 것과 에고 수준에서 시작하는 것은 결코 같을 수가 없습니다. 심리치유는 철저히 실전이고, 오로지 실전밖에 없는 것입니다. 반드시 효과가 있어야 하고, 이왕이면 더 빠르고 확실한 효과를 지향해야 합니다.

상담이나 심리치료를 받았다면 무조건 효과가 있어야 하고, 반드시 좋아져야 합니다. 심리치유가 마음공부 차원에서 이루어져야 하는 것은 이것보다 더 뛰어나고 확실한 방법이 없기 때문입니다. 다만 심리치유와 마음공부를 어떻게 결합하고 어떻게 더 효과적으로 할 것이냐 하는 과제만 있을 뿐입니다.

'무의식 정화'란 간단히 말해 '마음(무의식)이 깨끗이 리셋'되는 것입니다. 어떤 증상이든 무의식이 정화되지 않고는 나을 수가 없습니다. 이 말을 달리 하면, 마음(무의식)이 완벽하게 리셋되는 것보다 더 완벽한 치유는 없다는 뜻입니다. 순수의식이 깨어나는 것이 최고의 치유인 것은 바로 이 때문입니다.

> 병에서 벗어나려면
> 병을 불러오는 태도를 기꺼이 내려놓아야 한다.
> 삼라만상을 바라보는 습관적인 방식과 태도의
> 표현 결과가 바로 병이기 때문이다.
>
> -데이비드 호킨스

아주 간혹 마음공부(명상)를 터부시하는 분들이 계신데, 그것은 자신의 거대한 무지와 착각을 자랑하는 꼴밖에 되지 않습니다. 지금은 온갖 좋은 영성 정보가 무진장으로 쏟아지고 있는 영성시대입니다. 진실을 모르는 까막눈이 자랑이 될 수는 없습니다. 증상과 상처가 심하신 분들은 어디서 어떤 상담이나 치료를 받든 이런 점을 상식 수준으로 꼭 알고 있어야 할 것입니다. 그것이 자신을 살리는 치유의 좋은 지침이 될 테니까요!

세상엔 상담이나 심리치료를 받고도 잘 낫지 않는 사람들이 많이 있습니다. 그렇기에 우리는 무조건 효과가 있고, 반드시 좋아지는 최고의 방법을 찾아야 할 것입니다. 그 가장 확실한 방법은 '마음이 리셋되는 것'입니다. 마음이 리셋될 때 자아도 함께 리셋이 됩니다. 그것은 마치 과거의 상처에서 벗어나 내가 새롭게 태어나는 일과 같습니다. 때문에 마음과 자아가 리셋이 되면 어떤 증상이든 무조건 좋아지지 않을 수가 없습니다. 이는 법칙상 예외가 있을 수 없으니까요!

> 근원의 차원에서 자신을 무조건적으로 사랑한다는 것은, 매 순간 자기 경험의 느낌을 포용하여 받아들이는 것을 말한다. 즉 자신에게, 혹은 자신을 통해 일어나고 있는 일에 대해 판단을 내리지 않고 그것이 의미가 있고 자신에게 필요한 것이라는 사실을 인정하면서 받아들이는 것이다.
>
> -마이틀 브라운, 『현존 수업』에서

모든 증상은 내면이 분열이 될 때 발생하는 것입니다. 그렇다면 내면의 분열은 왜 발생하는 것일까요? 그것은 내가 나를 사랑하지 않기 때문에, 내가 나를 조건적으로 수용하기 때문입니다. 내가 나를 철저히 조건적으로 대하기 때문에, 그 '조건에 부합하지 않는 자아'는 나 자신으로부터 부정당하고 억압받게 됩니다. 우리가 흔히 '내면아이'라고 부른 존재가 바로 그렇게 나 자신으로부터 부정당하고 억압받으며 버려진 자아입니다.

예를 들어 '무능한 자아'가 마음에 안 들어, '무능한 자아'를 계속 부정하고 억압하게 된다면, '무능한 자아'와 이를 '싫어하고 억압하는 자아'가 서로 충돌/반목하는 상태가 됩니다. '수치스러운 자아'가 마음에 안 들어, '수치스러운 자아'를 계속 부정하고 억압하게 된다면, '수치스러운 자아'와 이를 '싫어하고 억압하는 자아'가

서로 충돌하며 계속 갈등하는 상태가 됩니다. 이렇게 내가 나 자신을 수용하지 못하면, 심리적 내전(內戰) 상태와 같이 내면은 계속 분열될 수밖에 없고, 자존감 또한 낮아질 수밖에 없습니다.

〈자존심과 자존감의 차이〉
자존심은 비교하지만 자존감은 비교하지 않는다.
자존심은 비교의 관점에서 나를 보는 것이지만
자존감은 비교하지 않는 관점에서 나를 보는 것이다.
그 무엇과도 나를 비교하지 않을 때, 오직 그럴 때
나는 그 무엇과도 비교할 수 없는 가치 있는 존재가 된다.
내가 없다면 이 세상도 아무 가치 없는 것이니
적어도 나에겐 이 세상보다 내가 더 소중한 것이다.
자존심은 비교를 통해 우열의 상대적 가치를 얻지만
자존감은 비교하지 않음으로써 절대적 가치를 얻는다.
그것은 있는 그대로의 완전한 존귀함으로 나를 보는 것이다.

자존감이란 나와 남을 비교하지 않는 것이며, 나 자신을 있는 그대로 인정하고 받아들일 줄 아는 마음입니다. 자존감은 비교분별의 조건에 의한 상대적 가치에서 찾는 것이 아닙니다. 그것은 상황과 조건의 부합 여부에 따라, 끝없는 상처와 내적 분열들을 만들 뿐입니다. 자존감은 어떠한 조건도 없이 나를 있는 그대로 수용하고 사랑하는 데서 시작합니다. 그러한 자세(절대적 자존감) 속에는 '나는 있는 그대로 사랑받아도 되는 가치 있는 존재'라는 믿음이 전제되어 있습니다. 이러한 믿음이 바로 자존감의 뿌리이며 심리적 중심입니다. 고로 이러한 믿음을 찾는 것이 치유의 시작이자 종착점이라 할 수 있습니다.

우리나라는 차별과 무시가 만연한 '비교 중독 사회'이기 때문에 이러한 절대적 자존감을 갖기가 매우 어려운 사회입니다. 우리 사회 어느 곳이나 차별과 무시가 만연해 있고, 갑질 또한 만연해 있습니다. 우리는 학생들을 어린 시절부터 등수와 등급으로 나누어 자존감에 수없이 칼질을 해대는 정서적 학대나 다름없는 정신 나간 교육을 하고 있습니다. 그래서 우리는 어려서부터 우월감과 열등감이라는 시소를 오가며 비교와 차별과 무시를 내면화하게 되고, 그것은 성인이 된 후에도 그런 사회 분위기 속에서 계속 지속/반복됩니다. 이는 오랫동안 지속되어 온 자살률 세계 1위라는 사태와도 결코 무관하지 않을 것입니다.

우리 사회에서 우월감이나 열등감에서 자유로운 사람이 몇이나 될까요?(제 내담자 대부분이 수치심 중독을 가지고 있습니다.) 우리는 모두 그만큼 온전한 자존감과 자기 사랑을 성취하기가 정말 어려운 환경 속에 놓여 있는 것입니다. 그렇기에 더더욱 우리는 진짜 자존감에 대해 잘 알고 있어야 하고 그것을 갖기 위해 각별한 관심과 노력을 기울여야 할 것입니다. (저는 우리나라에서 제일 먼저 사라져야 할 것이 학생들의 등수와 등급이라고 생각합니다. 유럽을 비롯한 전 세계 교육 선진국들 대부분이 그런 것이 전혀 없는데도 양질의 교육을 잘만 하고 있다는 사실을 우리 모두가 주지해야 할 것입니다.)

내면의 존재를 발견하면서 생겨나는 가장 중요한 특성은 자기 수용, 혹은 자기 사랑이다. 왜냐하면 이것이 바깥세상에서 그토록 찾아 헤매던 진정한 평화와 충만감이 자기 본성의 고유한 부분이라는 깊은 깨달음을 주기 때문이다. 그 순간 자기 판단, 자기 불신, 자기 비난은 사라지게 된다. 있는 그대로의 자신을 받아들이며, 어떤 것을 바꾸거나 개선하려 하지 않고 있는 그대로의 삶 자체에 '네'라고 말할 수 있게 된다.

-스바기토R. 리버마이스터, 『삶의 얽힘을 푸는 가족 세우기』에서

자신에 대한 '조건적인 수용과 사랑'은 사실 자신에게 주는 일종의 협박과 같습니다. 예컨대 불안한 나를 받아들일 수 없다는 것은 '불안한 나는 버리겠다'는 협박입니다. 똑똑하지 않은 나를 받아들일 수 없다는 것은 '똑똑하지 않은 나는 버리겠다'는 협박입니다. 실패한 나를 받아들일 수 없다는 것은 '실패한 나는 버리겠다'는 협박입니다. 사랑스럽지 않은 나를 받아들일 수 없다는 것은 '사랑스럽지 않은 나는 버리겠다'는 협박입니다. 우리는 이처럼 어떤 조건을 붙들고 끊임없이 자신을 질책(자책)하고 닦달하면서 스스로를 협박합니다. 이처럼 조건적인 수용과 사랑은 나에 대한 조건적 검열이자, 조건적 셀프 협박이며, 조건적이고 자발적인 유기입니다.

이러한 검열과 협박과 유기가 심하면 심할수록 내면은 더욱 분열될 수밖에 없고, 그 고통과 증상 또한 더욱 심해질 수밖에 없습니다. 때문에 이를 해결하는 방법은 조건적인 수용과 사랑을 끝내는 것, 조건적인 수용과 사랑을 무조건적인 수용과 사랑으로 바꾸는 길밖에 없습니다. 허나 이는 결코 쉽지 않은 일입니다. 왜 그럴까요?

'조건 없는 수용과 사랑'을 하려면 에고에서 벗어나야 하기 때문입니다. 에고는 철저히 조건적입니다. '에고'와 '조건'은 거의 같은 말이라 해도 과언이 아닐 정도로 에고는 자신이 붙잡고 있는 조건에 집착합니다. 에고가 사라지면 조건이 사라지고, 조건이 사라지면 에고도 사라집니다. 이 둘은 동시적 생명과 같습니다. 에고는 오직 '조건적인 수용과 사랑'만을 할 뿐 '조건 없는 수용과 사랑'을 할 수가 없습니다.

'조건 없는 수용과 사랑'을 할 수 있는 것은 에고에서 벗어난 우리의 본성인 참나와 신성밖에 없습니다.

에고에서 벗어나 우리 안에 있는 참나와 신성이 깨어나야만 '조건 없는 수용과 사랑'을 할 수 있습니다. 오직 그러한 무조건적인 수용과 사랑만이 내면의 모든 분열과 부조화를 깨끗이 치유케 할 수 있습니다. 오직 그러한 수용과 사랑만이 삶의 모든 고통과 상처를 온전히 껴안을 수 있습니다. 이것은 에고 수준의 치유로는 불가능한 것입니다. 그래서 가장 높은 수준의 치유, 최고 수준의 완벽한 치유는 영적 깨달음을 지향할 수밖에 없습니다.

"문제는 그 문제가 발생한 수준에서는 결코 해결할 수 없다." 아인슈타인의 이 격언은 심리치유에 있어서도 정말로 본질을 꿰뚫는 중요한 금언이 아닐 수 없습니다. 상처가 발생한 의식 수준에선 상처를 치유할 수 없습니다. 고통이 발생한 의식 수준에선 고통을 해결할 수 없습니다. 환자가 환자를 치유할 수 없듯이, 에고 수준에서는 에고를 치유할 수 없습니다. 우리에게는 의식 수준의 상승, 즉 영적 성장이 필요한 것입니다. 치유의 에너지가 있는 더 높은 전망과 더 넓은 심리적 영토로의 확장이 필요한 것입니다.

그녀는 초연해야 했다. 몸을 바꾸기 위해서는 몸을 벗어나야 하고, 에고를 바꾸기 위해서는 에고를 벗어나야 하고, 프로그램을 바꾸기 위해서는 프로그램을 벗어나야 하며, 잠재의식적 마음을 바꾸기 위해서는 의식적 마음을 벗어나야 했다. 미지의 것을 만들어내기 위해서는 미지의 것이 되어야 했다. 물질적으로 새로운 경험을 하기 위해서는 전혀 물질적이지 않은 비물질의 새로운 생각이 되어야 했다. 시공간을 바꾸기 위해서는 시공간을 벗어나야 했다. 그녀는 순수의식이 되어야 했다.

-조 디스펜자, 『나는 플라시보다』에서

경우를 불문하고, 증상이 심하면 심할수록 상처가 크면 클수록 에고의식 수준
에서는 더욱 벗어나기가 어렵습니다. 증상이 심하면 심할수록, 상처가 크면 클수록
마음공부가 더욱 절실히 필요한 것은 바로 이 때문입니다. 아울러 명상이 영적 성
장을 위한 가장 좋은 도구일 뿐 아니라, 심리치유를 위해서도 가장 좋은 도구가 되
는 것도 바로 이 때문입니다. 이를 안다면 치유를 위해 어찌 명상을 하지 않을 수가
있겠습니까!

아직도 상담 공부를 하신 분들 중에는 마음공부를 깊이 하지 않아서 이런 것에
대해 잘 모르는 분들이 많습니다. 하지만 저는 이제 이런 것이 심리치유를 위한 만
인의 기본 상식이 되었으면 합니다. 이를 모른다는 것은 상담가로서 아주 부끄러운
일이 될 것이며, 이제 전 인류가 무지의 새벽에서 깨어날 때가 되었으니까요!

깨달음은 고통이라는 질병에 주어진 치료약이며,

그것만이 존재하는 유일한 치료약이다.

–아디야샨티

이런 맥락에서 마음공부를 처음 하시는 분들께 도움이 될 만한 좋은 책들을 권
해드리고 싶습니다.

· 권도갑, 『우리 시대의 마음공부』

- 김기태, 『지금 이 순간이 기회입니다』
- 김상운, 『마음을 비우면 얻어지는 것들』
- 이송미, 『미라클』
- 전홍준, 『완전한 몸, 완전한 마음, 완전한 생명』
- 메리 오말리, 『내 안의 가짜들과 이별하기』
- 루이즈 헤이, 『치유』
- 아니타 무르자니, 『그리고 모든 것이 변했다』
- 진세희, 『사는 것도 두렵고 죽는 것도 두려운 당신에게』
- 데이비드 호킨스, 『놓아버림』

이 책들은 마음공부를 처음 하시는 분들께 아주 좋은 입문서가 아닐까 합니다. 누구나 어렵지 않게 읽을 수 있지만, 핵심적이고 좋은 내용들이 잘 담겨 있는 책들입니다. 아울러, 마음공부가 기본적으로 치유와 의식성장을 위한 것이므로 심리치유를 위해서도 좋은 책이 될 것이라 생각합니다. 이 열 권의 책들을 단지 두 번씩만 읽어도, 마음공부에 대한 이해와 통찰이 깊어질 뿐 아니라 치유와 의식성장에도 많은 도움이 되지 않을까 합니다. 어떤 분야든 좋은 책을 접하는 것은 변화와 성장의 지름길이 될 것입니다.

깨달음이란 무엇인가

내 몸과 마음이 다 사라진 상태를 떠올려 보세요. 내 몸과 마음이 다 사라지고 나면 아무것도 남지 않습니다. 이렇게 아무것도 남지 않은 상태를 '제로'라고 표현해 보겠습니다. 내 몸과 마음이 사라지고 나면 제로이듯이, 모든 사람 또한 몸과 마음이 사라지고 나면 다 아무것도 없는 '제로'가 됩니다. 마찬가지로 천지만물 또한 사라지고 나면 다 아무것도 없는 '제로'가 됩니다.

우주의 모든 것은 단 하나의 예외 없이 다 제로로 되돌아갑니다. 즉 제로가 만물의 근원인 것입니다. 이 '제로'가 바로 나의 본성이자, 천지만물의 본성입니다. 그래서 이런 본성 차원에서 보면 모든 것은 다 '제로'와 같으므로, 결국 모든 것은 다 하나라고 할 수 있습니다. 우주와 천지만물은 다 제로로 되어 있고, 존재하는 것은 오직 제로밖에 없으니까요!

우리는 늘 제로 속에 있고, 제로는 늘 우리 속에 있습니다. 그런 점에서 모든 것은 '제로 속'에서 일어났다가 '제로 속'으로 사라진다고 표현할 수 있습니다. 달리 표현하면 이미 모든 것 속에는 늘 제로가 널리 내재(편재)되어 있다고 할 수도 있습니다. 먼지 속에도 제로가 들어 있고, 우주 속에도 제로가 들어 있습니다. 내 안에도 제로가 들어있고, 너 안에도 제로가 들어 있습니다.

현대적 용어로 말하자면 '순수의식'은 모든 물질과 에너지의 자궁인 정적 속의 텅 빈 공(空), 즉 양자공간을 의미한다. 순수의식은 생각과 생각 사이의 틈새에 존재하며, 일어나는 모든 정신작용의 변하지 않는 배경이 된다. 우리는 보통 그런 상태가 존재하는지 생각조차 해보지 않는다. 우리의 마음은 끊임없이 이어지면서 깨어있는 의식을 가리는 생각, 기대, 꿈, 공상, 감각 등으로 꽉 차 있기 때문이다. 이 때문에 고대 인도의 현인들은 마음으로 하여금 양자의 심연 속에 있는 근원을 보게 하기 위해서 명상이라는 특별한 기법을 고안해 냈다.

-디팩 초프라, 『사람은 왜 늙는가』에서

이 제로는 존재하지 않는 곳이 없습니다. 모든 시간과 공간이 제로 속에 존재하듯이, 모든 시간과 모든 공간에 제로가 들어있습니다. 천지만물 모든 것에 속에, 우주의 시작과 끝 속에 제로가 이미 다 들어있습니다.

이런 관점(본성의 관점)에서 보면 모든 것은 이미 다 제로입니다. 나도 제로, 너도 제로, 천지만물도 다 제로입니다. 그래서 우리는 제로로서 이미 하나요, 모든 것 또한 제로로서 이미 하나입니다. 이렇게 본성 차원에서 모든 것이 하나임을 아는 의식 상태를 합일의식(순수의식)이라고 합니다.

순수의식은 정신을 표현하는 스크린으로서, 이 스크린 위에
모든 사고와 지각이 비쳐진다. 순수의식이란 바로 의식이 깨어 있는 상태이다.

-톰 스톤

나는 '제로'입니다. 제로가 우주의 모든 것 속에 있다는 말은, (본성차원에서 보면) 제로인 '나'가 우주의 모든 것 속에 있다는 말이 됩니다. 나는 먼저 속에도 있고, 꽃 속에도 있고, 모든 시간과 공간 속에도 있고, 우주의 시작과 끝 속에도 있습니다. 내 가 존재하지 않는 곳은 없습니다.

마찬가지로, 제로 속에 우주의 모든 것이 있으니, (본성차원에서 보면) 제로인 '나' 속에 우주의 모든 것이 전부 다 있습니다. 먼지도 내 속에 있는 것이고, 꽃도 내 속 에 있는 것이고, 모든 시간과 공간도 내 속에 있는 것이고, 우주의 시작과 끝도 내 속에 있는 것입니다.

이것을 한 마디로 정리하면, '나는 늘 모든 것 속에 있고, 모든 것은 늘 내 속에 있다'라고 말할 수 있습니다. 나는 우주의 모든 것 속에 있고, 우주의 모든 것은 내 속에 있으니, 나는 우주의 모든 것과 하나요, 광활한 우주의 시작이자 끝이자 그 중 심입니다. 이러한 합일의식이 깨어나는 것이 우리가 '깨달음'이라고 부르는 영적 각성입니다.

텅 빈 하늘은 무한히 넓기 때문에 수많은 별들과 우주 만물을 모두 품어 안 습니다. 좋아하고 싫어함이 없이 모든 삼라만상을 감싸주고 있습니다. 가없이 크면서 온전하게 비워졌기 때문에 만물이 그 안에 안길 수 있습니다. 푸른 하늘 처럼 무한하게 크고 남김없이 비워진 성품(마음)이 하늘의 성품입니다. 우리의 본래 성품입니다.

-자허, 『숨 명상 깨달음』에서

'제로'는 '참나'와 같은 말입니다. 나는 이미 제로 속에 있고 제로는 늘 내 속에 있으니, 나는 이미 참나 속에 있고, 참나는 늘 내 속에 있습니다. 내가 알든 알지 못하든 나는 늘 제로 속에 있고 제로는 늘 내 속에 있듯이, 나는 늘 참나 속에 있고 참나는 늘 내 속에 있습니다. 즉 나와 참나는 0.1초도 분리될 수가 없으며, 모든 나는 있는 그대로 이미 완전한 참나입니다. 모든 나는 참나의 현현이기 때문입니다.

모든 제로가 있는 그대로 완전한 제로이듯이, 모든 나는 있는 그대로 완전한 참나입니다. 에고 속에도 이미 참나가 들어 있으니, 에고 또한 완전한 참나입니다. 파도가 바다의 일부이듯이 모든 나 속에 참나가 들어 있으므로 참나가 아닌 나는 존재할 수가 없습니다. 본성차원에서 보면 제로가 아닌 것이 없듯이 이 우주에 참나가 아닌 것이 없습니다.

"나는 당신 내면의 그곳 우주 전체가 자리한 그곳을 경배합니다. 나는 당신 내면의 그곳 사랑과 빛, 진실과 평화가 깃든 그곳을 경배합니다. 나는 당신 내면의 그곳을 경배합니다. 당신이 당신 내면의 그곳에 있고 내가 나의 내면의 그곳에 있으면 우리는 하나가 됩니다. 나마스테!" 이 문장은 네팔의 기도문입니다. 기도문에서 말하는 '우주 전체가 자리한 내면의 그곳'은 제로 즉 텅빈 마음(순수의식)을 말합니다. 우리가 텅빈마음의 순수의식 속에서 있으면, 우주 전체가 내 안에 있음을, 우리 모두가 하나임을 알 게 될 것입니다.

에고와 참나에 대한 정확한 이해

나이테를 보면 작은 원을 더 큰 원이 감싸고 있는 것처럼, 에고도 늘 참나 안에 있습니다. 그래서 깨어나면 에고 또한 참나임을 혹은 참나의 일부임을 알게 됩니다. 에고가 개체의식에 머물러 있는 개체자아라면, 참나는 전체의식이 깨어난 전체자아입니다. 허나 개체자아인 에고 또한 전체자아인 참나 속에 있는 것입니다. 그래서 에고 또한 참나의 일부분이라고 할 수 있습니다.

에고가 작은 원(圓)이라면 참나는 그 원을 품고 있는 더 큰 원입니다. 나이테가 더 커지면 작은 원들을 다 껴안을 수 있듯이, 에고의 모든 것을 수용하면 에고를 품을 수 있는 더 큰 사람이 됩니다. 참나가 깨어난다는 것은 모든 에고를 껴안을 수 있는 더 큰 원이 되는 일과 같습니다. 구름이 하늘의 일부요, 파도가 바다의 일부인 것처럼 에고도 참나 안에 있는 참나의 일부입니다. 때문에 에고를 죽일 필요도 전혀 없고, 부정할 필요도 전혀 없습니다.

에고가 없으면 우리는 삶을 제대로 체험할 수가 없습니다. 어둠 없이는 빛을 인식할 수 없듯이 에고 없이는 참나(신성) 또한 체험할 수가 없습니다. 에고는 우리에게 절대적으로 필요한 삶의 시스템이요, 에고는 에고로서 있는 그대로 완전한 것입니다. 술래가 없이는 술래잡기 놀이를 할 수 없는 것처럼, 에고는 애초에 부여받은 자신의 역할과 기능이 있으니 이것을 최대한 수용하고 긍정하는 것이 마음공부의 바른 자세가 아닐까 합니다.

오직 무한한 알아차림만이 존재합니다. 비록 그것이 유한한 마음이라는 활동을 함으로써 스스로를 감추고 여러 가지 다양한 대상과 자아로 나타나게 된다 하더라도 말이지요. 이는 영원하며 무한한 존재 이외의 어떤 것이 결코 될 수도 없으며 그것을 알 수도 없습니다.

무한한 알아차림, 즉 무한하고 스스로를 알아차리는 신의 존재가 되기 위해서 개별적인 자아를 제거해야 할 필요는 없습니다. 제거해야 할 개별적 자아라는 것은 애초에 존재하지도 않기 때문이지요. 개별적인 자아를 해체하고 완전히 뿌리 뽑으려는 시도는 오히려 그 환상적인 존재를 영속시킬 뿐입니다. 개별적인 자아를 길들이겠다는 것은 개별적인 자아를 계속 유지하겠다는 것에 불과합니다.

–루퍼트 스파이라, 『알아차림에 대한 알아차림』에서

슬픈 나도 참나요, 불안한 나도 참나요, 화내는 나도 참나요, 절망하는 나도 참나입니다. 나는 참나와 0.1초도 분리된 적이 없고, 0.1초도 분리될 수도 없습니다. 나는 늘 참나 속에 있고, 참나는 늘 내 속에 있으니까요. 모든 나는 있는 그대로 완전한 참나입니다! 나는 매 순간 있는 그대로 완전한 참나입니다!

깨달음을 얻고 나서 참나가 되는 것이 아니라 나는 이미 있는 그대로 완전한 참나입니다. 깨달음이란 내가 '참나' 임을 전혀 모르고 있다가 내가 있는 그대로 '참나' 임을 확연히 아는 것에 불과합니다. 이때 내면에선 에고의식이 깨어지고 텅빈마음으로 의식이 확장되는 일이 일어날 것입니다. 허나 이런 일이 일어나기 전에도 나는 이미 참나입니다. 자신이 바다임을 모르는 파도도 바다의 일부이듯이, 내가 '참나'임을 모르는 무지한 나도 이미 참나이기 때문입니다. 이는 무분별의 비이원성의 관점이자 절대적 수용의 관점입니다. 때문에 이 관점 '밖'에서는 절대로 참나를 찾을 수 없습니다.(저 또한 이렇게 너무나 간단하고 쉬운 이치를 몰라, 마음공부하면서 얼마나 오랜 세월을 참나를 찾아 헤매었는지 모릅니다.)

참된 당신은 바다로서 모든 물결을 받아들인다.
바다는 모든 물결이기 때문이다.
바다는 어떤 물결은 받아들이고 다른 물결은 거부하지 않는다.
바다는 모든 물결 안에서, 모든 물결로 언제나 현존한다.

-제프 포스터

이러한 '참나(제로)'를 마음의 속성과 맥락에서 표현하면 '텅빈마음'라고 표현할 수 있습니다. '제로=참나=텅빈마음' 이는 표현의 초점이 다른 뿐 다 같은 말입니다. 우리 안에 있는 모든 생각과 감정이 다 빠져나간다면 무엇이 남을까요? 아무것도 남지 않을 것입니다. 아무것도 남지 않은 마음을 텅빈마음이라고 합니다. 텅 빈 하늘에서 구름이 생겨났다가 사라지는 것처럼, 모든 생각과 감정은 텅빈마음에서 일어났다가 사라지는 것입니다. 텅빈마음이 바로 나의 근원이요, 나의 본성입니다.

칠판에 글씨를 쓰고 지우듯, 모든 마음은 텅빈마음이라는 바탕에서 잠시 일어났다 사라지는 것입니다. 우리 안에는 늘 텅빈마음이 있습니다. 텅빈마음은 우리 안에 있는 내면의 하늘과 같습니다. 구름이 하늘에서 벗어난 적이 없듯이 우리의 모든 생각과 감정은 오직 텅빈마음 속에 있는 것입니다. 우리는 단 한순간도 텅빈마음과 분리된 적도 없고 분리될 수도 없습니다.

그러나 우리는 생각구름과 감정구름에 빠져 우리가 '텅 빈 무한의 마음'이요, '텅 빈 무한의 하늘'임을 망각한 채로 살아갑니다. 에고의 생각과 감정에 동일시되어 그것이 자신의 전부인 줄 착각한 채로 일생을 살아갑니다. 허나 그것은 우리의 진실이나 본질이 아닙니다. 우리의 진실과 본질은 모든 생각구름을 품고 있으나 늘 텅 비어있는 '텅 빈 무한의 마음(하늘)'이 바로 우리 자신이라는 사실입니다.

깨달음이란 이 텅빈마음이 다시 온전히 깨어나는 것을 말합니다. 깨달음이란 생각구름에서 빠져나와 생각구름을 품은 드넓은 하늘(텅빈마음)이 되는 것입니다. 텅빈마음은 모든 경계를 지운 무한의 마음이니, 텅빈마음으로 깨어난다는 것은 곧 하늘의 마음으로 거듭나는 것입니다. 하늘의 마음은 경계 없이 모든 것을 품을 수 있는 절대 수용의 마음입니다. 에고의식이 이렇게 무한대의 마음으로 거듭나고 깨어나는 것, 이것을 의식확장이라고 하는데 이렇게 나의 본성이 깨어나 나의 본래의 마음을 되찾는 것이 바로 깨달음입니다.

　　'텅빈마음=순수의식, 무한의식, 근원의식, 합일의식, 전체의식, 우주의식, 참나의식, 신성의식, 배경의식'

텅빈마음은 초점과 속성에 따라 다양하게 부를 수 있지만 '텅빈마음'을 어떻게 부르든 이 모든 것은 다 같은 말입니다. 텅빈마음이 깨어난다는 것은 내 안과 밖이 하나가 된다는 뜻이며, 우리 안에 있는 순수의식과 무한의식과 합일의식과 전체의식과 우주의식과 참나의식과 신성의식과 배경의식 다 함께 깨어난다는 뜻입니다.

어떤 관념을 주장한다는 것은
진실이라고 느낀 개념과 진실이 아니라고 느낀 개념 사이에
경계선을 긋는 것을 의미한다.

-켄 윌버

백지 위에 연필로 작은 동그라미 하나를 그려보세요. 비유컨대 백지 전체가 텅 빈마음이라면 작은 동그라미는 에고입니다. 허나 동그라미 안도 텅빈마음이요, 동그라미 밖도 텅빈마음입니다. 에고의 안과 밖이 전부 다 텅빈마음인 것입니다. 만약 그 동그라미를 지우개로 다시 지운다면 어떻게 될까요? 다시 텅빈마음(백지)만 남게 될 것입니다. 나라는 몸과 자아도, 나의 모든 마음도, 나의 인생도 그저 텅빈마음에서 잠시 일어났다가 사라지는 '작은 동그라미'와 같은 것입니다. 하지만 나의 본성인 텅빈마음은 조금도 변함없이 늘 그대로입니다.

텅빈마음은 말 그대로 텅 비어 있기에 '조건 없는 수용(허용)'의 속성을 가지고 있습니다. 그래서 텅빈마음이 깨어난다는 것은 '조건 없는 수용'의 상태가 된다는 뜻이기도 합니다. 텅빈마음 속에서는 그 어떠한 상처도 고통도 존재하지 않습니다. 이는 에고와 내면이 깨끗이 리셋되는 것과 같습니다. 텅빈마음이 깨어나면 조건 없는 수용의 상태가 되어, 모든 고통과 상처가 저절로 다 사라지는 것은 바로 이 때문입니다.

부분이란 없다는 사실을 깨달을 때, 우리는 전체로 하강하게 된다. 자기 없음을 깨닫게 되면, 우리의 진정한 정체성이 언제나 지고의 정체성임을 알게 된다. 언제나 현존하는 무경계 각성의 빛 속에서는 한때 내면의 고립된 자기라고

상상했던 것이 저 밖의 우주와 하나가 된다. 이것이야말로 당신의 진정한 자기이다. 어디를 둘러보든 모든 곳에 당신의 본래면목만이 있을 뿐이다.

-켄 윌버, 『무경계』에서

텅빈마음은 속성상 '조건 없는 수용/사랑'과 같은 말입니다. 내 안에 이미 텅빈마음이 있다는 것은 내 안에 이미 '조건 없는 무한한 수용과 사랑'이 있다는 뜻입니다. 그것은 우리의 본성이 바로 무한한 사랑이라는 뜻이요, 그 무엇에도 손상되지 않는 절대적 평화이자 완전한 신성이라는 뜻이기도 합니다. 이렇게 엄청난 유산이 우리 안에 이미 있는데, 에고는 자신이 붙잡고 있는 '작은 동그라미(생각)'에 갇혀 이를 전혀 모른 채 살아갑니다. 영적 차원에서 보자면 아마도 이것이 우리들의 가장 근원적인 비극이고, 가장 본질적인 불행이 아닐까 합니다.

명상은 깨달음의 열쇠이자 천국의 열쇠다

"내가 다섯 살 때 어머니는 행복이 '인생의 열쇠'라고 말했다. 학교에서 나중에 커서 뭐가 되고 싶은지 쓰라고 하길래 나는 '행복'이라고 적었다. 그랬더니 내게 숙제를 잘 이해하지 못했다고 말했다. 그래서 난 그들이 인생을 이해하지 못하는 것이라고 말했다."

존 레넌의 이 말을 빌려 이야기를 해본다면, 행복은 마음의 중심을 잘 잡을 때 일어납니다. 심리적 중심은 자기수용과 자기사랑에 있습니다. 모든 증상은 예외 없이 이러한 심리적 중심을 잃어버릴 때 생기는 것입니다. 내면에 심리적 중심이 없으면 잘 넘어질 뿐 아니라, 넘어진 후 잘 일어나지 못하게 됩니다. 오뚝이 같은 회복 탄력성도 이러한 심리적 중심이 있을 때, 생성되는 것입니다.

안으로부터 보는 관점을 갖는다는 건 내 내면의 안내자를 온전히 신뢰할 수 있다는 뜻이다. 그것은 마치 내가 어떻게 느끼느냐에 따라 온 우주가 영향을 받는 것과 같다. 다시 말하면 내가 이 우주 그물의 중심에 있기 때문에, 전체가 나로부터 영향을 받는 것이다. 그러기에 내가 행복하면 우주도 행복하다. 내가 나를 사랑하면 다른 이들도 전부 나를 사랑하게 된다. 내가 평화로우면 모든 창조물이 평화롭다. 바로 이런 식인 것이다.

-아니타 무르자니, 『그리고 모든 것이 변했다』에서

내면에 결핍감이 심한 사람은 대부분 지나친 집착(심리기제)이나 어떤 중독을 가지고 있는데, 모든 심리적 불균형과 중독 또한 이러한 '심리적 중심'을 잃어버리거나 그것을 외부에서 찾은 결과입니다. 결핍감이 심할 때 사람은 대개 그것을 '다른 무엇'으로 채우려 합니다. 그 무엇은 돈이 될 수도 있고, 술과 담배가 될 수도 있고, 어떠한 약이나 음식이 될 수도 있고, 어떤 물건이 될 수도 있고, 쇼핑이나 성형, 점술과 같은 특정 행동일 수도 있고, 포르노나 섹스가 될 수도 있고, 학벌이나 명예가 될 수도 있고, 특정 사람이 될 수도 있습니다.

하지만 내면의 부족한 자존감을 다른 것으로 채우려 하는 행위는 본질에서 벗어난 방법입니다. 그런 방법으로는 결코 결핍감이 온전히 해결되거나 채워지지 않습니다. 그것을 온전히 해결하는 방법은 오직 자기 수용과 자기 사랑밖에 없습니다. 수치심이나 열등감을 해결하는 방법도, 자괴감이나 죄책감을 해결하는 방법도 다 마찬가지입니다. 방법은 오직 이것밖에 없습니다.

관계중독을 예로 들어 보겠습니다. 내가 만약 A에게 사랑을 구하는데 A가 나에게 사랑을 주지 않으면, 나는 사랑을 구걸해야만 하는 거지신세가 됩니다. A가 나에게 사랑을 주지 않으면 나는 사랑에 굶주릴 수밖에 없고, A의 행동에 의해 좌지우지되는 존재가 될 수밖에 없습니다. 이런 식으로 주종관계가 만들어지기 때문에, A의 사랑에 집착하면 할수록 나는 더욱 나의 중심을 잃게 되는 것입니다. 모든 관계중독이나 가스라이팅은 죄다 이러한 구조 속에서 발생하는 것입니다.

당신이 지금까지 다른 사람에게서 구하던 것,

즉 '무조건적인 관심'을 자신에게 줄 수 있을 때

당신은 비로소 결핍에서 벗어나 무한정한 풍요로 들어설 수 있다.

-마이클 브라운

관계중독뿐 아니라 모든 중독이 다 마찬가지입니다. 만약 '돈'에 나의 심리적 중심이 있으면 돈의 유무에 따라 나는 흔들릴 수밖에 없습니다. 이처럼 그 무엇이든 심리적 중심이 바깥에 있으면 나는 흔들릴 수밖에 없습니다. 내가 외부에 어떤 것으로부터 흔들리지 않도록 중심을 잡아주는 핵심 축은 '자기 수용과 자기 사랑' 밖에 없습니다. 이것이 실은 심리치유의 시작이자 끝이요, 자기 구원으로 가는 유일한 진리입니다. 구원은 내 바깥에 있지 않습니다. 구원은 오직 내 안에 있습니다. 자기 수용과 자기 사랑이 구원의 본령이요, 가장 좋은 길을 찾아주는 청사진인 것입니다.

"나를 진정으로 구원할 수 있는 것은 내 바깥에 있는 것이 아니라 자기 안에 있음을 알아야 합니다. 아니 애초에 나는 그 무엇으로부터도 구원받을 필요가 없는 완벽하고 온전한 존재임을 깨닫는 데 있습니다."

영적 진실을 잘 전해주고 있는 진세희 님의 이 말처럼, 구원은 자기 안에 있습니다. 심리적 중심이 자기 수용과 자기 사랑에 있듯이, 자기 구원 또한 자기 수용과 자기 사랑 속에 있습니다. 그래서 삶이 힘들수록, 고통에 내가 흔들릴수록 외부에서 답을 찾을 게 아니라, 내면에서 그 답을 찾아야 합니다. 심지어 구원은 신에게 구해서도 안 되는 것입니다. 내 안에서가 아니라, 내 밖의 신에게 구원을 구하는 것 또한 '주종관계를 만드는 것'이자 중심을 잃게 만드는 '본질에서 벗어난 방법'일 뿐입니다. (이는 사실 노예사상에 불과한 것입니다. 기실 모든 종교적 오류와 사이비도 다 이 때문에 만들어지는 것입니다.)

지금은 상황이 어려워지면 그 상황을 물리적으로 바꾸려고 하는 대신 내 내면세계를 들여다본다. 스트레스를 받거나 불안하거나 불만스럽거나 할 때면 나는 내면으로 들어가서 그 느낌을 먼저 들여다본다. 그리고 혼자 앉아 있는다든지, 자연 속을 걷는다든지, 음악을 듣는다든지 하면서 고요하고 차분한 중심으로 들어간다. 나는 그렇게 할 때 외부 세계 또한 바뀐다는 것을, 그리고 내가 실제로 어떤 행동도 하지 않았는데 많은 장애물들이 그냥 사라져 버리는 것을 경험했다. '중심으로 들어간다'는 것은 우주 그물의 중심에 있는 나를 느낀다는 뜻이다. 바로 내 위치를 '알아차리는' 것이다. 이 중심이 곧 우리 모두가 존재하고 있는 유일한 장소이며, 그러니만큼 이 중심 자리를 가슴으로부터 '느끼는' 것이 중요하다.

-아니타 무르자니, 『그리고 모든 것이 변했다』에서

나의 내면세계로 들어가려면 어떻게 해야 할까요? 내면세계로 들어가는 길이 바로 명상입니다. 내 내면에 있는 '고요하고 차분한 중심'을 찾는 것이 명상의 본질입니다. 간단히 말해 우리가 명상을 해야 하는 이유는 내면세계로 들어가기 위해서, 가장 높은 수준으로 심리적 중심을 회복하기 위해서입니다. 앞서 자기 수용과 자기 사랑이 심리적 중심이라고 했는데, 그 최고치나 궁극은 무엇일까요? 그것은 나의 본성을 찾는 것, 나의 영적 진실을 일깨우는 것입니다. 나의 본성은 '조건 없는 수용과 사랑'입니다. 이러한 나의 본성이 깨어나는 것을 깨달음이라고 부릅니다.

봄에 과일나무에 피는 꽃을 보라.
과일이 열리면 꽃은 자연스럽게 자취를 감춘다.
마찬가지로 당신 내면의 신성이 성장하면
낮은 차원의 자아는 모습도 없이 사라질 것이다.

-비베카난다

조건 없는 수용과 사랑은 에고가 소멸한 텅빈마음(순수의식)에서 나옵니다. 에고가 악착같이 붙잡고 있는 모든 조건들이 떨어져 나간 무집착/무저항의 상태를 텅빈마음이라고 표현하는 것입니다. 그래서 우리의 본성이자 근원인 '조건 없는 수용과 사랑'은 오직 이러한 텅빈마음의 순수의식 상태에서만 깨어날 수 있습니다.

요컨대 깨달음은 우리 안에 있는 '텅 빈 무한의 마음'이 깨어나는 것입니다. 텅빈마음은 우리의 본성이요, 근원입니다. 오직 텅빈마음으로 거듭나는 자만이 무경계 속에 있는 자신의 본성과 근원을 알 수 있습니다. 오직 텅빈마음으로 거듭나는 자만이 내 안에 있는 무한과 깨달음이 무엇인지 알 수 있습니다. 그래서 텅빈마음이 깨어나는 것을 '영혼(신성)의 부활'이라고 할 수 있습니다. 깨달음이란 나의 초월적 본성이 부활하는 것이자, 참나로 내가 다시 태어나는 것입니다.

내면으로 들어가는 것은
바로 신에게로 다가가는 것이다.
내면으로 들어가는 것이
바로 존재의 모든 연금술적 변형의 비밀이다.

-오쇼

텅빈마음이 바로 우리 가슴속에 있는 내면의 천국이므로, 깨달음이란 텅빈마음으로 깨어나 내면 속의 천국을 발견하는 일입니다. 그러므로 오직 텅빈마음으로 깨어난 자만이 천국에 들어갈 수 있습니다. 예수가 "천국은 오직 그대 가슴속에 있다. 거듭나는 자만이 천국에 들어갈 수 있다."라고 한 것은 바로 이를 두고 한 말입니다. 천국은 오직 내 안에 있으며, 텅빈마음 속에 있습니다. 텅빈마음은 천국과 같은 말입니다. 고로 텅빈마음으로 깨어나지 않은 자는 끝내 천국이 무엇인지도 알 수 없으며, 영원토로 천국에 들어갈 수가 없습니다.

답을 찾아 계속 우리 바깥을 헤매고 다니는 것은 참 안타까운 일이다. 우리는 종교와 의학, 과학적 연구, 책, 다른 사람들을 찾아다니며 답을 구하고 있다. 우리는 진실이 저기 바깥에, 손에 잡히지 않은 채로 있다고 생각한다. 그러나 그럴수록 우리는 더 길을 잃고 헤맬 뿐이다. 진정한 자신으로부터 더욱 멀어지기 때문이다. 온 우주가 우리 안에 있다. 바깥에서 일어나는 것처럼 보이는 모든 것은 내 안의 무엇인가를 일깨우기 위하여, 일깨워서 나를 확장시키고 진정한 자신으로 돌아가게 만들기 위하여 일어나고 있는 것이다.

-아니타 무르자니, 『그리고 모든 것이 변했다』에서

명상은 우리의 본성인 텅빈마음을 깨어나게 하는 기술입니다. 때문에 명상은 텅빈마음을 깨어나게 하는 열쇠와 다름없습니다. 하여 명상은 '천국의 열쇠'라 불러도 될 것입니다. 천국에 들어가는 열쇠는 종교적 맹신이 아닙니다.(종교는 진리도 아니요 깨달음도 아닙니다. 진리와 깨달음은 모든 종교를 넘어선 자리에 있습니다.) 그것은 깨달음의 문, 천국의 문을 열 수 없는 잘못된 열쇠에 불과합니다. 명상을 한다는 것은 깨달음의 문, 천국의 문을 여는 열쇠를 쥐는 일입니다. 명상은 깨달음의 열쇠이자 천국의 열쇠입니다. 그러니 인생에서 이보다 더 귀하고 가치 있는 일이 어디 있겠는지요!

다만 이 열쇠는 눈에 잘 보이지 않는 열쇠여서 열심히 간절히 찾는 자에게만 주어질 것입니다. 아울러 이는 돈으로 살 수 없으며 값을 매길 수도 없는 것이어서, 오직 돈보다 더 귀한 것을 추구하는 이들만이 얻을 수 있는 귀한 열쇠일 것입니다. 이는 모든 무지와 탐욕을 깨우는 열쇠이자 신과 하늘의 마음으로 다가가는 열쇠이기 때문입니다.

> 우리의 모든 욕망·바람·의도·소망은
> 궁극적으로는 합일의식에 대한 '대리만족'이다.
> 그러나 다만 절반의 만족에 지나지 않으며,
> 따라서 절반의 불만족이다.
>
> -켄 윌버

영성 심리학자 켄 윌버는 '신이란 존재하는 모든 것의 진정한 자기'라고 말했습니다. 또 '합일의식이 곧 진정한 무경계의 영토'라고 말했습니다. 명상이란 '진정한 자기'를 찾는 일이며, 우리 안에서 조금의 흠도 티도 없는 있는 그대로 완전한 신성을 발견하는 일일 것입니다. 아울러 절반의 만족과 절반의 불만족이 공존하는 세계가 아니라, 합일의식 속에서 무진장으로 펼쳐져 있는 무경계의 영토를 물려받는 일일 것입니다.

우리 경험의 집합체인 '에고'는 원래 실체가 아니고 허상이기 때문에 영원할 수 없다. 부분이 영원하려면 전체와 하나가 되어야 한다. 이렇게 개체가 전체와 하나가 되려고 하는 것, 그것이 곧 죽음의 본질이다. 우리 인간이 그토록 사랑을 원하는 것은 바로 에고가 일으키는 고통에서 벗어나려고 하기 때문이다. 사랑 속에서는 더 이상 '에고'가 존재할 수 없기 때문이다. 에고가 죽은 그 자리에 '사랑(생명)'이 비로소 제 모습을 드러내는 것이다. 에고의 죽음, 그것이 곧 사랑이다. 그것이 진정한 부활이다. 진정한 부활은 '나'가 죽고 '생명(사랑)'이 부활하는 것을 말한다.

-배재국, 『셀프힐링』에서

마이클A. 싱어는 『삶이 당신보다 더 잘 안다』에서 이렇게 말했습니다. "왕국은 그대 안에 있다. 그 안의 그대는 신의 모습으로 지어진 위대한 존재다. 하지만 그것을 알려면 그대 자신을 마음속의 소란스러운 난장판에서 해방시켜야만 한다." 우리는 에고의 소란을 잠재우기 위해서, 신적 자아로 부활하기 위해서 명상의 문으로 들어가야 할 것입니다. 그 문 안에는 모두가 바라는 최고의 치유 에너지와 행복 에너지가 화수분처럼 넘쳐 날 것이므로, 잃어버리거나 빼앗길 수도 없이 무진장으로 쏟아질 것이므로!

깨달음을 얻는 네 가지 방식

　　우리 안에 늘 있었던 우리의 본성인 '순수의식(텅빈마음)'이 깨어나는 것을 영적 깨달음이라고 합니다. 그런데 우리 본성인 순수의식이 깨어나는 데는 여러 가지 방법이 있습니다. 이는 마치 산 정상으로 가는 길이 여러 가지인 것과 같습니다. 산을 올라가는 길은 동쪽으로 올라가는 길도 있고, 서쪽으로 올라가는 길도 있고, 남쪽으로 올라가는 길도 있고, 북쪽으로 올라가는 길도 있을 것입니다. 하지만 어느 길로 올라가든 산 정상에선 다 하나로 만나게 될 것입니다. 이처럼 깨달음을 얻는 방법도 여러 가지 다른 길이 있지만, 정상에서는 반드시 하나로 만나게 될 것입니다.

내가 얼마만큼 깨달을 수 있느냐는

내가 나의 참된 자아를 얼마만큼 받아들이느냐에 있다.

-로버트 앤서니

　　세상엔 실로 수많이 많고 많은 명상법과 수행법이 있지만 크게 보면 다음의 네 가지로 분류할 수 있습니다.

①수용하기와 허용하기

②자각하기와 관조하기

③내려놓기와 내맡기기

④본성(참나)에 집중하기

　물론 이 네 가지 범주에 속하지 않는 방식도 더러 있지만, 대부분의 명상법이나 수행법은 이 네 가지 범주 속에 들어갑니다. 그래서 이 네 가지 방식을 깨달음의 산정(山頂)에 오르는 네 가지 큰길이라고 볼 수 있을 듯합니다.

　그런데 ①의 방식으로 깨어난 사람은 주구장창 ①의 방식만 이야기하는 경향이 있습니다. ②의 방식으로 깨어난 사람은 주야장천 ②의 방식만 이야기하는 경향이 있습니다. ③의 방식으로 깨어난 사람은 주야장천 ③의 방식만 이야기하는 경향이 있습니다. ④의 방식으로 깨어난 사람은 주야장천 ④의 방식만 이야기하는 경향이 있습니다. 이처럼 깨달은 사람들이 대체로 자신이 깨달은 방식만을 이야기하는 경우가 많기 때문에, 마음공부를 처음 하시는 분들은 이런 여러 이야기를 듣고서 혼란에 빠지는 경우가 많습니다.

　하지만 처음부터 이렇게 깨달음을 얻는 방식이 다양하다는 것을 미리 알고 있으면 그런 혼란에 빠지지 않고, 전체 지형과 맥락을 명료하게 자각하고 이해할 수 있게 됩니다. 산을 오르는 길이 다양하듯이 깨달음을 얻는 방법도 다양하다는 것을 알고 있으면 전혀 혼란에 빠질 이유가 없습니다. 그래서 마음공부를 하는 사람은 이런 속성에 대해서 필히 처음부터 잘 알고 있어야 할 것입니다.

　똑같은 산을 오르는 경우도 동쪽으로 올라간 사람과 서쪽으로 올라간 사람은 체험이 서로 다를 수밖에 없습니다. 마찬가지로 서쪽으로 올라간 사람과 북쪽으로 올라간 사람의 체험도 서로 다를 수밖에 없습니다. 그들이 밟은 길은 비록 산정(山頂)이라는 같은 지향점을 가지고 있지만, 시작된 길과 경로가 다르면 그 과정에서 경험되는 풍경과 체험 또한 다를 수밖에 없습니다. 마찬가지로 명상법이나 수행법 또한 그 방법이 다르면 접근하는 방식이 다르고, 설명하는 방식이 다르고, 체험의 과정도 다소 차이가 날 수밖에 없습니다.

모든 명상의 본질은 에고의식이 순수의식으로 전환되는 것입니다. 에고의식에서 빠져나와 순수의식에 머물게 하는 것이 모든 명상의 궁극의 지향점이라 할 수 있습니다. 에고의식에서 빠져나오는 방법은 여러 가지가 있는데, 에고의식에서 빠져나오는 방식에 따라 다양한 명상법이 존재하게 됩니다. 그 핵심적인 특징과 차이를 각각 설명해 보겠습니다.

치유는 우리 안의 가장 깊은 어둠에 닿는 일을 포함한다. 고통스런 감정들, 두려움과 증오와 맞닥뜨렸을 때 뒷걸음질 치지 않고 자비와 연민으로 감싸 안는 것을 포함한다. 우리가 도망쳐 나왔던 거부와 거절과 망각과 경악이라는 공간으로 다시 들어가 방치한 채 버려두었던 육체와 정신을 지금 이 순간의 놀라운 집중력으로 낱낱이 살펴보는 것, 이것이 치유의 여정이다. 안으로 들어가야만 볼 수 있고, 들어가야만 사랑할 수 있다.

-제프 포스터, 『명상의 기쁨』에서

첫 번째 방식 '수용하기와 허용하기'는 자아의 모든 마음을 수용/허용함으로써 에고로부터 빠져나오는 방식입니다. 예컨대 고통을 수용/허용하는 마음은 고통보다 더 큰 마음이요, 고통에서 빠져나온 마음입니다. 사과를 담은 박스는 사과보다 더 커야만 사과를 담을 수 있습니다. 코끼리가 들어갈 수 있는 방은 코끼리보다 더 커야만 코끼리가 들어갈 수 있습니다. 마찬가지로 감정을 수용하는 마음은 그 감정보다 더 큰 마음이며, 감정에서 빠져나온 나온 마음입니다. 그래서 수용하면 할수록, 허용하면 할수록 나는 그 감정으로부터 더 빠져나오게 되고 내면의 공간은 더 넓어지게 됩니다.

그것이 계속 반복되면 어떻게 될까요? 수용받은 고통이나 감정은 반드시 편안해지게 됩니다. 수용하는 마음에 계속 머물게 되면 나는 그 고통과 감정에서 벗어날 수밖에 없기 때문입니다. 조건 없는 수용은 에고가 사라진 상태입니다. 그래서 조건 없는 수용을 자꾸 하다 보면 에고에서 빠져나오게 됩니다. '조건 없는 수용'이나 '완전한 허용'은 텅빈마음(순수의식)과 같은 말입니다. 즉 조건 없는 수용과 허용은 텅빈마음이 되는 하나의 길이요 방식인 것입니다. 이런 방식을 지향하는 대표적인 사람으로 가장 깊은 받아들임의 제프 포스터나 현존수업의 마이클 브라운, 하루의 사랑작업의 김설아 같은 분들이 있습니다.

모든 생각과 감정은 무의식의 습관이고 프로그램입니다. 어떤 특정한 상황에서 반사적으로 일어나는 반응일 뿐입니다. 우리는 생각과 감정을 나와 동일시하고 진실이라 착각하지만 그것은 우리 기억에 저장된 과거의 묵은 패턴일 뿐입니다.

어떤 불편한 생각과 감정이 올라온다면 회피하려 하지 말고 오히려 그 안으로 깊이 들어가 보세요. '내가 또 이런 생각과 감정의 패턴 속으로 들어가는구나.' 순간 알아차리고, 이것들이 결코 진실이 아님을 기억해 내고 그냥 바라보세요. 무엇이든 우리가 집착하고 에너지를 주는 것은 커지기 마련입니다. 내가 풀어 놓아주기를 원하는 생각과 감정이 있다면 그것과 나를 동일시하여 빨려 들어가지 말고 한 발 떨어져서 그 생각과 감정이 일어났다 사라지는 것을 바라보아야 합니다.

-진세희, 『사는 것도 두렵고 죽는 것도 두려운 당신에게』에서

두 번째 방식 '자각하기와 관조하기'는 마음을 자각하고 관조함으로써 에고로부터 빠져나오는 방식입니다. 숲 속에서는 숲 전체를 볼 수 없습니다. 하지만 숲에서 빠져나오면 숲 전체를 볼 수 있습니다. 마찬가지로 내 마음속에선 내 마음이 잘 보이지 않습니다. 하지만 내 마음에서 빠져나오면 내 마음이 잘 보이게 됩니다. 이처럼 내 마음을 자각하거나 관조함으로써 내 마음으로부터 확연히 분리되어 빠져나오게 되면 나는 그 마음으로부터 영향을 받지 않게 됩니다.

불타는 숲에서 살아남는 길은 불타는 숲에서 빠져나오는 것입니다. 마찬가지로 '괴로움 마음'에서 빠져나와 그 상태에서 벗어나면 나는 그 마음을 바라볼 수 있는 초연한 관찰자의 자리에 서게 됩니다. 내 마음을 자각하면 할수록, 관조하면 할수록 나는 그 마음으로부터 분리되어 떨어지게 될 것입니다. 자각하기와 관조하기는 이런 방식으로 에고로부터 빠져나오는 방법입니다. 에고의 마음으로부터 빠져나오면 그 밖은 온통 텅빈마음밖에 없습니다. 위빠사나나 마음 챙김 명상 등 대부분의 명상법들이 이처럼 자각하기와 관조하기 명상에 해당됩니다.

모든 사람은 무한한 지혜라는 같은 근원에 연결되어 있으므로 사고의 행위를 내려놓는 순간 예전에 경험해보지 못한 새로운 생각, 아이디어, 통찰에 접근하게 됩니다. 다시 말해 무한한 지혜와 직관을 더 신뢰할수록 우리에게 항상 주

어져 있는 통찰을 더 많이 얻을 수 있습니다. (…) 요컨대 생각하기를 내려놓는 순간 무한한 지혜와 하나가 되면서 당신에게 항상 주어져 있는 풍부한 사랑, 평화, 기쁨을 끝없이 누릴 수 있는 겁니다. 그것이 당신 본성입니다.

-조세프 응우옌, 『당신이 생각하는 모든 것을 믿지 말라』에서

세 번째 방식 '내려놓기와 내맡기기'는 에고의 마음을 다 내려놓거나 내맡김으로써 에고로부터 빠져나오는 방식입니다. 모든 생각과 감정은 실은 내가 만들어서 내가 붙들고 있는 것입니다. 그것을 다 내려놓거나 다 내맡기면 어떻게 될까요? 내가 아무것도 붙잡지 않으면 내면은 저절로 텅빈마음이 됩니다. 내려놓기와 내맡기기는 모든 집착(생각)과 저항을 다 놓아버림으로써 무집착/무저항 상태가 되어 깨어나는 방식입니다. 유명한 레스트 레븐슨의 '세도나 메서드'도 이에 해당하는 방식이고, 데이비드 호킨스의 '놓아버림'과 마이클 A. 싱어의 '내맡김'도 이에 해당하는 방식이라 할 수 있습니다.('용서하기'도 크게 보면 이 방법에 해당한다고 볼 수 있습니다.)

모든 것에 형태를 주는 것이 의식이고, 다른 수준의 마음을 만들기 위해 뇌와 몸이 이용하는 것도 의식이기 때문에, 순수의식 상태가 되면 우리는 자유로워진다. 따라서 나는 참여자들이 명상 상태에 더 오래 머물도록 했고, 무한한 가능성의 장에 편히 머물 수 있을 때까지 아무 사람 아무 몸도 되지 말고 아무 공간 아무 시간에도 존재하지 말라고 독려하기 시작했다.

나는 참여자들의 주관적 의식이 그 무한한 가능성의 장 속에 객관적 의식과 오랫동안 하나가 되어 있기를 바랐다. 참여자들은 현재 순간이라는 최적의 순간에, 텅 빈 듯 보이지만 실은 무한한 가능성으로 가득 찬 공간에 관심과 에너지를

모두 쏟아 부어 마침내 그 미지의 공간 속에 편히 머물 수 있어야 한다. 모든 것이 물질적으로 변하는 이 시공간에서 벗어나 그 강력한 곳에 진정으로 머무를 때에만 사람들은 창조를 시작할 수 있다.

-존 디스펜자, 『나는 플라시보다』에서

네 번째 방식 '본성에 집중하기'는 참나(본성)에만 계속 집중함으로써 에고로부터 빠져나오는 방식입니다. 오로지 하나(순수의식)에만 계속 집중하면 사람의 의식 속엔 그것만이 가득 차게 됩니다. 대표적으로 만트라를 반복하거나 화두에 집중하는 방식이 이에 해당합니다. 에고에는 신경을 꺼버리고, 오로지 나의 참나(순수의식)에만 계속 집중하게 되면 참나의식이 깨어나게 되는데 이런 방식을 취하는 것이 '본성에 집중하는 방식'이라 할 수 있습니다. 간혹 법문을 듣다가 깨어나는 경우도 있고 영성책을 읽다가 깨어나는 경우도 있는데, 법문을 반복해서 듣거나 영성책을 읽는 것도 이에 해당하는 방식이라 할 수 있습니다. 이 또한 본성과 깨달음에 계속 집중하게 만들기 때문입니다.

문제는 끝없이 계속된다. 단지 바뀌거나 나아질 따름이다.
행복은 문제를 해결하는 데서 나온다.

-마크 맨슨

더 쉬운 이해를 위해 '집착과 저항'을 예로 들어 이 네 가지 방식의 차이를 설명해 보겠습니다. 집착과 심리적 저항이 일어날 때 ①의 방식은 '집착과 저항'을 있는 그대로 수용하거나 허용합니다. ②의 방식은 '집착과 저항'을 또렷이 자각하고 바라봅니다. ③의 방식은 '집착과 저항'을 다 내려놓거나 내맡깁니다. ④의 방식은 '집착과 저항'에 신경을 쓰지 않거나, '집착과 저항' 자체를 있는 그대로 완전하다고 봅니다. 이처럼 명상방법에 따라 접근하는 방식이 다 달라질 수밖에 없습니다. 하지만 이것은 전부 저항을 제로로 만들어주기에 그 결과는 비슷하거나 같을 것입니다. 이처럼 깨달은 이들마다 자신이 깨친 방식으로 설명을 하는 경우가 많기 때문에 설명이 다소 다를 수밖에 없습니다.

깨어나는 방법은 이처럼 다양하기 때문에 어느 하나에 집착할 필요가 전혀 없습니다. 다만 각각의 특징과 차이를 알고 있는 것이 좋고, 자신에게 가장 잘 맞는 방식을 택하는 것이 좋을 것입니다. 저의 오랜 경험을 비춰보면 명상법이나 수행법엔 실로 다양한 방법이 있고, 사람마다 단체마다 선호하는 방법이 조금씩 다른 것 같습니다. 다만 자기 방법만이 유일한 것인 양 혹은 최고의 것인 양 쉽게 이야기하는 것은 지양해야 할 것입니다. 방법은 실로 다양하고, 어느 한 방법만이 절대적일 수는 없기 때문입니다.

다만 그럼에도 상대적으로 더 효과적인 명상법은 분명히 있을 것입니다. 100년 전의 자동차보다 요즘 자동차의 성능이 더 좋은 것처럼, 저는 가능하다면 기존의 명상법보다 더 좋은 명상법이 개발되어야 한다고 생각합니다. 그래서 저는 오랫동안 어느 방법이 가장 좋을까를 늘 고민했고, 끊임없이 더 효과적인 최고의 방법을 찾고자 했습니다. 에고의식에서 빠져나와 깨달음을 얻는 일은 누구에게나 결코 쉽지 않습니다. 저는 보다 많은 사람들이 더 빠르게 영적 깨달음을 얻기 위해서는 더 쉽고 더 효과적인 명상법이 필요하다고 생각합니다. (저는 위의 네 가지 방식을 다 사용할 뿐 아니라 대체로 이 네 가지 방식이 결합된 형태의 명상법을 지향합니다. 그래서 제가 만든 명상법들은 대부분 그런 속성을 가지고 있습니다.)

사람이 신께 바칠 수 있는 가장 큰 선물은
그가 창조한 것을 기꺼이 즐기는 것이다.

-마이클A. 싱어

창의성은 대개 열려 있는 시각과 혁신적인 사고와 통찰에서 나옵니다. 고로 더 뛰어난 명상법을 찾고자 한다면 우리는 명상법에 대한 고정관념에서 과감히 벗어날 필요가 있을 것입니다. 예컨대 대부분의 명상법은 아주 정적인데 반해, 오쇼의 명상법들은 격정적인 움직임(진동)이나 춤과 관련된 것이 많습니다. 저도 예전에 국내에 있는 오쇼 명상센터에서 몇 가지 명상법을 경험해 보았는데, 그 나름의 효과와 가치를 느낄 수 있었습니다. 어떠한 심리적 틀을 깨어주고, 에너지를 증폭시켜주는 것을 느낄 수 있었습니다. 그래서 저는 이 체험을 통해 명상에 대한 고정관념이 깨어졌고, 명상법은 정말 다양할 수 있다는 것을 배웠습니다.

깨달음이란 에고의식의 틀이 산산이 깨어지는 일입니다. 기존의 명상 문화 속엔 관습적 틀이 많은 경우가 더러 있는 듯합니다. 명상을 통해 깨달음을 얻고자 하는 이가, 명상에 대한 고정관념이나 의식의 틀을 붙잡고 있어야 되겠습니까! 명상을 한다는 것은 에고의식의 틀에 벗어나는 것이요, 마음과 생각이 광활하고 자유롭게 열리는 것이요, 늘 깨어있는 사람이 되는 것입니다. 때문에 저는 명상하는 방식이나 명상을 대하는 자세부터 그러해야 한다고 생각합니다.

영감은 간절함에서 나오는 것이다. 생명은 전지전능하기 때문에 모든 답을 알고 있다. 다만, 두드리는 자에게만 주어진다. 그것이 바로 생명의 지혜다. '두드려라. 열릴 것이다.' '하늘은 스스로 돕는 자를 돕는다.' '진인사 대천명(盡人事

待天命: 사람의 할 일을 다하고 하늘의 뜻을 기다려라)' 여기서의 하늘은 생명이나 신이라는 말로 대체해도 된다. 이 말들이 다 같은 진리를 말하고 있는 것이다. 때문에 삶에 어려움이 있다면, 자신의 내면의 소리, 생명의 지혜에 귀를 기울이라. 모든 답은 우리의 마음, 우리의 무의식 속에 있기 때문이다. 우리의 무의식, 우리의 생명은 원래 이 우주와 하나로 이어져 있기 때문이다.

-배재국,『셀프 힐링』에서

저는 깨달음을 얻고자 하는 이는 위에서 말한 네 가지 방식들을 조금씩은 다 경험해 보는 것이 좋다고 생각합니다. 그래야 자신에게 가장 잘 맞는 방법을 찾게 될 것이요, 이해의 폭이 넓어지고 사고가 유연해지며 견문이 치우쳐지지 않을 테니까요. 이 네 가지 방식들도 또 세분화하면 여려 방식으로 나뉠 것입니다. 아울러 여러 방식을 통합하는 방법도 있을 것입니다. 명상법은 깨달음을 밝히는 등불과 같은 것입니다. 그래서 만인이 공유하는 값없는 보배라고 할 수도 있을 것입니다. 그 어떤 방식으로 하든 가장 효과적인 방식을 찾는 것은 구도의 여정에서 시간과 노력을 아끼는 최선의 길이 될 것입니다.

깨달음에도 단계와 레벨이 있는 이유

영적 깨달음이란 간단히 말해, 자신(에고)을 넘어서서 우주와 하나 되는 '합일의식(순수의식)'을 얻는 것이라 할 수 있습니다. 그런데 이 합일의식이 10% 깨어났느냐, 50% 깨어났느냐, 90% 깨어났느냐에 따라 많은 수준 차이가 있습니다. 즉 영적 각성을 한 경우도 얼마나 깨어났느냐에 따라 수준이 다 다르기 때문에 레벨 차이가 생기게 되는 것입니다. 그래서 영적 각성을 하신 분들도 저마다 다 경지가 다르다고 할 수 있습니다.

자유롭게 선택할 수 있는 것이 한 가지 있다.
자신을 이 육신과 동일시할 것인가,
아니면 무한한 참자아와 동일시할 것인가 하는 것 말이다.

-레스트 레븐슨

불교에선 최초의 영적 각성을 '자신의 본성을 보았다'고 해서 초견성(初見性)이라고 표현합니다. 태권도도 1단부터 10단까지 있는 것처럼, 상정하자면 영적 깨달음 또한 초견성 수준인 1부터 완전한 경지인 10까지 다양한 레벨이 있습니다. 처음부터 완전한 경지로 깨어나는 경우는 거의 없습니다. 초견성부터 완전한 경지에 이르기까지 대부분 여러 번의 단계를 거치게 됩니다. 때문에 깨달음을 얻고자 하는 이들은 처음부터 이런 맥락을 잘 알고 있어야 합니다.(관련 책으로 『깨달음 이후의 빨랫감』 같은 책이 좋은 참고가 되지 않을까 합니다.)

> 불교는 텅 빈 마음에 대해 말한다. 가장 순수한 의미에서 '마음'이라고 할 때 우리가 가리키는 것도 바로 그것이다. 그것은 그 안에 아무것도 없는, 하나의 에너지장이다. 거기에는 생각이 하나도 없다. 거기에는 우리가 마음이라 부르는 절대적으로 고요하고 형상 없는 에너지장만이 있다. 이것은 관념이 아니다. 당신도 거기에 갈 수 있다. 깊은 경지에 이른 명상가는 이것을 이해한다. 텅 빈 마음으로, 그저 공(空) 속에 머문다. 당신은 거기에 있지만 아무런 생각이 없다. 그저 완전히 적막하고 완전히 비어 있다. 그것은 마치 소프트웨어가 설치되어 있지 않은 강력한 컴퓨터와도 같다.
>
> -마이클 A. 싱어, 『삶이 당신보다 더 잘 안다』에서

순수의식은 모든 사람이 동일하고, 시공을 초월해 모든 경우에 동일합니다. 다만 그것이 얼마나 깨어났느냐에 따라 사람마다 체득의 깊이가 다를 뿐입니다. 그렇게 체득의 깊이만 다를 뿐 '깨달음의 내용'은 절대적으로 동일한 것이기 때문에, 영적 자각을 한 사람들 중에는 이런 사실을 모르고서 '자신이 다 깨쳤다'고 착각하는 경우가 정말 많습니다. 그렇게 착각에 빠지면 많은 오류와 부조화가 발생하게 될 뿐 아니라 더 이상의 성장은 없을 것이기 때문에 이런 점을 매우 조심해야 할 것입니다.

설령 '완전한 경지로 깨어났다'고 해도 이는 한 개인에게 '에고가 소멸하는 일'과 '지극한 평정심'이 발생한 것에 지나지 않습니다. 깨달음을 얻었다고 해서 세상을 바꿀 수 있는 엄청난 힘이나 지혜가 생기는 것이 아닙니다. 종교적 우상화를 제외하고 나면, 그런 사람은 인류 역사에 존재한 적이 한 번도 없습니다. 만약 그런 사람이 있었다면 세상에 전쟁이 조금이라도 줄어들었을 것입니다.(이런 맥락에서 저는 간디가 위대한 사례를 남겼다고 생각합니다. 저는 깨달았다고 우쭐 대는 사람을 볼 때마다 당신은 그러한 깨달음으로 세상을 위해 무엇을 했는지 묻고 싶습니다.)

우리는 깨달음에 대한 환상에서 벗어나야 합니다. 깨달음은 에고의식에서 벗어나 순수의식(합일의식)을 얻는 일이며, 내면의 평정심을 체득하는 일에 지나지 않습니다. 깨달음을 얻었다고 해서, 영어를 못하던 사람이 갑자기 영어를 할 수 있는 것도 아니고, 무식하던 사람이 갑자기 유식해지지도 않습니다. 정치적 식견이 없던 사람이 갑자기 정치적 식견이 생기지도 않고, 어떤 기술이나 능력이 없던 사람이 갑자기 어떤 기술이나 능력이 생기지도 않습니다. 이것은 전부 꾸준한 배움과 체험을 통해서만 얻어지는 것들이기 때문입니다.

평생 산사에서 마음공부만 했다면 '마음을 다스리는 법' 외에, 세상 물정에 대해 그가 무엇을 알겠습니까? 고승들이 많다는 티베트는 지금 중국의 식민지 상태입니다. 현 상황을 봤을 때, 중국이 붕괴되지 않은 한 그들의 힘과 지혜로는 독립을 얻을 수 없을 것입니다. 과연 그들의 깨우침과 지혜는 무엇을 위한 것이며, 어디에 있는 것일까요?

예컨대 아프리카의 기아에 굶주리는 사람들을 구하는 것은 경제력과 뛰어난 농업기술이지, 영적 깨달음이 아닙니다. 시계를 수리하려면 시계 수리하는 법을 배워야 하듯, 사업을 하려면 사업하는 법을 배워야 하고, 세상을 알려면 세상에 대해서 넓고 깊게 배워야 합니다. 집을 지으려면 집 짓는 법을 배워야 하고, 다리를 건설하려면 다리를 건설하는 법을 배워야 하듯, 만약 세상을 바꾸려면 세상을 바꿀 수 있는 공부와 연구를 끊임없이 해야 합니다. 그래서 저는 영성이 영성다워지기 위해선 반드시 지성(폭넓은 배움)과 만나야 한다고 생각합니다.

이처럼 존재의 세상에선 배워야 할 것, 깨우쳐야 할 것이 끝도 한도 없이 많습니다. 높은 경지로 깨달은 사람이라 해도 일류 요리사의 요리 실력을 따라갈 수 없고, 피아니스트의 피아노 연주 실력을 따라갈 수 없습니다. 높은 깨달음을 얻었다고 해도, 뭔가를 잘하기 위해선 초심자의 겸허한 자세로 끊임없이 배우고 익혀야 합니다. 완전한 깨달음을 얻었다고 해도 '영적 지혜와 평정심 덕에' 여러 면에서 많이 유리할 뿐…… 다를 것은 하나도 없습니다. 하물며 완전한 경지가 아직 되지 못한 경우야 더 무슨 말이 필요하겠습니까!

<blockquote>
기도하지 않는 혁명가가 만들 새로운 세상은 위험하며,

혁명을 도외시하는 영성가가 얻을 건 제 심리적 평온뿐이다.

-김규항
</blockquote>

자신이 다 깨쳤다고 말하는 사람은 많지만, 좋은 본보기를 보여주는 사람은 많지 않은 것 같습니다. 완전한 경지인 10 정도가 되는 것은 정말 쉽지 않은 일인 듯합니다. 인류 역사를 다 통틀어도 그런 경지에 도달한 사람이 극소수라는 것이 이를 반증합니다. 심지어 초견성을 하는 것도 일반적인 경우는 쉽지 않은 것입니다. 출가한 승려가 일평생 수도를 해도 초견성을 하고 죽는 이보다 못하고 죽는 이가 더 많습니다. 평생 마음공부를 하고도 참나 각성을 한 번이라도 체험하는 사람보다

못하는 사람이 더 많습니다. 그러니 초견성만 한다 해도 이것을 결코 가벼운 일로 여길 수는 없을 것입니다.

> 일체성을 일별하고 나면 자연스럽게 자비심과 정의감이 우러나와서, 우리는 자신의 다른 부분들(모든 것)을 지혜롭게 대하게 된다. 일체성 속으로 깨어나면 우리는 산과 강과 삼나무 숲이 모두 우리와 같은 성(姓)을 가지고 있음을 깨닫게 된다. 이러한 진실을 온전히 체험하는 것을 '견성(見性)'이라고 한다. 깨달음의 첫맛을 보는 것이다. 우리는 모두 견성 후보자들이다. 자신의 진짜 이름을 기억해 내는 일 말이다. 우리는 단지 내려놓는 법만 배우면 된다.
> -잭 콘필드, 『깨달음 이후 빨랫감』에서

1학년을 거쳐야 2학년, 3학년으로 올라갈 수 있는 것처럼, 초견성을 거쳐야 그 다음 단계로 계속 성장할 수 있습니다. 초견성은 처음으로 에고의 안경을 벗고 깨달음의 눈을 얻는 것이요, 처음으로 에고의 알을 깨고 나와서 일원성 속에 펼쳐져 있는 광대한 진리의 세상을 보는 것입니다. 아직 깊이가 얕다고 하나, 이 또한 깨달음의 세계에 위대한 첫발을 들여놓은 것입니다.

일반적인 경우 지금까지는 초견성을 하는 것도 쉽지 않은 일이었습니다. 허나 효과적인 방법으로 명상을 하면 누구나 단기간에 초견성을 할 수 있습니다. 완전한 경지의 깨달음을 얻는 것은 결코 쉽지 않은 일이지만, 초견성 정도 하는 것은 누구나 가능한 시대가 되었습니다. 제게 상담을 받거나 참나코칭을 받는 이들은 대분은 짧은 기간 안에 초견성 체험을 합니다. 그것이 가능한 이유는 그렇게 깨어날 수밖에 없는 효과적인 방법, 즉 '좋은 명상법'이 있기 때문입니다.

저는 마음공부 30년 동안 줄곧 '영적 각성을 보다 쉽게 할 수 있는 최고의 방법'을 연구해 왔습니다. 그 결과 초견성까지는 누구나 쉽고 빠르게 가능한 뛰어난 방법들을 찾아냈습니다. 그 방법들이 바로 이 책에 실린 여러 명상법들입니다. 이미 여러 내담자들을 통해 이러한 일들이 숱하게 검증이 되었기 때문에, 이 책에 실린 명상법으로 충실하게 명상을 한다면 누구나 혼자서도 초견성을 할 수 있으리라 생각합니다.

· 나는 예수님 입술 속에도 있고, 부처님 똥구멍 속에도 있다.

· 나는 모든 이의 마음속에 있고, 모든 이의 마음은 내 속에 있다.

· 나는 모든 선 속에도 있고, 모든 악 속에도 있다.

· 나는 모든 시작 속에도 있고, 모든 끝 속에도 있다.

· 나는 모든 슬픔 속에도 있고, 모든 기쁨 속에도 있다.

· 나는 모든 불완전함 속에도 있고, 모든 완전함 속에도 있다.

· 나는 안쪽에 있으면서 바깥에도 있다.

· 나는 먼지 속에도 있고, 우주 속에도 있다.

· 나는 에고 속에도 있고, 신성 속에도 있다.

· 나는 번뇌 속에도 있고, 열반 속에도 있다.

· 나는 늘 모든 것 속에 있고, 모든 것은 늘 내 속에 있다.

· 나는 우주의 시작이요 끝이며 중심이다.

· 나는 우주의 모든 것이요, 우주는 나의 모든 것이다.

· 나는 신의 모든 것이요, 신은 나의 모든 것이다.

영적 각성 후에 자신의 깨달음을 문장으로 표현하는 것을 게송이라고 하는데요, 초견성이 일어나면 이런 게송이 아무 노력 없이 저절로 1초 만에 정확히 이해가 됩니다. 어떤 맥락의 말인지 대충 아는 게 아니라, 정확히 이해하고 알게 됩니다. 이 문장들은 제가 만든 게송들인데, 달을 가리키는 손가락처럼 표현은 달라면 모든 게송들은 결국 같은 내용과 지점을 이야기하고 있습니다.

그래서 이런 문장을 통해 초견성을 했는지 안 했는지 테스트할 수도 있습니다. 물론 예외적으로, 선각에게 설명을 잘 들어서 이론적으로 아주 잘 알고 있는 경우도 견성을 안 했음에도 이런 문장을 이해할 수도 있습니다. 중요한 것은 내 안에서 정말로 견성 체험이 일어나서 이런 게송이 의미하는 바를 온전히 이해하고 체득하는 것이겠지요!

세상에는 이 세상에 속하지 않는 삶의 길이 있다. 당신이 이 길을 걷는다면, 겉모습은 바뀌지 않아도, 더 자주 많이 웃을 것이다. 당신의 얼굴은 고요하고 눈은 평화로움으로 빛날 것이다. 겉으로는 당신과 같은 세상 사람들도 자기만의 길을 가지만, 세상에 속하지 않은 길은 알아보지 못한다. 그들은 당신의 모습을 모른 채 자신들과 똑같은 존재로만 여길 것이다. 한때 당신이 그랬던 것처럼.

-헬렌 슈크만, 『기적수업』에서

깨달음을 얻는다는 것은 인간으로 태어나 이보다 더 가치 있는 일이 없다고 할 만큼 의미 있는 일입니다. 깨어나기 전엔 누구나 에고의 우물 속에 있는 중생에 불과하기에 이를 모를 뿐입니다. 우리는 누구나 깨닫기 위해 태어났습니다. 우리가 지구별에 온 것은 영혼(신성)의 부활을 체험하기 위해서입니다. 이것은 '인간'라는 존재의 절대적 사명이자, '나'라는 존재의 첫 번째 천명입니다. 깨달음으로 거듭나지 않고는 우리는 온전한 나의 진실을 만날 수도 없고, 삶의 진짜 이유와 진리를 아는 깨어 있는 인간이 될 수도 없기 때문입니다.

무엇을 하든 더 효과적인 방법은 있기 마련입니다. 때문에 우리는 방법론에 대한 고민을 끊임없이 하지 않을 수 없습니다. '깨달음을 얻는 것'은 결코 쉽지 않은 일이므로 뜻이 있다면 가장 빠르고 효과적인 방법을 찾아서 영적 각성을 해야 할 것입니다. 거듭 말하지만 높은 경지의 깨달음을 얻는 것은 결코 쉽지 않지만, 초견성 정도 하는 것은 누구나 조금만 관심을 가지고 노력한다면 얼마든지 가능한 일입니다.

초견성은 비유하자면 병아리가 알을 깨고 나오는 것과 같습니다. 처음으로 에고의 알을 깨고 나왔지만 초견성이라는 병아리는 아직 온전한 깨달음의 수준이 아닙니다. 요컨대 순수의식이 10% 깨어났다면 에고의식이 아직 90%라는 뜻이 됩니다. 그래서 초견성 이후에도 에고의 영향이 많을 수밖에 없고, 초견성만으로는 삶의 충분한 변화를 못 느낄 때도 많습니다. 돈오점수(頓悟漸修)라는 말처럼 초견성부터 진짜 마음공부의 시작이라고 할 수 있습니다. 때문에 초견성을 한 이후에도 완전한 경지로 깨어날 때까지 늘 겸손한 마음으로 자중자애하면서 한 걸음 한 걸음 계속 나아가야 할 것입니다. 오직 노력하는 자만이 더 성장할 것이요, 계속 거듭나는 자만에 진정한 영적 평안과 행복을 얻게 될 것이니!

한 사람이 자신의 마음을 그릇된 인식에서 참된 인식으로 바꿀 때, 그것이 인류에게 미치는 영향은 잴 수 없을 만큼 엄청나다. 여기서 우리는 100번째 원숭이 신드롬을 우리 역할 속에 포함시켜 그것이 '거꾸로' 작용하게 만들기 때문이다. 이런 사람이 발산하는 높은 생각 진동은 그 주변의 진동을 끌어올리기 때문에 말 한마디 하지 않고도 엄청난 치유 효과를 갖는다.

-페테르 에르베, 『우리는 신이다』에서

세상에 깨달은 사람이 많아지면 많아질수록 그 에너지에 공명하여 '깨달음을 얻는 일'은 점점 더 쉬워지게 될 것입니다. 마찬가지로 세상에 깨달은 사람이 많아지면 많아질수록 세상엔 분쟁과 갈등이 줄어들고, 사랑과 평화가 점점 더 증가하게 될 것입니다. 그러므로 우리는 깨달음의 릴레이를 해야 할 것이요, 깨달음으로 전 인류를 연결해야 할 것입니다. 깨달음을 얻는 것은 한 개인의 구원일 뿐 아니라, 인류의 구원이라고 할 수 있습니다. 정녕 '인류의 구원'을 위해 이보다 더 확실하고 더 좋은 방법은 하늘 아래 없을 것입니다.

의식이 높으면 높을수록 비전은 더 커진다.
나무 아래 서서 주위를 바라볼 때와
나무 위를 올라가서 바라볼 때 갖게 되는 비전은 분명 다르다.
높이 올라갈수록 비전은 더 높아지고 더 거대해진다.
만일 그대가 의식의 정점에 있다면 그곳에서는 영원성이 드러날 것이다.

-오쇼

금욕의 영성과 풍요의 영성

지향점과 접근의 방식 측면에서 보면, 불교의 영성이 '금욕의 영성'이라면 레스트 레븐슨이나 마이클 싱어, 디팩 초프라를 비롯한 현대의 수많은 영성가들이 말하는 영성은 '풍요의 영성'이 아닌가 합니다.

금욕을 해야만 깨달음을 얻는 수 있는 것은 아닙니다. 고로 깨달음을 위해 금욕을 할 필요는 없습니다. 금욕과 깨달음은 사실 아무런 관련도 없습니다. 욕망 없이 우리의 삶은 존재할 수가 없습니다. 삶의 시작과 끝은 욕망의 도미노로 이어져 있습니다. 그런 점에서 저는 금욕의 영성보다 풍요의 영성을 지향하는 것이 훨씬 더 낫다고 생각합니다.

물속의 물고기가 목말라하는 것을 보고 나는 웃는다. 부처란 그대의 집 안에 있다. 그러나 그대 자신은 이걸 알지 못한 채 이 숲에서 저 숲으로 쉴 새 없이 헤매고 있네. 여기 바로 지금 이 자리에 있는 부처를 보라. 그대가 원하는 곳이면 어디든지 가보라. 이 도시로 저 산속으로 그러나 그대 영혼을 찾지 못한다면 세상은 여전히 환상에 지나지 않으리.

-카비르 (15C 인도 시인)

대도무문(大道無門)이라는 말이 있지요. '큰 도에는 문이 없다'는 말은 '모든 것이 다 도'라는 뜻입니다. 삶의 모든 것이 도입니다. 산속으로 들어가야만 도를 닦을 수 있는 것이 아니요, 출가를 해야만 도를 닦을 수 있는 것도 아닙니다. 마찬가지로 삶의 욕망을 억압하거나 참아야만 도를 닦을 수 있는 것도 아닙니다.

깨달음은 삶을 부정하는 것이 아니라 긍정하는 것이며, 삶을 회피하는 것이 아니라 수용하는 것입니다. 산속에 도가 있는 것이 아니라 우리 삶의 모든 순간에 도가 있습니다. 고로 삶을 받아들이고 현실을 껴안는 것으로부터, 마음과 욕망을 받아들이고 껴안는 것으로부터 마음공부를 하는 것이 가장 이상적인 것이라 할 수 있습니다.

마음공부를 하는 것은 자아의 고통에서 벗어나 더 건강하고 더 행복해지기 위해서 하는 것입니다. 그런 점에서 욕망의 집착으로부터 초연해질 필요는 있지만 욕망을 부정할 이유는 조금도 없습니다. 깨달음이란 삶을 절대적으로 긍정하고 수용하는 것입니다. 밥을 먹고 생존하고자 하는 것도 욕구요, 깨닫고자 하는 마음도 욕구입니다. 욕망 없이 우리는 하루도 삶을 살아갈 수 없습니다. 삶이란 애초부터 늘 욕망의 바닷속에 있는 것입니다.

때로 금욕이 잠시 잠깐의 방편일 수는 있으나, 금욕의 영성은 결코 궁극의 진리일 수가 없습니다. 그것은 삶의 완전한 자유도 아니요, 온전한 받아들임도 아닐 것이기 때문입니다. 우리는 삶과 욕망을 부정하는 금욕의 영성이 아니라 삶과 욕망을 온전히 껴안고 수용할 수 있는 풍요의 영성을 추구해야 할 것입니다.

붓다는 알았을까

자신의 뼛조각이
천년에 다시 천년을 넘어서도
무수히 많은 이들의
돈과 욕망을
쉼 없이 끌어당기는
찬란한 자석이 되었을 줄을…

－졸시, 「통도사 진신사리 시주함 앞에서」

양산 통도사엔 붓다의 진신사리가 있는데, 그 앞엔 돈을 넣는 시주함이 있습니다. 이 시는 시주함에 가득 쌓여있는 돈을 보고 제가 느낀 바를 시로 써본 것입니다. 무수히 많은 사람들이 매일 그 앞에서 시주함에 얼마간의 돈을 넣고 자신을 소망을 빕니다. 어떤 이는 돈을 많이 벌게 해달라고 빌고, 어떤 이는 자식이 좋은 대학에 들어가게 해달라고 빌고, 어떤 이는 좋은 짝을 만나게 해달라고 빌고, 또 어떤 이는 부모님의 병이 낫게 해달라고 빕니다.

그들의 모든 소망과 기도는 다 인간적 '욕망'이요, 욕망추구의 일환입니다. 그리고 진신사리 앞에 시주함을 놓아둔 것 또한 욕망추구의 결과입니다. 이것은 금욕일까요, 아니면 탐욕일까요? 이러한 욕망과 그 욕망을 끌어당기고 이용해서 유지되는 것이 불교라는 종교의 실상이요 민낯입니다. 불교 또한 욕망에서 잠시 잠깐도 벗어날 수가 없는 것입니다. 실상이 이러하고 현실이 이러한데 욕망을 부정하는 것이 무슨 의미가 있을까요?

이런 모습은 비단 통도사만 그런 것이라, 양상은 조금씩 다르겠지만 전국 사찰 어디서나 쉽게 찾아볼 수 있는 것입니다. 아울러 이것은 불교만 그건 것이 아니라 세상 어느 종교에서나 쉽게 찾아볼 수 있는 것입니다. 교회와 성당도 마찬가지요, 모스크도 마찬가지입니다. 왜냐하면 그러한 숭배와 믿음, 구복 행위가 종교의 본질적 속성이기 때문입니다.

이처럼 모든 종교는 인간의 욕망 위에 세워져 있습니다. 종교는 시종일관 욕망으로 이루어져 있고 기승전결 인간의 욕망을 먹고 삽니다. 이는 과거에도 그러했고, 현재도 그러하며, 앞으로도 또 그러할 것입니다. 세상에 종교가 존재하는 한 그러한 모습은 조금도 변하지 않을 것입니다. 종교 또한 절대적으로 욕망의 산물이며, 여러 면에서 인간적 욕망의 정수를 보여주고 있는 것이라 하겠습니다.

이러한 현실을 안다면, 이러한 실상을 직시한다면 수도도 깨달음을 위해 욕망을 부정하는 것이 얼마나 허황되고 위선적이며 부질없는 것인지를 알게 될 것입니다. 그것은 모순과 오류로 점철되어 있습니다. 삶의 차원에서도, 영적 수련의 차원에서도 필요에 따라 욕망의 절제는 반드시 필요한 것이지만 금욕 자체가 수행의 본질이 될 수는 없으며, 이것이 깨달음의 길로 안내하는 것도 아닙니다. 이것은 실로 엄청나 오해에 불과합니다.

우리는 물질 없이는 한순간도 존재할 수가 없습니다. 생명을 전제하고 있는 우리의 몸이 바로 물질이요, 그 몸을 유지하기 위해 우리가 매일 먹는 하루 세끼의 식사도 물질입니다. 우리가 입는 옷도 물질이요, 우리가 생활하고 잠을 자는 집도 물질입니다. 모든 종교의 사원도 물질입니다. 물질을 부정하는 것은 진리가 아니듯이, 마찬가지로 물질적 욕망을 부정하거나 억압하는 것도 진리가 아닙니다.

그 어떤 깨달은 자도 욕망 없이는 단 하루도 살아갈 수가 없습니다. 금욕으로 욕망을 초월하는 것을 추구할 게 아니라, 욕망을 수용하는 것으로 욕망과 욕망 너머까지를 볼 수 있는 길을 찾아야 합니다. 모든 욕망을 온전히 인정하고 수용하는 것으로 욕망을 가진 자신과 욕망의 바다와 같은 지상에서의 삶을 온전히 껴안아야 합니다. 그것은 욕망에 대한 절대적 긍정과 깊은 이해와 수용의 시각에서 출발하는 영성이자, 삶의 가치와 아름다움과 기쁨을 최대한으로 누리는 영성입니다.

깨달음이란 에고의식이 전체의식으로 승화되는 것이므로 영적 각성이 일어날 때 반드시 욕망의 승화도 함께 이루어지지만, 이것은 더 큰 사랑과 섭리와 평정심으로 욕망을 쓰는 것으로 이어지기 때문에 이는 결국 욕망을 지혜롭게 더 잘 사용하는 법을 터득하는 일과 같은 것입니다. 이는 나를 이롭게 하는 욕망이 타인과 세상까지 이롭게 하는 욕망으로 승화되는 것입니다. 그래서 깨달은 자가 많아지면 많아질수록 세상은 더 아름다워지고 더 조화롭고 더 풍요로워질 것입니다.

우리 삶의 매 순간, 순간이 하늘이 내린 진신사리입니다. 우리 삶의 매 순간, 순간이 진리의 실상이며 신의 얼굴입니다. 고로 삶의 매 순간, 순간을 소중히 여기며 절대적 수용과 기쁨과 감사와 사랑으로 살아가는 것이, 그 속에서 수많은 삶의 의미와 가치를 발견하며 끝없는 깨우침을 만끽하는 것이 우리가 추구해야 할 영성입니다. 영성이란 자신과 삶의 욕망을 껴안고 조건 없는 사랑과 행복과 대자유로 나아가는 길입니다.

세속에 몸담고 살면서도 존재의 변화를 꿈꾸고 이룰 수 있어야 한다. 감각을 결박할 수 없다면 반대로 한껏 열어젖혀 보는 거다. 감각을 최대한 이용하는 선택이다. 여섯 개의 감각은 양날의 칼이다. 마음을 훔치기도 하지만 본성을 일깨우는 것도 이 여섯 감각을 통해서만 가능하다. 눈, 귀, 코, 입, 몸, 뜻을 내 안의 온전함과 아름다움을 돌을새김하는 조각칼로 사용하는 것이다. 감각으로 에너지를 빼앗기는 게 아니라 감각을 섬세하게 연마해 내면의 미세한 꿈틀거림을 알아차리고, 세상의 아름다움을 모으는 일로 사용할 수 있다. 육적을 잘 다루면 '부족한 나(ego)'를 넘어서 '온전한 나(본성·참나)'로 다시 태어나게 하는 여섯 개의 길, 육도(六道)가 된다. 감각을 통해야 심연에 닿게 된다.

–성소은, 『반려명상』에서

영성이란 본디 무한대의 풍요의식을 깨우는 것입니다. 깨달음이란 나와 모든 것이 하나요, 내 안에 모든 것이 있음을 아는 것입니다. 내 안에 모든 것이 있음을 아는 마음은 '무한 풍요의식'입니다. 이처럼 영성이란 금욕이나 빈곤의식이 아니라 무한하고 전면적이고 절대적인 풍요의식일 수밖에 없습니다.

고로 욕망을 부정하거나 억압하는 게 마음공부가 아니라, 자리이타(自利利他)라는 말처럼 욕망을 최대한 나와 타인이 함께 이롭도록 잘 쓰는 것이 마음공부일 것입니다. 살아 있는 사람은 최대한 살아 있는 사람처럼 살아야 하고, 이왕이면 이 세상을 조금이라도 더 살기 좋은 곳으로 만들어야 하니까! 삶을 회색처럼 사는 것이 영성이 아니라, 그림을 그리기 위해 펼쳐놓은 파스텔처럼, 비 그친 날의 무지개처럼 사는 것이 진짜 영성일 것입니다.

삶과 도(道)는 둘이 아니라 하나입니다. 마음공부는 현실을 회피하는 것이 아니라 철저히 현실적으로 살아가는 것입니다. 세상을 등지는 것이 아니라 최대한 세속의 삶을 껴안고 살아가는 것입니다. 그것으로 내 안과 밖을 통합하는 것이자, 물질적 가치와 정신적 가치를 조화롭게 만드는 것입니다. 마음공부는 우리가 얻을 수 있는 최대치의 행복과 최대치의 지혜와 최대치의 자유를 동시에 추구합니다.

이러한 영성은 삶의 모든 순간과 모든 관계와 모든 욕망 속에 있는 것입니다. 욕망을 부정하는 것은 곧 자신을 부정하는 것이자 삶을 부정하는 것이기에 결코 온전한 영성이 될 수 없습니다. 이것이 우리가 금욕의 영성이 아니라 풍요와 행복의 영성을 지향해야 하는 이유입니다. 그 속에서 진리와 섭리와 깨달음을 찾는 것이 내 안에 있는 신과 진리를 만나는 길이며, 마음공부는 오직 이를 위해 하는 것입니다.

인류의 밝은 미래를 위해서는 무엇보다 의식변화가 절실하다. 의식변화 없이는 아무것도 바뀌는 것이 없다. 지금 우리 의식이 변화지 않으면 우리 사회, 우리 지구촌은 멸망으로 치달을 것이다. 지구온난화, 핵확산, 자연파괴 같은 지구인의 상호이해와 양보 그리고 협력이 절실히 요구되는 사안이 한두 가지가 아니다.

역사의 흐름을 바꾼 모든 사건은 개인의 작은 의식변화에서 시작되었다. 우리는 남이 변했으면 바라기 전에 자신부터 변하여 가족을 변화시키고 그리고 자신 주변을, 사회를, 나라를 그리고 마침내 지구촌을 변화시켜야 한다. 자신부터 사회정의를 위하여 솔선수범하고, 이익이 충돌하는 경우에는 적절히 양보하는 것이 지구란 별에서 운명공동체로 살아가는 지구인의 기본자세일 것이다.

-김우타·김태항, 『완성의 길』에서

깨달음을 추구하는 이들 중엔 흔히 불교를 마음공부의 종가로 여기는 경향이 종종 있습니다. 그런 면이 없진 않지만, 위에서 언급한 측면에서 보면 불교는 실로 마음공부에 대해 엄청나고 심각한 오해와 오류를 양산해 냈습니다. 허나 우리는 이제 낡은 서까래 같은 이런 오랜 병폐와 문제점을 직시하고 그런 종교적 세뇌나 오류에서 과감히 벗어나야 할 때가 되었습니다.

금욕이 진리가 아니듯 구복 또한 진리가 아닙니다. 아울러 금욕과 구복은 전면 배치되는 이율배반인 행위입니다. 우리가 꼭 인지해야 할 사실은 이러한 종교적 신념이나 관행 속엔 진리나 영성이나 깨달음이 존재하지는 않는다는 점입니다. 오히려 그런 것은 에고의 거대한 무지에 가까우며, 진리나 영적 깨달음과는 조금도 관련이 없을 뿐 아니라 그것과 멀어지게 하는 것입니다.

진불사(眞佛寺)의 주지스님이 신도들에게 불상에 대한 모든 절을 금하게 하고 이렇게 일갈했다

만나는 사람에게 공손히 절하는 마음을 가지지도 못하면서
마음도 없고 지각도 없는 목석이나 쇠붙이에게 108배는 해서 무엇하나
절하는 마음은 낮아지는 것이요, 겸허해지는 것이요, 공경하는 것이니
그 뜻을 일상의 표정에도 담고, 가슴에서 꺼내는 말에도 담고,
발 닿는 곳 어디서나 일동일정(一動一靜)에 담아야 하리라
만약 만나는 모든 이들을 절하는 마음으로 대하지 못한다면
천하를 주유하고도 사람 속에 있는 부처를 만나지 못할 것이니
끝내 불심은 어디에 머무를 것이며, 깨달음은 어느 심지에 불을 붙일 것인가

꿈에서 이 설법을 들었는데, 평소 내 생각과 너무 부합해서 내가 스님이 되어 한 말 같기도 하고, 아니면 아득한 전생의 내가 한 말 같기도 한데…… 모든 게 공(空)하다 하니 설법도 공할 것이요 절도 공할 것이라, 이 이생의 꿈에서나 확연히 깨어나야 하리라

－졸시, 「108배 금지령」

이 시는 본질에는 집중하지 못하고, 종교적 껍데기에만 집착하는 경우가 너무 많은 것 같아 이를 경계하는 뜻에서 제가 써 본 시입니다. 어떤 종교를 막론하고 이런 문제점들은 수없이 많이 존재합니다. 우리는 깨어 있는 눈과 의식으로 문화적 최면과 같은 이러한 점들을 잘 통찰해야 할 것입니다.

진리나 영성은 특정 종교 속에 있는 것이 아니라, 세상 모든 곳 모든 것 속에 있는 것이며, 깨어있는 우리의 의식과 마음속에 있는 것입니다. 고로 깨달음을 위해선 종교적 집착이나 오류에 조금도 묶여 있을 이유가 없을 것입니다. 오히려 그러한 종교적 오류와 문제점을 잘 통찰하는 것이 마음공부나 깨달음을 추구하는 데 있어 중요한 지침이나 덕목이 될 것입니다.

눈을 감고 양손은 무릎 위에 펴서
올려놓습니다. 양손 위에는 배구공만 한 밝고 따뜻한
빛에너지가 있다고 상상합니다.

제 2 부

나를 살리는
실전 명상법 56가지

눈을 감고 편안하게 호흡을 하면서,
들숨과 날숨에 맞춰 만트라를
마음속으로 반복해서 외웁니다.
들숨에 엄지, 중지, 약지를
천천히 붙이고 날숨에 세 손가락을
다시 천천히 폅니다

Time To Heal Myself With
Meditation

손연꽃 호흡명상

의자나 바닥에 편히 앉습니다. 몸에 힘을 빼고 허리만 곧게 펴 주면 됩니다. 다른 명상도 전부 동일합니다. (군이 가부좌를 할 필요가 없습니다.)

눈을 감고 편안하게 호흡을 하면서, 들숨과 날숨에 맞춰 '치유 만트라'를 마음속으로 반복해서 외웁니다. 손은 무릎에 올려놓은 상태에서 들숨에 다섯 손가락 끝을 천천히 다 모으고, 날숨에 다시 손가락을 천천히 다 폅니다. 오직 '숨의 느낌'과 '손의 감각'과 '단어의 의미'에만 의식을 집중하고 천천히 부드럽게 합니다.

①단계

들숨: 집중한다.(더 깊은 집중)

날숨: 이완한다.(더 깊은 이완)

②단계

들숨: 다 수용한다.(완전히 수용한다.)

날숨: 다 내맡긴다.(완전히 내맡긴다.)

이 명상법은 짧은 시간에 심신을 이완 상태로 만들기 때문에, 머리가 맑아지고 마음이 차분하고 편안해지며, 신체감각과 자각력과 집중력과 자율신경계가 함께 좋아집니다. 자주 많이 하면 할수록 그 감각이 점점 더 좋아지고, 더 빨리 편안한 이완 상태를 경험할 수 있게 됩니다. 이 명상법엔 최면이나 NLP에서 말하는 앵커링 기법이 들어가 있기 때문에, 명상을 하면 할수록 뇌가 그 느낌과 감각을 기억하게 됩니다. 그래서 이 명상을 꾸준히 하면 할수록 더 빨리 명상모드(알파파 상태)가 만들어질 뿐 아니라, 그 효과 또한 더 커지게 될 것입니다.

한 번 할 때 최소 10분(①과 ②를 각각 5분씩) 이상은 하시는 게 좋습니다. 한 번 할 때 30분을 해도 되고, 1시간을 해도 되고 혹은 하루에 10분씩 여러 번을 해도 됩니다. 만약 빠른 치유와 정화를 원한다면 더 자주, 더 많이 하셔도 됩니다. 만약 수도승처럼 하루 온종일 이 명상을 한다면 기적 같은 일들이 많이 벌어지지 않을까 합니다. 예컨대 만약 1시간 동안 명상을 한다고 치면 ①단계는 5~10분 정도만 하고, ②단계를 50~55분 동안 하시면 됩니다. (필히 손가락을 움직이는 것이 더 좋지만, 손가락을 움직이기 힘든 장소이거나 그런 상황일 때는 약식버전으로 그냥 마음속으로 호흡에 따라 만트라만 반복하셔도 됩니다.)

"이제까지 해본 명상 중에 최고네요. 30분 했는데 불안과 우울이 좋아지는 게 느껴져요." -40대 여성

"어제오늘 연꽃명상 10분씩 2회 했는데 기분이 좋아지고, 아이에게 공부하라 잔소리한 게 미안해지네요. 학습지 풀다 화나서 책상 치는 아이에게(초4) 명상 앞부분 5분만 시켜봤는데 머리가 맑아지고 기분이 한결 낫다며 기분 좋게 풀

고나왔어요." -40대 여성

손연꽃 호흡명상을 상담 전에 혼자서 해보고서, 내담자께서 전해주신 두 개의 소감을 소개합니다. 이 명상법은 이와 비슷한 평을 다른 분께도 많이 듣습니다. 저는 이 명상을 초등학생이 할 수 있을 거란 생각을 전혀 못해봤는데 전해주신 소감 덕에 이 명상을 초등학생도 할 수 있다는 것, 초등학생에게도 효과가 있다는 것을 알게 되었습니다. 그만큼 누구나 쉽게 할 수 있다는 뜻이며, 효과 또한 빠름을 반증하는 것이나 아닐까 합니다.

내가 보기에, 많은 사람들에게 있어 최상의 치료 도구는 주의 훈련이다. 주의를 잘못되고 경직된 방식으로 사용함으로써 우리는 만성적인 불안과 우울, 통증의 고통에 빠져들게 되었다. 따라서 주의 기술을 효과적으로 사용할 때 우리는 그로부터 벗어날 수 있다. 유연한 주의가 모든 문제를 해결하지는 못하겠지만, 상상하는 것보다 훨씬 많은 문제를 바로잡을 수 있다.
-레스 페미, 『오픈포커스 브레인』에서

개에게 밥을 줄 때마다 종소리를 들려주게 되면, 개는 종소리가 들릴 때 그것을 '밥'이라는 신호로 여기에 되어 종소리를 들을 때마다 침을 흘리는 조건반사가 일어나게 됩니다. 이는 널리 알려져 있는 파플로프의 조건반사 실험에 대한 이야기입니다. 조건반사는 의식작용의 아주 중요한 일면을 보는 주는 것으로 일종의 최면과 같다고 할 수 있습니다. 우리의 모든 마음작용이 사실 거의 이러한 조건반사 속에 있습니다.

특정 자극이 반복되어 어떤 대상과 연결되면 '새로운 반응'을 만들어 내게 됩니다. 이러한 원리를 이용한 치료기법을 최면이나 NLP에서는 앵커링이라고 합니다. 이 명상법에서 손가락을 붙이고 떼는 동작이 바로 조건반사를 만들어내는 앵커링 역할을 합니다. 명상을 할 때마다 손가락을 붙이고 떼는 동작을 반복했기 때문에, 이런 동작이 일어나면 뇌는 명상시간이라고 인식하고 뇌파를 빠르게 알파파 상태로 만들어줍니다. 즉 손가락을 붙일 때마다 명상모드로 조건반사가 바로 일어나는 것입니다. 이 명상법이 빠르고 강력한 효과를 발생시키는 것은 바로 이러한 조건반사의 원리 때문입니다.

'내가 여기 있다'는 존재의 가장 큰 울림인 호흡은
생(生)의 알파요 오메가다.
그 호흡을 방편 삼아 우리는 언제든지 삶을 가지런히 재편할 수 있다.

-성소은

이 명상법에는 '이완/집중과 감정수용과 내맡김과 알아차림과 조건반사(자기최면)'가 함께 들어 있기 때문에 뛰어난 치유효과를 발휘합니다. 이러한 속성들이 함께 맞물려 무너진 자율신경계의 균형을 빠르게 회복시켜 줍니다. 예컨대 공황장애는 일반적으로 난치성 증상으로 여기지지만, 이 명상만 꾸준히 열심히 해도 다른 이의 도움이나 약 없이도 단기간에 좋아질 수 있습니다. 모든 심리 증상에 다 좋을 뿐 아니라 강박증이나 성인 ADHD와 같은 난치성 증상에도 많은 도움을 줄 수 있습니다. 이미 저의 내담자들로부터 숱한 치유효과를 검증했기에, 감히 치유를 위한 최고의 명상법이라 말씀드릴 수 있습니다.

들숨: 다 자각한다.(완전히 자각한다.)

날숨: 다 깨어난다.(완전히 깨어난다.)

이것은 손연꽃명상 ③단계 '깨달음 버전'입니다. 2단계까지만 해도 되지만 3단계까지 하면 이 명상법 하나로 심리치유와 영적각성까지 다 가능해집니다. 더 깊은 치유와 영적 각성에 관심이 있으신 분은 ③단계도 같이 해보시기 바랍니다. 각 단계를 5분씩 한다면 15분 정도가 될 것입니다. 아침/저녁으로 이렇게 15분 정도씩 해도 좋고, 그보다 훨씬 많은 시간을 하셔도 됩니다. 어떻게 하시든 노력과 시간을 투자한 만큼 반드시 그 대가는 돌아오지 않을까 합니다.

무드라 자각-평화 명상

눈을 감고 편안하게 호흡을 하면서, 들숨과 날숨에 맞춰 만트라를 마음속으로 반복해서 외웁니다. 들숨에 엄지, 중지, 약지를 천천히 붙이고 날숨에 세 손가락을 다시 천천히 폅니다. 이러한 동작 시스템은 명상에 대한 조건반사를 만들어줍니다. 그래서 명상을 하면 할수록 명상 모드를 더 빠르고 효과적으로 만들어주게 됩니다.

들숨: 더 깊은 자각

날숨: 더 깊은 평화

명상 시간은 5분을 해도 좋고, 30분을 해도 되고, 1시간을 해도 됩니다. 집중해서 한 번만 해보시면 짧은 시간에도 마음이 금방 편안해지는 것을 느낄 수 있을 것입니다. 얼마나 빨리 마음이 차분해지는지 실험을 해보시기 바랍니다. 특히나 다른 명상을 해보신 분이라는 너무 빨리 이완이 되어서 놀라움을 느끼게 될 것입니다. 명상 경험이 없는 경우도 누구나 진지하게 집중해서 했다면 불과 몇 분 만에 마음이 편안해지는 것을 느낄 수 있을 것입니다.

이 명상의 만트라처럼 명상을 하면 할수록 자각과 평화가 점점 더 깊어지게 될 것입니다. 자각력이 높아지면 머리는 맑아지고 마음은 편안해집니다. 왜냐하면 자각력이 높아질수록 자기 마음과 에고로부터 더 초연해지기 때문입니다.

마음에서 일어나는 것들을 그저 그대로 놔두고 호흡을 바라보세요. 마음이라는 하늘에 일어나는 여러 가지 구름(생각, 감정)에 반응하지 많고, 판단하지 않고, 집착도 하지 않고, 동일시하지도 않은 채 모두 그저 일어났다 지나가게 놔둡니다. 온갖 구름이 일어났다 사라져 가는 것을 영화를 감상하듯이 지켜봅니다. 이러한 태도는 평정과 고요의 상태를 가져다주고, 푸른 하늘(참나, 우리의 진정한 본래 모습)이라는 배경의식과 자신이 하나가 되게 합니다.

-최훈동, 『내 마음을 안아 주는 명상 연습』에서

이 명상법은 손연꽃호흡명상법과 형제지간이라도 할 만큼 매우 유사한 명상법입니다. 손연꽃명상과 달리 이 명상법에선 '3지(指)'로 앵커링(조건반사)을 만듭니다. 동작이 다르면 자극이 다르기 때문에, 이렇게 다른 방식으로 해보는 것도 의미 있는 작업이 될 것입니다. 뇌에는 다양하고 풍부한 자극이 좋은 영향을 끼치기 때문입니다. 이런 자극이 누적되면 뇌는 명상 모드에 더 익숙해지기 때문에 갈수록 명상효과가 점점 더 좋아지게 될 것입니다.

숨은 몸에서 마음으로 건너가고 마음에서 몸으로 건너가는 다리이다.

-틱낫한

이 명상법은 무드라 동작으로 조건반사를 만들어 내는 명상법이기에, 아주 빠른 효과를 만들어냅니다. 고작 매일 아침/저녁으로 5분씩만 투자해도 많은 것을 얻을 수 있는 명상법입니다. 그래서 명상 초보자가 하기에도 아주 적합한 명상법이라 할 수 있습니다. 작은 노력으로 짧은 시간에 뇌파를 알파파 상태로 만들고, 심리적 안정을 찾을 수 있다면 하루 10분 정도의 노력을 기울이는 것은 정말 아무것도 아닐 것입니다. 그리고 그것이 쌓이고 쌓여서 효과가 누적되면 명상을 잘하는 사람, 명상이 습관이 된 사람이 될 것입니다.

시작이 반이라는 말이 있습니다. 시작은 미약했으나 끝은 창대해지도록, 일단 가볍게 시작해 보시고 점점 더 명상 시간을 늘려가 보시기 바랍니다. 작은 물꼬 하나가 점점 커져서 장강을 만들 수도 있을 터이니! 마음의 치유와 평화에 뜻이 있으신 분은 조금이라도 시간을 내어서 매일매일 해보시기 바랍니다.

그래 공감 명상

눈을 감고 집중해서 자신의 내면을 고요히 바라봅니다. 내면에서 어떤 '생각/감정/욕구'가 일어나는지, 어떤 집착과 저항이 있는지 고요히 바라보면서 그 마음들을 전부 있는 그대로 다 공감해 주고 받아줍니다. 아래의 세 가지 만트라를 순차적으로 반복하면서 내 모든 마음들을 있는 그대로 공감해 주고받아줍니다. 이러한 작업은 조건 없는 수용과 사랑으로 가는 첫걸음이자 최고의 지름길이 되어줄 것입니다.

· 그래 이런 마음이 드는구나. 그래 이런 생각이 드는구나. 자각하고 받아들인다.
  (1분 이상)

· 그래 이런 마음이 드는구나. 그래 이런 생각이 드는구나. 있는 그대로 인정하고
  받아들인다. (1분 이상)

· 그래 이런 마음이 드는구나. 그래 이런 생각이 드는구나. 깊이깊이 인정하고
  받아들인다. 깊이깊이 이해하고 받아들인다. (1분 이상)

이 만트라 속에는 공감과 인정과 수용이 다 담겨 있습니다. 공감과 인정과 수용을 받은 마음은 반드시 치유되게 되어 있습니다. 마음을 수용하는 것이 곧 자신을 수용하는 것이요, 이것이 치유의 핵심 원리이기 때문입니다.(어떠한 경우에든 감정과 욕구는 가슴으로 잘 느껴주는 것이 좋습니다.)

우리가 직시하는 모든 것을 바꾸기란 불가능하지만
직시하지 전에는 그 어떤 것도 바꿀 수 없다.

-제임스 볼드윈

공감과 인정과 수용을 잘하기 위해서는 '어떤 마음이 일어나는지, 왜 일어나는지'에 대한 알아차림도 필수적으로 필요한데 이 명상법에는 그러한 알아차림까지 다 담겨 있습니다. 시시각각 일어나는 자신의 모든 마음을 놓치지 않고 공감/수용해 주려면 잘 알아차려야 하기 때문입니다. 그래서 이 명상법은 '수용하기'와 '알아차림'이 절묘하게 함께 이루어지는 명상법이라 할 수 있습니다. 마치 안개 낀 호수에 안개가 걷히고 잔잔한 호수의 수면이 맑게 드러나듯 공감과 알아차림이 반복되면 내면풍경이 점점 더 고요해지고 선명해질 것입니다.

마음을 일련의 과정으로 이해하고 나면, 생각의 유혹에 휩쓸리는 대신 통찰의 길로 들어서게 된다. 거기서 우리는 내면의 쇼와 우리의 관계를 거듭거듭 바꿔가면서 앞으로 나아간다. 매 순간 의식의 본질에 대해 더 많이 통찰하게 되는 것이다.

연못의 진흙이 가라앉으면 물속을 들여다볼 수 있듯이, 생각의 흐름이 잠잠해지면 우리의 정신이라는 집합체를 훨씬 더 명료하게 관찰할 수 있다. 예를 들어, 그 과정에서 명상가는 당혹스러울 정도로 빠르게 변화하는 순간순간을 지각하게 된다. 평소에는 장막 뒤 어딘가에 있어서 인지되지 않았을 뿐, 마음을 관통하며 질주하고 있었던 것이다.

−대니얼 콜먼·리처드 베이비드슨,『명상하는 뇌』에서

이 명상법은 익히기가 매우 쉽고 간단하지만 그 효과는 매우 빠르고 즉각적입니다. 고작 5분만 해도 마음이 많이 편안해지는 것을 느낄 수 있을 것이며, 자기 마음에 대한 공감력과 자각력 또한 높아지는 것을 알 수 있을 것입니다. 치유의 첫걸음은 아픈 마음에 대한 따뜻한 공감과 이해와 수용입니다. 이 명상법은 이러한 이유 때문에 심리치유를 위해 최적화된 명상법의 하나라 할 수 있습니다.

이러한 명상법이 습관이 되면 평소에도 이러한 공감과 인정과 수용과 자각이 가속화될 것이며, 점점 더 깊어져 갈 것입니다. 때문에 명상 시간 외에도 일상에서도 아주 짧게라도 자주 하시면 좋습니다. 요컨대 '명상을 잘한다는 것'은 언제 어디서든 '늘 명상모드로 살아가는 것'입니다. 우리 내면에서 마음은 물결처럼 늘 일어나고 있고, 그 마음들은 늘 공감을 필요로 하는 것이기에 이 명상법은 삶을 명상모드로 살아가게 하는 데도 최적화된 명상법이 아닐까 합니다. 호수가 모든 물결을 받아들이듯, 늘 자신의 모든 마음에 잘 공감하고 수용하는 마음으로 살아간다면 치유는 그림자처럼 저절로 따라올 것입니다.

그래, 거울공감 명상

- 그래, 그동안 너무 힘들었구나. 공감하고 받아들인다, 이해하고 받아들인다!

- 그래, 그동안 너무 괴로웠구나. 공감하고 받아들인다, 이해하고 받아들인다!

- 그래, 불안했구나. 공감하고 받아들인다, 이해하고 받아들인다!

- 그래, 두려웠구나. 공감하고 받아들인다, 이해하고 받아들인다!

- 그래, 비참해서 견딜 수가 없었구나. 공감하고 받아들인다, 이해하고 받아들인다!

- 그래, 속상해서 참을 수가 없었구나. 공감하고 받아들인다, 이해하고 받아들인다!

- 그래, 너무 원망스러웠구나. 공감하고 받아들인다, 이해하고 받아들인다!

- 그래, 너무 수치스러웠구나. 공감하고 받아들인다, 이해하고 받아들인다!

- 그래, 너무 슬프고 우울했구나. 공감하고 받아들인다, 이해하고 받아들인다!

- 그래, 너무 짜증이 났었구나. 공감하고 받아들인다, 이해하고 받아들인다!

- 그래, 자꾸 회피하고 싶었구나. 공감하고 받아들인다, 이해하고 받아들인다!

- 그래, 계속 집착하고 싶었구나. 공감하고 받아들인다, 이해하고 받아들인다!

- 그래, 계속 회피하고 싶었구나. 공감하고 받아들인다, 이해하고 받아들인다!

- 그래, ○○ 때문에 불안했구나. 공감하고 받아들인다, 이해하고 받아들인다!

· 그래, ○○ 때문에 두려웠구나. 공감하고 받아들인다, 이해하고 받아들인다!

· 그래, ○○ 때문에 너무 괴로웠구나. 공감하고 받아들인다, 이해하고 받아들인다!

· 그래, ○○가 너무 싫었구나. 공감하고 받아들인다, 이해하고 받아들인다!

· 그래, 결정하는 게 너무 어려웠구나. 책임지는 게 너무 두려웠구나. 공감하고
  받아들인다, 이해하고 받아들인다!

· 그래, 어떻게 해야 할지 몰라 혼란스러웠구나. 공감하고 받아들인다, 이해하고
  받아들인다!

· 그래, 또 잘 안돼서 너무 비참했구나. 공감하고 받아들인다, 이해하고
  받아들인다!

· 그래, 너무 속상해서 견딜 수가 없었구나. 공감하고 받아들인다, 이해하고
  받아들인다!

· 그래, 너무 분하고 억울했구나. 그래, 그래서 도무지 받아들일 수가 없었구나.
  공감하고 받아들인다, 이해하고 받아들인다!

· 그래, 계속 자책하고 싶은 마음만 들었구나. 공감하고 받아들인다, 이해하고
  받아들인다!

· 그래, 너무 한심하다고 생각했구나. 공감하고 받아들인다, 이해하고 받아들인다!

· 그래, 자꾸 실패해서 아무것도 하기 싫었구나. 공감하고 받아들인다, 이해하고
  받아들인다!

· 그래, 괴로운 마음이 들었구나. 그래서 살기 싫었구나. 공감하고 받아들인다,
  이해하고 받아들인다!

· 그래, 사람들에게 힘든 점을 이해받고 싶었구나. 공감하고 받아들인다,
  이해하고 받아들인다!

· 그래, 사람들에게 상처를 너무 많이 받아서 사람을 만나는 게 두려웠구나.

　공감하고 받아들인다, 이해하고 받아들인다!

· 그래, 또 거부당할까 두려웠구나. 공감하고 받아들인다, 이해하고 받아들인다!

· 그래, 또 비난 받을까 두려웠구나. 공감하고 받아들인다, 이해하고 받아들인다!

· 그래, 걱정을 멈출 수 없었구나. 그래, 걱정을 멈출 수 없어서 힘들었구나.

　공감하고 받아들인다, 이해하고 받아들인다!

· 그래, 조급한 마음을 수용할 수 없었구나. 공감하고 받아들인다, 이해하고

　받아들인다!

· 그래, 완벽해야 한다는 집착에서 벗어날 수 없었구나. 공감하고 받아들인다,

　이해하고 받아들인다!

· 그래, 너무 지쳐서 쉬고만 싶었구나. 공감하고 받아들인다, 이해하고 받아들인다!

· 그래, 너무 분해서 화를 참을 수가 없었구나. 공감하고 받아들인다, 이해하고

　받아들인다!

· 그래, 복수하고 싶었구나. 그런데 복수할 수 없어 속상했구나. 공감하고

　받아들인다, 이해하고 받아들인다!

· 그래, 자존심을 굽힐 수가 없었구나. 공감하고 받아들인다, 이해하고 받아들인다!

· 그래, 도무지 수용할 수가 없었구나. 공감하고 받아들인다, 이해하고 받아들인다!

　거울에 비친 자신의 모습을 보면서, 혹은 눈을 감고 내 모습을 마주하고 있다고 상상하면서 그저 이런 말들을 계속 반복하시면 됩니다. 1초만 지나도 과거가 되기 때문에 상처받은 나, 고통 속의 나는 전부 다 '과거 속의 나'입니다.(이 때문에 확언 앞부분이 전부 과거형으로 되어 있습니다.) 그래서 지금의 내가 '상처받은 과거의 나'에게

서 빠져나와 '치유가 필요한 과거의 나'에게 무조건적인 공감과 수용의 말을 전하는 것입니다! 마치 '깨어서 현존하는 참나(신성)'가 '과거의 상처받은 나(에고)'에게 무조건적인 공감과 수용의 말을 전해주듯이!

공감은 쉽게 말해 상대방의 눈으로 보는 것처럼 보고, 귀로 듣는 것처럼 듣고, 코로 냄새 맡는 것처럼 냄새 맡고, 혀로 맛보는 것처럼 맛보고, 피부로 감각하는 것처럼 감각하는 것을 말한다. 자신을 잠시 젖혀 놓고 상대방의 내면으로 들어가 마치 자신이 상대방인 것처럼 생각하고 느껴 보고 행동하는 것이다. 그러기 위해서 모든 선입견과 선지식을 버리고 순수한 마음으로 상대방의 이야기를 경청하고 그 속으로 뛰어 들어가야 한다. 그러다 보면 어느 한순간 메아리가 되어 되돌아오듯, 울림판이 공명하듯, 하나가 된 느낌이 들고, 아울러 상대방의 문제 해결에 대한 통찰을 얻게 된다.

-박성희, 『공감 정복 6단계』에서

"공감은 상대방을 거울처럼 비추어 줍니다. 공감을 담당하는 신경 세포를 거울신경세포라고 부르는 이유에서도 거울처럼 비추는 공감의 역할이 잘 드러납니다.(박성희)" 이 구절에서 잘 드러나듯, 공감 차체가 일종의 내면의 거울이 되어줍니다. 그래서 이 명상법은 거울이 있어도 할 수 있지만, 거울이 없어도 할 수 있습니다. 언제 어디서든 상상 속에서 내 모습을 마주하고 있다고 떠올리기만 하면 되기 때문입니다.

그렇게 비록 상상이지만 내가 나의 자아를 세워서 마음속에서 나를 마주하고 있으면, 심리적 분리 현상이 일어납니다. '분리가 된다'는 것은 객관적 거리와 시야를 얻게 된다는 뜻이고, 이는 괴로운 마음이나 괴로운 나에게서 조금이라도 떨어진다는 것을 의미합니다. 하여 심리적 거리와 시야를 가져오는 이러한 '내적 분리와 바라보기'는 치유에 많은 도움이 됩니다.

> 명상은 나를 관찰하고 만나는 과정입니다. 과거의 사건이 반복해서 떠오른다면 감정이 해소되지 않았기 때문이에요. 되풀이되는 이야기는 우리의 관심이 필요하거나 이해받기를 원하는 감정이 고개를 내민 거예요.
> -경서윤, 『나의 하루는 명상에서 시작된다』에서

치료 차원에선 10~30분 이상 꾸준히 매일 하는 게 좋지만, 힘들 때나 괴로울 때 단지 1, 2분만 해도 한결 마음이 편안해지는 걸 느낄 수 있을 것입니다. '첫째, 괴로운 나를 분리시켜 내 앞에 세워 마주한다. 둘째, 그 자아에게 무조건적인 공감과 수용의 말을 해준다.' 단지 이 두 가지만 기억하시면 됩니다. 아울러 거울을 보고 하는 것과 상상으로 하는 것 중, 자신에게 더 잘 맞는 것을 택해서 하시면 됩니다. 처음엔 조금 억색한 느낌이 들거나 제대로 하고 있는지 의문이 들 수 있지만, 계속하다 보면 금세 방법이 익숙해질 것이고, 점점 더 명상하는 것이 쉽고 편안하게 느껴질 것입니다. '그런 마음을 느끼는 나'에게도 공감과 수용과 사랑을 보내주면 되니까요!

제가 심리치유 필독서로 권하는 비벌리 엔젤의 『좋은 부모의 시작은 자기 치유다』엔 이런 구절이 있습니다. "부모가 아이에게 보여주는 공감과 연민은 아이로 하여금 자신이 본질적으로 사랑받을 만하고 가치 있는 존재라는 것을 느끼게 해 준다. 그러나 만약 아이가 이러한 공감적 반응을 받지 못한다면, 아이는 사랑받는다고 느끼지 못하게 되고, 자신에 대한 연민도 가질 수 없게 된다."

명상은 무의식을 의식화합니다. 치유 차원에서 보면 내가 나 자신에게 주는 공감은, 내가 아이였을 때 충분히 받지 못한 것을 내가 나에게 주는 일이 됩니다. 이것은 내가 상처받은 내면아이에게 '잘 반응하고, 잘 이해하고, 잘 공감해 주는 좋은 양육자'가 되어주는 일과 같습니다. 아울러, 내가 나에게 '무조건 공감해 주는 거울'이 되는 것은 내 안의 조건 없는 수용과 사랑을 일깨우는 일일 뿐 아니라, 따뜻한 내면의 관조자를 얻는 일이 될 것입니다.

지켜보는 목격자가 될 때
당신은 절망에 휘둘리지 않는다.
왜냐하면 지금과 다른 곳에서 당신을 바라보기 때문이다.

-웨인 다이어

1초 전도 과거요, 10분 전도 과거입니다. 1초만 지나도 과거가 된다는 사실을 잘 자각하고 늘 환기해야 할 것입니다. 1초만 지나도 '1초 전의 나'는 사라지고 없습니다. 고로 상처란 이미 사라지고 존재하지 않는 과거를 나를 붙들고 있는 일에 지나지 않습니다.

어떤 일이 있었든 상처받은 모든 나는 다 '과거의 나'입니다. 과거의 모든 나를 초연히 바라보는 관조자를 얻으면 나는 '심리적 분리' 속에서 점점 더 편안해질 것입니다. 마음공부에서 흔히 말하는 '현존'이란 과거의 모든 나로부터 분리되는 것입니다. 누구든 과거의 모든 상처와 모든 나로부터 분리가 되어야, 오롯이 지금 이 순간에 현존할 수 있게 될 것입니다.

빛 채움 명상

양손 손바닥을 펴 무릎에 올려놓고, 눈동자를 정확히 위아래로 열 번 움직인 다음 고요히 눈을 감습니다. 내 몸 위로 하늘에서 밝고 아름다운 빛에너지가 폭포수처럼 계속 쏟아진다고 상상합니다.(손에 기감이 가장 발달되어 있기 때문에, 처음엔 손바닥의 느낌에 집중하는 것이 좋습니다.) 항아리에 물이 차오르듯, 발끝에서 머리끝까지 그 치유의 빛에너지가 내 몸속에 가득 채워진다고 상상합니다. 우주의 무한한 빛과 사랑의 에너지가 내 몸과 마음의 모든 상처와 고통과 부조화를 깨끗이 치유하고 정화시켜 준다고 상상합니다. 그 상태에서 만트라(치유확언)를 계속 반복합니다.

· 무한한 빛과 사랑을 온 마음으로 받아들입니다. 감사합니다.
· 나는 무한한 빛과 사랑으로 완전히 치유되고, 완전히 깨어난다.

명상 시간은 자신이 하고 싶은 만큼 자유롭게 하면 됩니다. 만약 이 명상을 2분 동안 한다면 첫 번째 만트라를 1분 정도 하고, 두 번째 만트라를 1분 정도 하시면 됩니다. 마찬가지로 5분/5분씩 해도 되고, 10분/10분씩 해도 됩니다. 이런 식으로 똑같은 과정을 여러 번 반복할 수도 있습니다.

상처 없는 사람이 없듯이 사랑과 치유의 에너지가 필요하지 않은 사람은 없을 것입니다. 이 명상을 꾸준히 하면 몸과 마음의 에너지 상태를 바꿔줄 뿐 아니라 '상처 받은 사람'이 아니라, '사랑과 축복을 받는 사람'으로 자아상을 바꿔줍니다. 그래서 이 명상은 모든 사람에게 다 좋지만, 특히 상처를 너무 많이 받아 고통과 피해의식이 너무 많은 사람에게 좋습니다.

모든 상처는 조건 없는 수용과 사랑을 충분히 받지 못해서 생기는 것입니다. 그래서 치유를 위해선 '조건 없는 수용과 사랑'을 받는 체험이 선행되어야 합니다. 내면에 사랑이 넉넉히 채워지면 어떤 증상이든 좋아질 수밖에 없기 때문입니다. 이 명상은 '충분히 받지 못한 사랑과 축복'을 스스로 채울 수 있게 만들어주는 명상법입니다.

무한한 빛과 사랑을 받는다고 생생히 상상하면 정말로 그러한 에너지가 내면에 채워지게 됩니다. 왜 그럴까요? 상상(생각)과 믿음이 곧 그러한 에너지이기 때문입니다. 명상의 이완 속에서 빛 에너지를 받는다고 생생히 상상하고 믿으면 정말로 그러한 일이 내면에서 발생하게 됩니다. 왜냐하면 우리의 뇌는 실재와 상상을 잘 구분하지 못하기 때문입니다. 예컨대 동아줄을 보고서 뱀이라고 착각하면, 뱀이라는 인식 속에 무서움을 느끼게 되는 것처럼 뇌는 '사실'이 아니라 우리의 '인식(상상)과 느낌'에 반응합니다.

뱀이 아닌 것도 뱀이라고 믿으면 내면 속에선 뱀이 되는 것처럼, 우리의 마음과 무의식은 상상과 믿음에 반응합니다. 어떤 일이든 상상과 믿음이 강하면 강할수록 그런 현상은 더욱더 강화됩니다. 같은 이치로 '빛에너지를 받아 치유된다'고 상상하면 내면에서는 정말로 그러한 일이 발생하게 됩니다. 그러므로 이 명상을 통해서 좋은 치유효과를 보기 위해선 '생생한 상상+좋은 느낌+확고한 믿음'을 결합시키는 것이 좋을 것입니다.

정신과 감정, 신체 차원에서 일상의 불순물들을 씻어내고자 할 때는 진동하는 흰빛의 물결이 정수리 차크라를 통해 우리 몸속으로 들어와 우리 존재를 씻어내는 모습을 그려보는 것으로 내면의 정화 과정을 촉진할 수도 있다. 그런 다음 이 빛이 태양 신경총에서 우리 몸을 빠져나가 몸 주위를 완전히 감싸면서 퍼져나가도록 하라.

이 고요의 시간을 날마다 규칙적으로 갖는다면, 우리는 폭력과 혼란, 분산과 들뜸, 말하자면 부정성에서 벗어나는 리듬을 만들 수 있다. 바로 이것이 요령이다. 홀로 있기의 고요 속에서만 우리는 진리와 영성에 대해 숙고해 볼 수 있다. 엄격한 기술이 아니라 가슴 내면의 밀실로 되돌아가는 것, 이것이 참된 명상이다. 우리를 다시 단순하고 솔직하며 어린애 같아지게 해주는 곳이 있으니, 여기서 우리는 다시 한번 우리의 근원과 접촉하고, 신과 더불어, 우리를 있게 한 전지전능한 영성과 더불어 걷기 시작한다.

-페테르 에르베, 『우리는 신이다』에서

세상엔 방법은 조금씩 다르지만 수많은 '빛 명상법'들이 존재합니다. '빛 채움 명상법'이 다른 빛 명상법들과 확연한 차이가 있다면, 그것은 빛 에너지와 만트라를 결합한다는 점일 것입니다. 이는 시각화와 자기암시의 결합이기에, 빛 에너지와 만트라가 결합이 되면 효과가 더 좋아집니다. 거듭 말하지만 우리의 뇌와 무의식은 '상상하는 대로, 느끼는 대로, 믿는 대로' 반응합니다. 그래서 '생생히 상상하고, 잘 느끼고, 확실히 믿으면' 그렇게 될 수밖에 없습니다. 즉 시각화한 대로 되고, 만트라의 내용대로 되는 것입니다. 다만 그렇게 온전히 현실화될 때까지 꾸준한 훈련이 필요할 뿐입니다. 우리는 상상과 언어라는 도구를 이용해 '빛과 사랑의 에너지'를 무한대로 받을 수 있음을 잊지 말아야 할 것입니다.

정화에너지 깨우기 명상

눈을 감고 양손은 무릎 위에 올려놓습니다. 양 손바닥 위엔 배구공만 한 밝고 따뜻한 빛에너지가 있다고 상상합니다. 가슴 정중앙에 배구공 5배만 한 밝고 따뜻한 빛에너지가 있다고 상상합니다. 이 빛에너지를 '내 모든 고통과 상처를 조건 없이 다 수용해 주고 치유해 주는 신성의 무한한 사랑에너지'라고 상상합니다.

이와 함께, 나와 똑같이 생긴 나의 분신(아바타)이 나의 왼쪽과 오른쪽, 앞쪽 뒤쪽에 함께 앉아서 명상을 한다고 상상합니다. 촛불 다섯 개가 모였을 때 촛불 한 개가 불을 밝히고 있을 때보다 화력이 훨씬 더 강해지는 것처럼, 이런 방식을 취하면 명상하는 이미지와 분위기가 고조되고 심리적 안정을 주게 되며 에너지 또한 더 활성화되는 데 도움을 주게 됩니다.

① 가슴에 배구공 5배만 한 빛에너지가 있다고 상상한 다음 "사랑합니다. 감사합니다, 축복합니다"를 반복합니다. (2분 이상)

② 빛에너지가 100배 커졌다고 상상한 다음 "더 사랑합니다, 더 감사합니다, 더 축복합니다."를 반복합니다. (2분 이상)

③ 빛에너지가 다시 1000배 커졌다고 상상한 다음 "무한히 사랑합니다, 무한히 감사합니다, 무한히 축복합니다."를 반복합니다. 빛에너지를 최대한 생생하게 상상하는 것이 좋습니다. (2분 이상)

이 명상의 만트라 '사랑합니다. 감사합니다. 축복합니다'는 치유와 정화의 에너지를 만들어내는 가장 좋은 말이라 할 수 있습니다. 아울러 고작 글자 한 자 치이지만 '더' 자가 더해지면 만트라의 에너지가 더 강화됩니다. 마찬가지로 '무한히'가 붙으면 '무한'이라는 개념으로 의미(마음의 폭)를 확장시킬 뿐 아니라 만트라의 에너지도 또한 더 강화됩니다.

처음엔 빛이 작았다가 명상을 함에 따라 빛에너지가 점점 더 커지게 되는 것은, 내가 스스로 빛에너지를 키울 수 있는 존재임을 자각/수용하게 만들어 줍니다. 정화의 에너지, 치유의 에너지는 이미 내 안에 무진장으로 있는 것이며, 내가 스스로 얼마든지 일깨우고 확장시킬 수 있는 것입니다. 이 명상법은 바로 그러한 사실을 일깨우고, 스스로 신성에너지를 증폭시킬 수 있도록 돕는 명상법이다.

치유된다는 것은 신성한 힘의 영역으로 들어가는 것이다.
신성한 힘에 몸을 담는 것은 온전한 전체가 되는 것이다.
전체가 되는 것은 모든 이들이 '나'라는 것을 아는 것이다.

-디팩 초프라

이 명상법은 가슴 차크라를 깨우는 명상법이기에, 시종일관 가슴에 의식을 두고 하는 것이 좋습니다. 명상이 깊어질수록 마음이 따뜻해지고 몸이 편안하게 이완되는 것을 짧은 시간 안에 느낄 수 있을 것입니다. 이 명상법은 에너지 정화에 특화된 명상법이기에 '무의식 정화'뿐 아니라 몸이 아프신 분이나 병을 고치시고 싶은 분들에게도 특히 좋습니다.

방법이 너무 쉽고 간단하기 때문에 누구나 쉽고 빠르게 익힐 수 있으며, 명상 효과 또한 금방 체험할 수 있는 아주 효과적인 명상법이라 할 수 있습니다. 이 명상법의 만트라는 명상 시간 외에도 일상에서 틈날 때마다 자주 외우면 좋습니다. 티끌모아 태산이라는 말이 있듯이, 만트라를 틈날 때마다 수없이 반복하고 또 반복하면그 또한 무의식 정화에 많은 도움이 될 것이기 때문입니다.

너 자신보다 대단한 것에 신경을 써라.
자신이 거대한 영원의 일부임을,
자신의 삶이 이해할 수 없는 위대한 생성의 일부를
이루는 과정일 뿐임을 받아들여라.

-마크 맨슨

만약 인생을 늘 '사랑과 감사와 축복'의 마음으로 살아갈 수 있다면 얼마나 좋을까요! 그런 마음으로 살아가는 사람이 내 곁에 있다면 또 얼마나 좋을까요! 그렇게 좋은 에너지를 주고받으며 늘 좋은 에너지만 만들어낸다면 내게는 늘 좋은 에너지가 넘쳐나게 될 것이며, 좋은 에너지가 안팎으로 계속 선순환하게 될 것입니다. 이 명상법이 습관이 된다면 그러한 마음으로 살아가는 데 많은 도움을 주지 않을까 합니다.

사랑-축복 명상

눈을 감고 무릎 위에 양손을 놀려놓습니다. 양손 위에 배구공만 한 빛에너지가 있다고 상상합니다. 아주 좋은 치유의 빛에너지가 숨을 쉴 때 코로 들어와 단전까지 들어갔다가 날숨에 다시 천천히 나간다고 상상합니다. 그렇게 빛에너지가 들어오고 나가면서 내 몸과 마음을 깨끗이 정화시켜 준다고 상상합니다. 그렇게 빛에너지가 들어오고 나가는 것을 생생하게 상상하고 그 느낌을 잘 느껴주면서 마음속으로 호흡을 따라 만트라를 반복합니다.

들숨: 무한히 사랑합니다
날숨: 무한히 축복합니다

명상이 끝날 때는 사랑축복만트라 "나는 무한한 사랑과 축복으로 완전히 치유되고 완전히 깨어난다" 10회 이상 반복하고 마무리합니다.

명상 덕분에 저는 평화로움, 고요함 그리고 에너지를 얻었습니다. 명상하는 과정에서 제 삶의 목적이 사람을 사랑하고 돕고 베푸는 것임을, 이를 기준으로 모든 말과 행동을 평가해야 한다는 것을 알았습니다. '나는 지금 사람을 사랑하고 돕고 베풀고 있는가?' 사실 우리는 모두 베풀기 위해 이 땅에 태어났다고 믿습니다. 뭔가를 얻기 위해서가 아닙니다. 명상을 하면 신성한 에너지를 통해 모든 사람이 서로 위하며 조화를 이루기 위해 이곳에 존재한다는 사실을 알게 됩니다.

-웨인 다이어, 『마음의 연금술』에서

이 명상법은 사랑과 축복의 에너지로 자신을 채우고, 그런 마음을 더 많이 쓰고 강화하면서 무의식을 맑게 정화하기 위한 명상법입니다. 이 명상에 익숙해지면, 명상을 할 때마다 마음이 평온해지는 것을 금방 느끼시게 될 것입니다. 내가 보내는 에너지에 제일 먼저 접속되는 것도 나요, 내가 보내는 에너지를 전부 다 받는 것도 자기 자신입니다. 그래서 사랑하고 축복하면 할수록 나 또한 그 에너지를 더 많이 받게 될 것입니다.

"사원(교회)도 필요 없고 복잡한 철학도 필요 없습니다. 따뜻한 가슴이 우리의 사원이고 따뜻함이 나의 철학입니다." 달라이 라마의 이 말처럼 '따뜻한 가슴'을 가지는 것은 나를 치유하고 살리는 길이자, 내 안에 무너지지 않은 아름답고 신성한 사원을 짓는 일이 될 것입니다.

들숨: 무한히 감사합니다 (매 순간 감사합니다)
날숨: 무한히 축복합니다 (매 순간 축복합니다)

이렇게 응용하면 '감사/축복명상'이 됩니다. 이 방법도 참고해 보시기 바랍니다.

고통 정화 명상

눈을 감고 양손은 펴서 무릎 위에 올려놓습니다. 내 앞에 내면아이 혹은 상처받은 자아나 고통과 괴로움 속에 있는 자아가 있다고 상상합니다. 나는 그 자아로부터 완전히 벗어나 있는, 그 자아를 연민의 마음으로 바라보고 있는 텅빈마음의 참나라고 상상합니다. 참나의 몸을 밝고 커다란 빛에너지가 감싸고 있다고 상상합니다. 그 에너지가 괴로운 자아에게 전해져 괴로운 자아 또한 그 빛에너지에 감싸인다고 상상합니다.

이런 심상화를 유지하며 마음속으로 호흡에 따라 이렇게 만트라를 반복합니다. 참나(신성)가 괴로운 자아의 모든 고통과 아픔과 다 흡수하고 받아들여서, 사랑과 치유의 에너지로 정화해서 다시 좋은 에너지를 내보낸다고 상상합니다.

들숨: 모든 고통을 받아들이고
날숨: 사랑과 축복을 보낸다.

참나의 가슴으로 들어온 '고통'은 깨끗이 정화되어 사랑과 축복의 에너지가 되어서 다시 괴로운 자아에게로 보내진다고 상상합니다. 사랑과 축복의 빛에너지가 신성의 가슴에서 자아의 가슴으로 들어가는 상상을 생생하게 하는 것이 좋습니다. 이때 '고통'은 다른 단어로도 다양하게 응용할 수 있습니다. 예컨대 '상처/아픔/불안/두려움/슬픔/분노/억울함/좌절감/수치심/열등감/절망감/죄책감/분별심/집착/저항' 등 어떤 단어든 다 가능합니다.

이러한 심상화 속에서 고통과 괴로움에 대한 받아들이기를 하면, 고통과 괴로움이 훨씬 더 잘 수용되고 정화되는 효과가 있습니다. 이런 기법을 사용하면 1차적으로 '괴로운 나'로부터 분리가 일어나게 되어 마음이 조금이라도 편안해지게 됩니다. 아울러 고통을 회피 대상이 아니라 적극적 수용 대상으로 여기게 되고, 그것이 사랑과 축복 에너지로 전환되는 선순환 작용이 만들어지게 됩니다. 그래서 짧은 시간 동안에도 좋은 치유 효과가 발생하게 됩니다. 이 방법은 모든 고통과 괴로움을 적극적으로 허용하고 받아들이는 기법이기에, 심리적 저항을 최소화시키는 데 아주 효과적인 명상법이라 할 수 있습니다.

어느 날, 명상에 깊이 잠긴 채로 우리는 기억할지 모른다. 모든 느낌들이 신성하다는 것을. 모든 느낌들이 우리 안에 존재할 권리가 있다는 것을. 가장 혼란스럽고, 가장 불편하며, 가장 고통스러운 것이라 하더라도. 그리고 우리는 도망치는 대신에 우리의 느낌들을 향해 몸을 돌려야 한다는 사실을 기억하게 될 것이다. 그들 안으로 부드럽게 스며들어 가야 한다는 것. 그들에게 반응하지 않거나 무시하지 않고 그들을 위해 방을 마련해놓아야 한다든 것.

-제프 포스터, 『명상의 기쁨』에서

이 명상법은 내면아이나 괴로운 자아를 치유하는 데도 좋지만, 호오포노포노처럼 정화기법으로써 특정 문제나 상황을 정화하거나 타인치유나 대리치유를 위해서도 좋은 치유법이 됩니다. 그래서 이 방법은 '부부치유'나 '부모/자녀 치유'처럼 다양한 경우의 '관계 치유'를 위해서도 아주 유용한 방법이라 할 수 있습니다. 상대방이 치유에 참여하지 않더라도, 호오포노포노처럼 나 혼자 힘으로 상대방을 정화하고 치유할 수 있기 때문입니다.

치유가 필요한 상대방 즉, 배우자나 자녀가 내 앞에 있다고 상상한 다음 똑같은 방식으로 진행하면 됩니다. 배우자나 자녀의 모든 고통과 아픔을 참나인 내가 다 받아들이고 정화한 다음, 다시 그에게 사랑과 축복의 치유 에너지를 보내주는 것입니다. 진지하게 한다면 이는 자신을 치유하면서 동시에 상대방까지 치유하는 강력하고 효과적인 기법이 될 것입니다.(호흡과 상관없이 해도 됩니다.)

· 당신을 받아들이고 사랑과 축복을 보냅니다.
· 당신의 모든 것을 받아들이고 사랑과 축복을 보냅니다.
· 모든 고통을 받아들이고 사랑과 축복을 보냅니다. (이런 고통을)
· 모든 문제를 받아들이고 사랑과 축복을 보냅니다. (이런 문제를)
· 모든 상황을 받아들이고 사랑과 축복을 보냅니다. (이런 상황을)

심리적 고통은 허용하고 받아들일 때 최소화됩니다. 이미 발생한 고통은 부정할 수 없는 심리적 실체입니다. 고통은 경험하지 않으려고 저항할수록 더 심화되거나 계속 지속됩니다. 고통을 있는 그대로 허용하고 경험한다는 것은 저항이 제로가 된다는 뜻입니다. 저항이 제로가 된다는 것은 에고가 소멸함을 의미합니다. 저항제로는 우리의 본성인 텅빈마음의 상태입니다. 그래서 고통을 있는 그대로 허용하고 받아들임으로써 그것을 온전히 경험하는 상태가 되면 고통의 에너지는 저항제로 속에서 증발해 버리게 됩니다.

고통에 대한 모든 회피와 저항을 내려놓고, 태풍의 눈 속으로 들어가듯 고통 속으로 들어가 고통을 온전히 경험하면서 고통과 하나가 되면 고통은 오히려 줄어들고 사라지게 됩니다. 호랑이 굴로 들어가야 호랑이를 잡을 수 있는 것처럼, 고통 속으로 들어가야 고통을 잡을 수가 있게 됩니다. 고통을 끝내는 길은 고통 속으로 들어가 고통과 온전히 하나가 되어 고통을 승화시키는 길밖에 없습니다.

누적된 감정을 경험적으로 통합하고,
통합과 함께 오는 선물을 깨달아간다면
당신은 삶의 길에서 부딪히는 모든 장애물을
성장의 기회로 받아들일 수 있다.

-마이클 브라운

저항제로는 좋다/나쁘다의 분별심이 없는 절대적 수용의 상태입니다. 우리는 무의식 차원에서 끊임없이 고통을 거부하고 회피하고 부정합니다. 허나 그런 방식은 고통을 더 지속시킬 뿐입니다. 고통에 대한 일체의 판단분별을 멈추고 조건 없이 있는 그대로 허용하고 받아들일 때 무저항의 자장 속에서 자아의 고통이 녹습니다.

고통은 출현은 단순히 하나의 좋은 신호다. 합일의식을 벗어난 삶이란 궁극적으로 고통스럽고, 비참하며 슬픔으로 가득 찬 것임을 알아채기 시작한다는 것을 보여주기 때문이다. (…) 고통은 거짓 경계를 알아차리는 최초의 움직임이다. 그렇기 때문에, 올바르게 이해할 경우 고통은 해방적인 것이기도 하다. 고통은 모든 경계를 넘어선 곳을 가리키기 때문이다. 그렇다면 우리가 고통받는 것은 병들어서가 아니라, 지성적 통찰이 출현하기 때문일 것이다.

-켄 윌버, 『무경계』에서

물고기를 잡는 그물이 물고기보다 더 큰 것처럼, 고통과 괴로움을 허용하고 받아들이는 마음은 고통과 괴로움에서 빠져나온 마음이요, 고통과 괴로움보다 더 큰 마음입니다. 집착과 저항을 허용하고 받아들이는 마음은 집착과 저항에서 빠져나온 마음이요, 집착과 저항보다 더 큰 마음입니다. 그래서 고통과 괴로움을 허용하고 받아들이거나, 집착과 저항 또한 허용하고 받아들이게 되면 점점 더 그러한 얽매임에서 빠져나오게 되고 내 내면공간은 훨씬 더 넓어지게 됩니다. 그러면 치유는 빛을 좇는 그림자처럼 따라올 수밖에 없을 것입니다.

· 모든 <u>슬픔</u>을 있는 그대로 허용하고 받아들인다.

· 나는 모든 <u>슬픔</u>을 허용하고 받아들임으로 아주 편안해진다.(점점 더 편안해진다.)

· 모든 <u>고통</u>을 있는 그대로 허용하고 받아들인다.

· 나는 모든 <u>고통</u>을 허용하고 받아들임으로 아주 편안해진다.

· 모든 <u>집착과 저항</u>을 있는 그대로 허용하고 받아들인다.

· 나는 모든 <u>집착과 저항</u>을 허용하고 받아들임으로 아주 편안해진다.

두 가지 확언을 각각 10회(혹은 20회) 정도 반복하는 것이 기본 방법입니다. 이것을 1세트로 치고 필요한 만큼 여러 세트를 반복할 수 있습니다. 이 예시문에서 밑줄 부분의 '단어'만 바꾸면 모든 경우에 적용이 가능합니다. '불안/두려움/수치심/열등감/좌절감/절망/분노/원망/억울함/혐오감/자괴감/자책감/죄책감/외로움/소외감/결핍감/조급함/망설임/회한/짜증/답답함/예민함/긴장/갈등/혼란/괴로움/상처/욕구(욕구불만)/생각(비교분별)' 등등!

　모든 증상은 억압된 감정과 매우 밀접한 관련이 있습니다. 내면에 억압된 감정이 쌓이면 그것은 '강한 에너지 덩어리'가 되기 때문에 몸과 마음에 많은 부조화를 초래합니다. 심리증상이란 기실 그러한 부조화가 표면적으로 드러난 것에 지나지 않습니다. 실로 억압된 감정은 모든 증상의 기원과 같은 것입니다.

　예컨대 불안감이 많이 억압되어 불안이 내면에 가득 쌓여있다면, 그 사람은 어디서든 시도 때도 없이 불안감을 많이 느끼게 될 것입니다. 불안장애나 공황장애 같은 증상은 바로 이 때문에 생기는 것입니다. 분노가 많이 억압되어 분노가 내면에 가득 쌓여있다면, 그 사람은 어디서든 시도 때도 없이 분노를 많이 느끼게 될 것입니다. 분노조절장애 같은 증상은 바로 이 때문에 생기는 것입니다. 이처럼 치유가 필요한 다른 모든 심리 증상 또한 다 마찬가지입니다.

이 느낌은 여태껏 한 번도 안겨보지 못했기 때문에

오로지 안겨보기 위해서

여기에 있는 것이라고 받아들인다.

-맷 칸

　그래서 그 어떤 증상이든 억압된 감정을 풀어주는 것은 심리치유에 있어 가장 중요하고 가장 먼저 선행되어야 할 핵심과제 할 수 있습니다. 억압된 감정은 그 존재가 온전한 허용과 수용을 받을 때 풀립니다. 허나 억압된 감정을 수용하고 싶어도 생각처럼 쉽지 않을 때가 많습니다. 억압된 감정은 눈에 보이지도 않을 뿐 아니라, 어떻게 하는 것이 수용인지 잘 모를 때가 많기 때문입니다.

그래서 고안된 것이 치유확언(수용확언)입니다. 우리가 밥을 먹을 때 숟가락을 사용하는 것처럼, 수용확언을 사용하면 감정을 수용하기가 한결 쉬워집니다. 그저 확언을 반복해서 외우면서 확언이 이끌어주는 대로 가슴에서 올라오는 감정을 온전히 느껴주기만 하면 되기 때문입니다. 그렇게 온전한 허용과 수용을 받은 감정은 반드시 편안해지게 될 것입니다.

감정을 온전히 느껴주는 것은 감정을 소중하게 껴안아주는 것과 같습니다. 허용과 수용의 체험적 결과가 바로 '느끼고 경험하는 것'입니다. 우리는 고통이나 불편한 감정을 느끼려 하지 않기 때문에 무의식적으로 계속 회피하거나 부정합니다. 이것이 거의 늘 조건반사처럼 일어나기 때문에 제대로 직면해서 온전한 허용과 수용을 하기가 결코 쉽지 않습니다. 그래서 이런 점을 잘 자각하고서 온전한 허용과 수용 속에서 감정을 기꺼이 느껴주려고 하는 것이 좋습니다. 온전히 느끼고 경험되어진 고통이나 감정은 제대로 된 허용과 수용을 받았기 때문에 법칙상 반드시 증발하게 되어있습니다.

그저 가만히 있으면서 그것을 느끼세요. 그냥 그 감정 속에 머물며 현존감을 느껴보세요. 그 감정에서 벗어나려 하거나 그 감정을 밀어내려 하지 않고, 또 그 감정을 타인에게 전가하려고 하지 않으면서 고요한 상태로 그 감정과 함께 현존한다면, 당신은 바로 그런 감정 한가운데에서 평화를 찾게 될 것입니다. 그러니 강력한 감정이 생기면, 그걸 그냥 내버려 두세요. 가만히 있으면서 그걸 기꺼이 받아들이세요.

-브래든 베이스, 『치유 아름다운 모험』에서

확언을 그냥 외워도 되지만, 가슴에 양손을 모두고 가슴의 느낌을 느껴주면서 외우면 더 좋습니다. 하나의 확언을 1분 동안 할 수도 있고, 5분 동안 할 수 있도 있습니다. 여기에 더해서, 가슴에 밝고 따뜻한 빛에너지가 있다고 상상하면서 하면 더 좋습니다. 이 빛에너지가 내 모든 아픔을 조건 없이 다 받아주는 사랑의 에너지, 신성의 에너지라고 상상하면 실제로 그러한 에너지의 영향을 받게 될 것입니다. 그러한 빛에너지는 억압된 감정을 녹여주는 든든한 지원군이 되어 줄 것입니다.

사람마다, 증상마다 해결해야 할 핵심감정이라는 것이 있습니다. 억압된 모든 감정을 다 풀어내야 하지만 특히 자신의 핵심감정을 더 먼저 중점적으로 풀어주는 것이 좋습니다. 불안감 때문에 힘들다면 불안감을 먼저 중점적으로 풀어주어야 할 것이고, 죄책감 때문에 힘들다면 죄책감을 먼저 중점적으로 풀어주어야 할 것입니다. 다만 모든 감정들은 서로 연결되어 있기 때문에 온전한 치유를 위해선 결국엔 억압된 모든 감정을 깨끗이 다 풀어주어야 할 것입니다.

슬픔을 품을 때, 나는 슬픔이 되는 것이 아니라 슬픔을 품는 존재가 되었어요. 미움을 품을 때나 무능함을 품을 때나 무시당한 아픔을 품을 때도 나는 그 감정이 되는 것이 아니라 그것을 품는 존재가 된다는 것을 경험했어요.
-김설아, 『하루의 사랑작업』에서

"불안하면 안 돼!"가 부정이요 억압이라면, "그래 불안하구나, 그래 불안할 수도 있지!"는 인정이요 허용입니다. 그렇게 불안을 인정하고 허용해 줄 때 불안했던 나도 온전히 수용을 받게 됩니다. 그럴 때 불안했던 내면은 점점 더 편안해질 것입니다. "우울하면 안 돼!"가 부정이요 억압이라면, "그래 우울하구나, 그래 우울할 수도 있지!"는 인정이요 허용입니다. 그렇게 우울을 인정하고 허용해 줄 때 우울했던 나도 온전히 수용을 받게 됩니다. 그럴 때 우울했던 내면은 점점 더 편안해질 것입니다. "분노하면 안 돼!(미워하면 안 돼)"가 부정이요 억압이라면, "그래 화가 나는구나. 그래 분노할 수도 있지!"는 인정이요 허용입니다. 그렇게 분노를 인정하고 허용해 줄 때 분노했던 나도 온전히 수용을 받게 됩니다. 그럴 때 분노했던 내면은 점점 더 편안해질 것입니다.

'불안한 나'를 수용해주지 않으면 불안은 더 심해집니다. '슬픈 나'를 수용해주지 않으면 슬픔(우울)은 더 심해집니다. '분노하는 나'를 수용해주지 않으면 분노(울화)는 더 심해집니다. 이와 같이 마음이 '아픈 나'를 수용해주지 않으면 그 아픔은 더 심해집니다. 상처받은 내면아이는 오직 나 자신에게 인정과 수용을 받을 때 치유됩니다.

그래서 억압된 감정(내면아이)은 온전한 인정과 수용을 받고 싶어서 온전히 인정과 수용을 받을 때까지 계속 '어떤 증상'으로 나에게 신호를 보내주는 것입니다. 그래서 그 신호를 계속 무시하면 증상은 갈수록 점점 더 심해질 수밖에 없습니다. 불편한 감정을 해결하는 가장 빠른 방법은 그 감정을 온전히 허용하고 받아들이는 것입니다. 마찬가지로 고통을 해결하는 가장 빠른 방법은 고통을 온전히 허용하고 받아들이는 것입니다. 허용/수용하면 할수록 마음의 공간이 더 넓어지기 때문입니다.

하느님이 우리에게 준 최고의 선물은 자유의지다. 우연은 없다. 삶에서 일어나는 모든 일에는 긍정적인 이유가 있다. 골짜기를 폭풍우로부터 지키려고 메워버린다면 자연이 새겨놓은 아름다움을 볼 수 없게 된다.

-엘리자베스 퀴블러 로스, 『생의 수레바퀴』에서

감정을 허용하거나 수용하는 마음은 그 감정보다 더 큰 마음입니다. 그래서 감정을 허용하고 수용한다는 것은 그 감정을 껴안을 수 있을 만큼 마음이 더 확장됨을 의미합니다. 이는 우리의 본성인 '텅빈마음'이나 '조건 없는 수용과 사랑'과 가까워지는 길이기도 합니다. 어떤 감정이든 예외 없이, 감정을 허용/수용하면 할수록 마음이 더 편안해지고 내면의 상처들이 절로 치유되는 것은 바로 이 때문입니다. 때문에 감정이 제대로 허용/수용되면 어떤 증상이든 바로 좋아질 수밖에 없습니다. 심리적 아픔을 해결하고 싶거나 심리치유에 뜻이 있다면 무엇보다 '감정수용'에 올인해야 하는 것은 바로 이 때문일 것입니다.

모든 것을 완전하고 충분하게 받아들이고 감수할 때,

당신은 저절로 초월하게 됩니다.

-아디야샨티

억압된 감정과 부정적 사고는 서로 연결되어 있습니다. 모든 증상은 억압으로 누적된 감정과 고착된 부정적 생각이 함께 만들어 내는 것이므로, 무의식 속에 억압되어 있는 '감정을 풀어내는 것'과 '고착된 부정적 생각을 바꿔주는 작업' 이 두 가지가 반드시 병행되어야 할 것입니다. 다만 그 시작은 감정을 풀어내는 것으로부터 출발해야 할 것입니다. 억압된 감정이 다 풀리면 생각 또한 쉽게 바뀌기 때문입니다.

자기 사랑/축복 명상

자기 사랑/축복 명상은 치유를 위한 사랑축복 만트라 하나만을 반복하면 됩니다. '모든 나를 있는 그대로 사랑하고 축복한다. 이로써 나는 점점 더 편안해진다' 이 문장만 무한 반복하면 됩니다. 하지만 경우에 따라 특정 자아를 전제로 축복하기를 좀 더 구체적으로도 할 수 있습니다.

1

· 상처받고 아팠던 모든 나를 있는 그대로 사랑하고 축복한다. (이로써 나는 점점 더 편안해진다.)

· 이해받지 못했던 모든 나를 있는 그대로 사랑하고 축복한다.

· 인정받지 못했던 모든 나를 있는 그대로 사랑하고 축복한다.

· 수용받지 못했던 모든 나를 있는 그대로 사랑하고 축복한다.

· 존중받지 못했던 모든 나를 있는 그대로 사랑하고 축복한다.

· 보호받지 못했던 모든 나를 있는 그대로 사랑하고 축복한다.

· 도움받지 못했던 모든 나를 있는 그대로 사랑하고 축복한다.

· 사랑받지 못했던 모든 나를 있는 그대로 사랑하고 축복한다.

· 슬프고 우울했던 모든 나를 있는 그대로 사랑하고 축복한다.

· 무시당해 속상했던 모든 나를 있는 그대로 사랑하고 축복한다.

· 잘해야만 했던 모든 나를 있는 그대로 사랑하고 축복한다.

· 참아야만 했던 모든 나를 있는 그대로 사랑하고 축복한다.

· 감정과 욕구를 억압했던 모든 나를 있는 그대로 사랑하고 축복한다.

· 부담감과 책임감에 힘들었던 모든 나를 있는 그대로 사랑하고 축복한다.

· 인정과 성과에 집착했던 모든 나를 있는 그대로 사랑하고 축복한다.

· 실패와 좌절감에 괴로웠던 모든 나를 있는 그대로 사랑하고 축복한다.

· 조급함에 마음 쫓겼던 모든 나를 있는 그대로 사랑하고 축복한다.

· 어리석고 부족했던 모든 나를 있는 그대로 사랑하고 축복한다.

· 비겁했거나 비굴했던 모든 나를 있는 그대로 사랑하고 축복한다.

2

· 불안했던 모든 나를 있는 그대로 사랑하고 축복한다.

· 두려워했던 모든 나를 있는 그대로 사랑하고 축복한다.

· 분노하고 원망했던 모든 나를 있는 그대로 사랑하고 축복한다.

· 분하고 억울했던 모든 나를 있는 그대로 사랑하고 축복한다.

· 증오하고 혐오했던 모든 나를 있는 그대로 사랑하고 축복한다.

· 열등하고 수치스러웠던 모든 나를 있는 그대로 사랑하고 축복한다.

· 열등감과 수치심에 괴로웠던 모든 나를 있는 그대로 사랑하고 축복한다.

· 비교하고 질투했던 모든 나를 있는 그대로 사랑하고 축복한다.

· 서럽고 한스러웠던 모든 나를 있는 그대로 사랑하고 축복한다.

· 소외되고 외로웠던 모든 나를 있는 그대로 사랑하고 축복한다.

· 참담했던 모든 나를 있는 그대로 사랑하고 축복한다.

· 절망스러웠던 모든 나를 있는 그대로 사랑하고 축복한다.

· 주저하고 갈등했던 모든 나를 있는 그대로 사랑하고 축복한다.

· 모욕감과 모멸감에 괴로웠던 모든 나를 있는 그대로 사랑하고 축복한다.

· 상실감과 허탈감에 괴로웠던 모든 나를 있는 그대로 사랑하고 축복한다.

· 무기력과 무력감으로 힘들었던 모든 나를 있는 그대로 사랑하고 축복한다.

· 결핍감과 공허함으로 힘들었던 모든 나를 있는 그대로 사랑하고 축복한다.

· 죄책감과 자괴감으로 힘들었던 모든 나를 있는 그대로 사랑하고 축복한다.

3

· 긴장하고 예민했던 모든 나를 있는 그대로 사랑하고 축복한다.

· 자제할 수 없었던 모든 나를 있는 그대로 사랑하고 축복한다.

· 어찌할지 몰라 혼란스러웠던 모든 나를 있는 그대로 사랑하고 축복한다.

· 짜증과 답답함에 힘들었던 모든 나를 있는 그대로 사랑하고 축복한다.

· 걱정과 고민으로 힘들었던 모든 나를 있는 그대로 사랑하고 축복한다.

· 욕구불만으로 속상했던 모든 나를 있는 그대로 사랑하고 축복한다.

· 무능하고 한심했던 모든 나를 있는 그대로 사랑하고 축복한다.

· 용기와 자신감이 없었던 모든 나를 있는 그대로 사랑하고 축복한다.

· 후회하며 자책했던 모든 나를 있는 그대로 사랑하고 축복한다.

· 내적 혼란으로 분열됐던 모든 나를 있는 그대로 사랑하고 축복한다.

· 지치고 고단했던 모든 나를 있는 그대로 사랑하고 축복한다.

· 집착하고 저항했던 모든 나를 있는 그대로 사랑하고 축복한다.

· 스스로를 받아들일 수 없었던 모든 나를 있는 그대로 사랑하고 축복한다.

· 행복하지 못했던 모든 나를 있는 그대로 사랑하고 축복한다.

· 내가 부정하고 껴안지 못했던 모든 나를 있는 그대로 사랑하고 축복한다.

루이즈L. 헤이의 『치유』를 비롯해서 수많은 관련 책에서 자기사랑의 중요성을 이야기하고 있습니다. 자기 사랑은 치유의 첩경이요 치유로 가는 모든 길이 만나는 대도(大道)와 같다고 할 수 있습니다. 허나 온전한 자기 수용과 자기 사랑은 에고의 조건과 집착과 저항의 벽을 넘어야만 가능한 것이기에 뜻처럼 쉽게 잘 이루어지지 않습니다. 이는 사실 상당히 어려운 과제입니다. 특히나 상처와 고통이 심할 때는 더욱 그러합니다.

나는 회복탄력성이 있는 사람과 없는 사람, 즉 인생의 고통을 딛고 다시 일어설 수 있는 사람과 그렇지 못한 사람의 차이는 바로 긍정적인 '자기 대화'에 있다고 믿는다. 힘든 일에 부딪혔을 때 스스로에게 어떤 말을 하느냐에 따라 다시 일어나 위로 올라갈 수도, 모든 것을 포기하고 밑바닥에 주저앉아 버릴 수도 있는 것이다.
–상진아, 『그들이 쏜 화살을 내 심장에 꽂은 건 누구일까』에서

컵에 담긴 똑같은 양파나 고구마도 '좋은 말'을 써서 붙여두거나 들려주면 더 잘 자랍니다.[2] 사랑과 축복의 말은 '좋은 에너지'를 가지고 있습니다. 그래서 이를 반복

하면, 거울을 볼 때 미소를 지으면 미소가 되돌아오듯 사랑과 축복의 에너지가 나에게 되돌아오게 됩니다. 가랑비에 옷이 젖듯이 나 자신에게 사랑과 축복의 말을 계속 전해주면 그 정화 에너지에 내 안에 상처와 아픔이 조금씩 점점 더 녹아갈 것입니다. 아울러 내가 나를 대하는 방식과 자아의 정체성 또한 변화하게 될 것입니다.

만약 아침마다 '모든 나를 있는 그대로 사랑하고 축복함으로써 나는 점점 더 편안해진다.'는 말을 1분 이상 외우고 하루를 시작한다면 어떻게 될까요? 매일 저녁마다 똑같이 이 말을 1분 이상 외우고 하루를 마감한다면 어떻게 될까요? 그것이 만약 5분 동안의 집중된 명상이거나, 10분 동안의 집중된 명상이라면 또 어떻게 달라질까요? 정녕 이것을 아침/저녁으로 매일 실천한다면 명상을 하기 전과 후는 결코 같지 않을 것입니다. (명상을 할 때는 양손을 가슴에 포개거나 합장을 한 상태에서 하시기를 권합니다. 저는 주로 깍지 합장을 해서 손을 가슴 앞에 두거나 다리 위에 올려놓고 합니다. 빛에너지와 함께!)

**당신의 과거와 화해하지 않으면
동일한 상황이 현재에 되풀이된다.**

-웨인 다이어

치유 차원에선 기본 문장과 함께 확언 전체를 다 해보면 더 좋을 것입니다. 이 확언들을 자신을 치유하고 잘되게 하는 주문이나 기도문이라고 생각해 보시기 바랍니다. 그럼 저항이 줄어들 것입니다. 치유되기를 바라지 않는 사람이나 잘되고

---

2) 에모토 마사루의 『물은 답을 알고 있다』을 읽어보신 분들은 '모든 말은 고유한 에너지를 가지고 있음'을 잘알고 있을 것입니다. 혹 아직 안 보셨다면 이해 차원에서 꼭 권해드리고 싶습니다.

싶지 않은 사람은 없으니까요! 그간 타인과 세상으로부터 사랑과 축복이 많이 받지 못했다면, '더 많은 사랑과 축복'을 내가 나 자신에게 주어야 할 것입니다.(그래서 평소에도 '사랑하고 축복한다, 사랑하고 축복한다!'는 말을 자신에게 자주 들려주면 좋습니다.)

예시된 확언을 한 번에 10번씩 외워도 되고, 20번이나 혹은 훨씬 더 많이 외워도 됩니다. 전체 확언을 다 해도 되고 특정 확언만을 더 집중적으로 해도 됩니다. 자신의 필요에 따라 자유롭게 하시면 됩니다. 무엇보다 이 확언들이 내면의 목소리가 되고, 가슴의 메아리가 될 때까지 습관처럼 반복해서 확실히 '내면화'시키는 것이 관건이 아닐까 합니다.

예시된 확언들을 두세 번씩 소리 내어 읽어서 녹음파일을 만들어서 반복해서 듣는 것도 도움이 될 수 있습니다. 그럼 언제든 수시로 들으면서 전체 확언을 빨리 체득할 수 있게 될 것입니다. 눈을 감고 녹음파일을 들으면서 마음속으로 따라 외우면 쉽게 자신만의 치유명상을 할 수 있을 것입니다.(녹음하실 때는 필히 편안한 명상음악이나 치유음악을 배경에 깔고 녹음하시는 걸 권해드립니다.)

예를 들어 이 세상의 기준에서 너무도 초라해서 아무도 날 사랑해주지 않을 것 같은 거지 같은 존재로 내가 나를 느끼고 있을 때, 내가 어떤 모습이든 상관없이 이런 나를 꽉 안아주는 존재가 있다면 어떨까요? 그때 내가 느끼는 사랑은, 내가 세상에서 인정받고 사랑받는 존재일 때 받는 사랑이랑은 차원이 다른 종류겠죠? 아픔을 느낀다는 건 그 상태까지 가는 걸 얘기하는 거예요. 처음엔 아프지만 계속 수용해갈 때 그 아픔에 변형이 일어나요. 그때 우리는 아픔을 느끼는 존재가 아니라 이 아픔을 품는 존재가 되는 거거든요.

−김설아, 『하루의 사랑작업』에서

내면의 모든 분열은 단 하나의 이유, 나 자신에 대한 조건적인 수용과 사랑 때문에 생기는 것입니다. 때문에 내면의 모든 분열을 끝내는 방법은 나 자신에 대한 조건 없는 수용과 사랑밖에 없습니다. 자신에 대한 사랑이란 자신의 모든 상처와 모든 아픔과 모든 부족함까지를 품어 안는 것을 의미합니다. 내가 부정하고 버린 자아들을 내가 조건 없는 수용과 사랑으로 다시 다 껴안아줄 때만 내면의 모든 충돌과 내전(內戰)이 종식될 것입니다.

모든 사랑의 시작은 자기 자신에 대한 조건 없는 사랑이어야 합니다. 자신을 사랑하지 않는 사람은 밖에서 아무리 많은 사랑을 받아도 결국 그것을 온전히 받아들이지 못합니다.(만인의 사랑을 받았던 장국영 같은 스타가 자살한 것도 이런 이유 때문입니다.) 불씨가 없는 사람은 다른 이에게 불씨를 전해줄 수가 없습니다. 아울러 자기 내면을 밝힐 수도 없습니다. 자리이타(自利利他)라는 말이 있지요. 자신을 이롭게 하면서 타인을 이롭게 한다는 뜻인데, 이때도 자신을 이롭게 하는 것이 먼저입니다. 내가 곧 우주의 시작이요 중심이니까요!

우리는 다른 사람들이 우리를 어떻게 생각할까 하는 데 초점을 두지 않고, 매 순간 우리의 삶을 즐기며 행복해지는 법을 배워야 한다. 가장 중요한 것은 우리가 생각하는 우리 자신의 모습이다. 변화의 가장 강력한 도구는 우리 자신의 존재를 향한 사랑이다. 사랑은 자신으로부터 출발한다. 사랑을 외부에서 찾는 것은 아무 소용없는 일이다. 사랑은 외부에 존재하지 않는다. 우리는 대부분의 시간을 엉뚱한 곳에서 사랑을 찾느라 허비해 버린다. 이유를 알지 못한 채, 항상 다른 사람에게서 사랑을 구하고 있는 것이다. (…) 행복에 이르는 비밀은 외부를 보거나 더 많은 것을 구하는 데 있지 않다. 비밀은 자신을 사랑하고 더 즐길 수 있는 능력을 개발하는 것이다.

-마벨 카츠, 『가장 쉬운 길』에서

자신을 사랑하지 않으면 세상 그 어디서도 행복을 구할 수가 없습니다. 나는 나 자신과 한 순간도 떨어질 수가 없습니다. 자신을 있는 그대로 수용하고 사랑하지 못하면, 마음에 안 드는 자신과 늘 함께 있으면서 끊임없어 불만과 충돌 속에서 살아야 합니다. 그러면 그럴수록 내면은 더욱 분열됩니다. 그렇게 늘 내적 분열과 부조화 속에서 살아가면서 행복을 구하는 것은 연목구어와 같을 것입니다. 행복해지고 싶다면 제일 먼저 조건 없는 자기 수용과 자기 사랑부터 시작해야 합니다.

내면의 분열이 하나도 없이 다 사라질 때까지, 버려지고 억압받은 자아가 조금도 남지 않을 때까지 끊임없이 한 걸음, 한 걸음 나아가야 할 것입니다. 내가 나를 사랑하지 못하는 것보다 더 큰 불행은 없습니다. 이것은 모든 불행의 근원입니다. 내가 나를 사랑하지 못하는 것보다 더 큰 배척과 학대는 없습니다. 자신을 사랑하는지 않는 것은 평생 자신을 배척하고 학대하면서 사는 것과 같습니다.

"자신이 가치 있는 존재라는 느낌 곧 '나는 귀한 사람이야'라는 것은 정신건강의 본질이며 자기 훈련의 바탕이 된다. 왜냐하면 사람은 자신이 귀하다고 생각할 때 필요한 모든 것을 동원해 스스로를 돌보기 때문이다. 자기 훈련은 자기를 돌보는 것이다." M. 스콧 펙의 이 말처럼 자기 수용과 자기 사랑은 자기를 가치 있는 존재로 만들고 모든 것을 동원해 잘 돌보는 훈련과 같을 것입니다.

우리는 누구나 조건 없는 수용과 사랑 속에 있을 때 가장 깊은 평안을 얻을 것입니다. 그것은 내면의 모든 분열이 사라진 상태이자, 진정한 자신을 만난 상태이며, 행복의 근원에 도달한 상태일 테니까요!

Checker 11 | 마음 선순환 명상

손바닥을 펴 무릎에 올려놓고 눈을 감습니다. 나와 내가 있는 공간 사이를 왼쪽부터 느껴봅니다. 나와 내가 있는 방의 왼쪽 벽 사이엔 빈 공간이 있습니다. 이 빈 공간을 느끼고 음미해 봅니다.(5초 내외) 그다음은 오른쪽 벽과 나 사이의 빈 공간을 느끼고 음미해 봅니다. 그다음은 내 뒤쪽 벽과 나 사이의 빈 공간을 느끼고 음미해 봅니다. 그다음은 내 앞쪽 벽과 나 사이의 빈 공간을 느끼고 음미해 봅니다. 그다음은 내 머리 위쪽 천정과 나 사이의 빈 공간은 느끼고 음미해 봅니다.

자신의 자각이 빈 공간으로까지 확대되는 것을 느낄 수 있는가? 빈 공간을 '느낄' 수 있는가? 빈 공간을 '맛보고 냄새 맡을' 수 있는가? 아니면 침묵의 소리를 '들을' 수 있는가? 마음속의 빈 공간과 침묵을 경험할 수 있는가? 지금 여기의 무한함을 느껴볼 수 있는가?
-레스 페미, 『오픈포커스 브레인』에서

텅 빈 공간을 상상하기만 해도 마음의 초점은 '텅 빔'에 맞춰지게 됩니다. 그래서 이렇게 내 왼쪽과 오른쪽과 앞쪽과 뒤쪽과 위쪽의 텅 빈 공간을 순서대로 떠올리며 텅 빈 공간을 느끼고 음미하게 되면 오픈 포커스가 되어 마음이 이완됩니다. 그런 다음 내 몸 안에도 이미 그런 '텅 빈 공간'이 있음을 떠올리고 음미해 봅니다. 혹은 내 몸속이 허공처럼 텅 비어있다고 상상하거나, 내 몸과 마음이 다 사라지고 텅 빈 허공만 남았다고 상상합니다. 이렇게 내 안과 밖의 텅 빈 공간(텅빈마음)을 느끼면서 다음의 '선순환 만트라'를 반복해서 외웁니다.

- 나는 늘 모든 마음을 받아들이고, 모든 마음은 늘 나를 받아들인다.
- 나는 늘 모든 마음을 받아들임으로써 완전히 치유되고 완전히 깨어난다.

모든 고통과 심리 증상은 '마음의 악순환'이 반복되기 때문에 발생하는 것입니다. 고로 치유를 위해선 반드시 마음을 선순환 상태로 바꿔주어야 합니다. '그 무엇이든 부정하면 나 또한 부정당합니다.' 이것이 악순환의 법칙입니다. '그 무엇이든 사랑하면 나 또한 사랑받는다.' 이것이 선순환의 법칙입니다. 부정하는 마음은 내 안에 있습니다. 그래서 그 무엇을 부정하든 그 부정의 에너지를 제일 먼저 내가 다 받을 수밖에 없습니다. 마찬가지로 그 무엇을 사랑하든 그 사랑의 에너지를 제일 먼저 내가 다 받을 수밖에 없습니다. 이것이 악순환 법칙과 선순환의 법칙이 늘 한 치의 오차도 없이 발생하는 이유입니다.

실수하거나 어떤 목표를 이루는 데 실패할 때마다 스스로에게 '내 가치는 내가 무엇을 이루느냐에 좌우되는 것이 아니다'라고 그리고 '나는 타고난 가치와 소중함을 가진 존재'라는 것을 일깨워주자.

　심리치유 차원에서 보자면 '부정하는 것 중에서도 가장 위험한 것'은 내가 '나를 부정하거나, 내 삶을 부정하거나, 내 마음(감정)을 부정하는 것'입니다. 내가 나를 부정하면 나는 아무런 삶의 빛도 얻을 수가 없게 됩니다. 이는 마치 내 마음에 먹물을 쏟아붓는 것과 같아서 내면을 어둠으로 가득 채우게 만드는 일과 같습니다. 그래서 내가 나를 부정하는 것, 내가 내 마음(감정)을 부정하는 것은 가장 위험합니다.

　내가 내 마음을 부정하면 내 마음도 나를 부정합니다. 내가 내 마음을 부정하는 즉시 내 마음으로부터 나 또한 부정당하게 됩니다. 그래서 치유가 되려면 이와 정반대로 해야 합니다. 내가 내 마음을 수용하면 내 마음도 나를 수용합니다. 이것이 마음의 선순환입니다. 마음의 선순환은 내면의 모든 부조화를 제거하는 장치(시스템)와 같기에, 마음의 선순환이 일어나면 어떤 증상이든 좋아질 수밖에 없습니다.

　행복한 삶을 위해선 행복한 관계가 필수적입니다. 허나 무엇보다 중요한 것은 '나'와 '내 내면'과의 관계일 것입니다. 예를 들어 자기 마음을 이해하지 못하는 사람은 이해받지 못하는 마음으로 늘 자신을 만나야 할 것입니다. 자신을 미워하는 사람은 맘에 안 드는 불편한 자신과 늘 함께 있어야 할 것입니다. 마찬가지로 자신을 용서하지 못하는 사람은 스스로 계속 자신에게 벌을 주며 불행을 그림자를 끌어당기게 될 것입니다.

　치유 차원에 보자면, 내가 내 마음을 수용할 때만 내 마음도 나를 수용합니다. 내가 내면아이를 껴안을 때 내면아이도 나를 껴안습니다. 내가 나를 용서할 때 나도 나 자신으로부터 용서를 받게 되고, 내가 나를 사랑할 때 나도 나로부터 사랑받게 됩니다. 오직 내가 나를 있는 그대로 사랑할 때만, 나는 나 자신에게 있는 그대로 사랑받는 사람이 됩니다.

　그래서 나와 내면과의 관계엔 반드시 선순환이 필요한 것이며, 이는 모든 치유의 출발점이라 할 수 있습니다. 아울러 안과 밖이 거울처럼 연결되어 있는 영적 법칙에 따라, 이것은 모든 인간관계에 그대로 이어지게 될 것입니다. 결국 모든 해답은 내가 내 마음과 맺는 관계 속에 있는 것입니다.

　　빛이 강할수록 그림자도 진하고 빛을 받는 면적이 클수록 그림자의 크기도 커질 수밖에 없습니다. 우리가 사는 이 이원성의 세상에서는 빛만을 취할 수는 없으며 빛을 받는 만큼 그에 따르는 그림자도 같이 껴안아야 합니다. 빛이 나의 세상이면 그림자도 나의 세상인 것입니다.

　　-진세희, 『지금 이 순간, 여기, 내 안』에서

　이 두 가지 치유확언은 짧은 시간에 마음의 선순환을 만들어내는 만트라입니다. 저항을 제로로 만드는 '조건 없는 수용과 사랑'과 '선순환의 법칙'이 이 만트라 속에 담겨 있습니다. 명상의 이완 상태에서 이 만트라를 계속 반복하게 되면 선순환의 법칙을 따라 많은 치유와 무의식 정화가 저절로 일어나게 될 것입니다. 건강하고 행복한 삶을 위해 우리는 늘 이런 마음 상태로 살아가야 합니다. 그래서 명상 시간 외에 일상에서도 이 만트라를 자주 하시는 것을 권해드립니다. 그러면 선순환의 속도는 점점 더 빨라지게 될 것입니다.

감사 만트라 명상

버전①: 치유와 좋은 관계를 위한 감사 만트라

감사의 치유 효과는 이미 수많은 책들을 통해 널리 알려져 있습니다. 감사는 기쁨의 마음이자, 수용의 마음이며, 이미 받은 것에 대한 풍요의 마음입니다. 그래서 감사하면 할수록 내면이 더 밝아지고 따뜻해집니다. '감사하기'가 치유를 효과를 발휘하는 것은 이 때문입니다.

지금 베풀어져 있는 행복이나 공급의 가지가지를 일일이 이름을 들어서 그 하나하나에 감사해 보라. 얼마나 많은 은혜를 우리들은 이미 받고 있었던가를 깨닫고 놀랄 것이다. 그리고 자연히 감사의 마음이 솟아날 것이다. 햇빛, 공기, 물, 의복, 집, 음식물…… 다시 상세하게 주위를 살펴보면 자기가 만들지 않았는데도 헤아릴 수 없이 많은 것들이 우리들에게 베풀어져 있는 것이다.

다시, 명상(실상관) 중에서만 아니라 틈 있는 대로 언제든지 마음으로 '감사합니다'를 외치며 주위의 '사람들'과 '일'과 '사물'에 감사의 말을 매일 1만 번 말하는 것에 의해 중풍이 사라지고, 굽어진 관절이 펴지고, 소경이 눈을 뜨고, 귀머거리가 듣게 된 사례조차도 있는 것이다. 감사함이여, 감사는 공덕의 샘일진저.

-곡구아춘(다니구찌 마사하루), 『여의자재의 생활 365장』에서

세상엔 많은 감사확언이 알려져 있는데, 심리치유를 위해선 상대적으로 더 좋은 감사확언이 있을 것입니다. 감사하기를 '공감과 이해와 인정과 수용과 용서와 사랑'과 같은 치유의 핵심관건이 되는 심리기제에 초점을 맞추면 더 치유효과가 좋은 '감사 만트라'가 됩니다.

- 이해하고 이해받을 수 있음에 감사합니다. 이해하고 이해받는 모든 순간들에 감사합니다.
- 공감하고 공감받을 수 있음에 감사합니다. 공감하고 공감받는 모든 순간들에 감사합니다.
- 인정하고 인정받을 수 있음에 감사합니다. 인정하고 인정받는 모든 순간들에 감사합니다.
- 수용하고 수용받을 수 있음에 감사합니다. 수용하고 수용받는 모든 순간들에 감사합니다.
- 신뢰하고 신뢰받을 수 있음에 감사합니다. 신뢰하고 신뢰받는 모든 순간들에 감사합니다.
- 용서하고 용서받을 수 있음에 감사합니다. 용서하고 용서받는 모든 순간들에 감사합니다.
- 존중하고 존중받을 수 있음에 감사합니다. 존중하고 존중받는 모든 순간들에 감사합니다.

· 배려하고 배려받을 수 있음에 감사합니다. 배려하고 배려받는 모든 순간들에
　감사합니다.

· 사랑하고 사랑받을 수 있음에 감사합니다. 사랑하고 사랑받는 모든 순간들에
　감사합니다.

· 축복하고 축복받을 수 있음에 감사합니다. 축복하고 축복받는 모든 순간들에
　감사합니다.

　이 열 가지 만트라들 속엔 공통적으로 '주고/받는' 교차수용기법이 담겨있습니다. 마음을 주고받는 감사의 대상이 배우자일 수도 있고, 부모님이나 자식일 수도 있고, 친구나 지인일 수도 있습니다. 혹은 특정인이 아니라 다수의 만인을 전제로 해도 됩니다. 혹은 그 대상이 타인이 아니라 나의 내면아이이거나 자기 안의 특정한 자아일 수도 있습니다. 이것은 세션에 따라 자유롭게 선택할 수 있는 문제입니다.

　자신의 내면아이부터 모든 타인에 이르기까지, 마음을 주고받는 대상을 다양하게 선택할 수 있기 때문에 다각도로 관계치유의 측면에서 활용할 수 있습니다. 특정 대상이 있을 때는 그 사람이 내 앞에 있다고 상상하시면 되고, 특정 대상이 없을 때는 그냥 감사한 순간들을 상상하면서 하면 됩니다.

잠재의식은 습관적으로 하는 생각을 재현하는 녹음기다.
타인을 긍정적으로 생각하는 것은
자신을 긍정적으로 생각하는 것과 같다.

-조셉 머피

'공감하고 공감받는 것, 이해하고 이해받는 것, 인정하고 인정받는 것, 수용하고 수용받는 것, 용서하고 용서받는 것, 사랑하고 사랑받는 것'은 모두 마음의 선순환을 만드는 가장 좋은 길일뿐 아니라 관계의 선순환을 만드는 핵심요소입니다. '마음의 선순환'과 '관계의 선순환' 없이 행복한 삶을 살 수는 없기 때문에, 이는 치유를 위해 절대적으로 중요한 것이라 할 수 있습니다.

심리적 건강은 마음의 선순환으로부터 비롯됩니다. 모든 증상은 마음의 선순환이 부재할 때 발생하는 것이므로, 심리적 선순환이 이루어지면 어떤 증상이든 좋아질 수밖에 없습니다. 치유란 나와 내 마음과의 관계가 좋아지는 것입니다. 아울러 이는 모든 인간관계에도 그대로 적용됩니다. 사람과 사람 사이의 '관계'가 좋아지려면 그 속엔 반드시 마음의 선순환이 존재해야 합니다. 이는 좋은 관계 맺기의 절대적 공식과도 같습니다.

내 안에 있는 것이 내 밖에서도 잘 보이기 마련이다. 더 심각하며 주목해야 할 사실은 따로 있다. 타인에게서 찾아낸 단점은 발견과 동시에 내 안에서도 덩치를 키우고 견고해지며 공고해진다는 점이다. 타인에게서 무엇을 보든 그것은 내게로 와 나의 일부가 된다. 타인을 본다는 것은 자기 자신을 보는 것이며, 타인을 판단하는 대로 내가 규정된다. 상대방에 대한 정의는 곧 나 자신에 대한 정의다. 타인을 긍정할 때 나도 긍정되며, 타인을 부정할 때 나 또한 부정되고 있음을 알라.

-법상, 『눈부신 오늘』에서

요컨대 이해하고 이해받는 마음에, 사랑하고 사랑받는 마음에 '감사하기'가 더해지면 이런 주고/받음의 선순환과 정화작용이 더 강해집니다. 즉 선순환 에너지에 감사 에너지가 결합되고 더해지는 것입니다. 이런 마음으로 살아가는 사람은 치유될 수밖에 없고, 밝아질 수밖에 없고, 좋아질 수밖에 없습니다. 이 열 가지 '감사 만트라들'이 치유를 위한 아주 좋은 방편이 될 수 있는 것은 이 때문입니다. 이는 꺼져 있던 내면의 심지에 환히 불을 밝혀 줄 것입니다. 그렇게 내면이 밝아지면 삶 또한 밝아질 것은 자명한 일입니다.

내 몸 전체를 밝은 빛 에너지가 감싸고 있다고 상상한 다음 가슴에 두 손을 모두고 가슴의 온기를 느끼면서 만트라를 외우는 것이 가장 좋지만, 마음만 진심으로 낼 수 있다면 언제 어디서든 마음속으로 암송만 해도 상관없습니다. 한 가지 만트라를 5~10회 정도씩 반복해 보시길 권해드립니다.(편안한 배경음과 함께 만트라를 녹음해서 듣는 것도 좋은 방법이 될 것입니다.) 만트라를 반복하면서 가슴에서 느껴지는 감정들을 온전히 느껴보시기 바랍니다. 그러면 이 감사 만트라들이 가슴을 따뜻이 녹여주는 좋은 치유 에너지가 되어줄 것입니다. 감사하기는 곧 삶을 밝히는 기도와 같을 것이므로!

버전②: 풍요와 행복을 위한 감사 만트라

건강과 행복과 번영과 풍요와 성공을 얻고자 하는 것은 일반사람이라면 누구나 가지고 있는 소망의 기본형일 것입니다. 다소의 차이는 있을 것이나 세상에 불행한 사람들은 대부분 이것들을 가지고 있지 않거나 이와 멀어져 있습니다. 저는 세상으로부터 소외돼 불행하거나 경제적으로 어려운 내담자들을 숱하게 보면서, 경제적 자립과 자기계발 또한 심리치유의 아주 중요한 부분임을 여러 번 절감했습니다.[3] 세상 모든 사람들에겐 삶을 살아가기 위한 기본적인 풍요가 필수적으로 필요할 것입니다. 아울러 자신의 꿈과 소망과 목표를 이룰 수 있는 지혜 또한 절대적으로 필요할 것입니다. 삶의 터전이 없거나 실패가 반복되어 좌절감과 무력감이 계속 반복되면 그 누구도 건강하고 행복한 삶을 살아갈 수 없을 테니까요! '감사하기'가 이런 문제를 다 해결해주지는 않을 테지만, 삶의 기본적인 풍요와 번영과 행복과 성공을 위해 감사하기는 반드시 필요한 한 가지 핵심 지혜 혹은 핵심 에너지는 될 것입니다.

가토오라는 일본 최초의 여성 국회의원이 이었습니다. 그분은 100세를 넘길 때까지 50대의 아름다움과 젊음을 유지하면서 건강하게 살았답니다. 그래서 신문기자들이 인터뷰 중에 도대체 그 비결이 무엇인지를 물었더니 "하루에 열 번씩 감동하면서 사는 것"이라고 대답했습니다. 아침에 눈을 뜨면 자신이 살아 있다는 것에 감격했다고 합니다. 그리고 아침 햇살을 마주하며 감동하고, 또 사람과의 만남에서 감동하고, 그렇게 하루 열 번 이상 감동하면서 자기를 사랑한 것입니다. 이처럼 내가 이렇게 존재하는 것에 만족하며 감사하는 것, 이것이 중요합니다.

-권도갑, 『우리시대의 마음공부』에서

행복한 사람들은 대체로 '불평불만의 마음'보다 '감사의 마음'을 더 많이 가진

---

3) 경제적 자립능력이 없는 사람은 생명 유지의 차원에서 삶 자체를 살아갈 수 없으며, 부모님이나 다른 사람의 도움을 계속해서 구해야만 합니다. 이런 사람은 예외 없이 자존감과 자신감이 바닥 수준일 수밖에 없습니다. 그러한 경제적 무능 속에는 두려움, 무력감, 좌절감, 열등감 등 수많은 심리적 문제들이 내재되어 있습니다. 이를 치유한다는 것은 경제적 활동이 가능할 정도의 심리상태를 만들어주는 것임을 의미합니다. 고로 심리치유엔 경제적 독립과 자기계발을 통한 생존력 향상이 필수일 수밖에 없습니다.

사람들입니다. 그들은 부정적인 면보다 긍정적인 면에 더 집중할 줄 아는 사람들입니다. 반면 불행한 사람들은 대체로 그 반대일 때가 많습니다. 그렇다면 감사해서 행복해진 것일까요, 행복해서 감사한 마음을 가지게 된 것일까요?

닐 도날드 월쉬의 『신과 나눈 이야기』엔 이런 구절이 있습니다. "그러므로 올바른 기도는 간청의 기도가 아니라 감사의 기도다. 너희가 현실에서 체험키로 선택한 것에 대해 미리 신에게 감사할 때, 사실상 너희는 그것이…… 실제로 있음을 인정하는 셈이다. 따라서 감사는 신에게 보내는 가장 강력한 진술, 너희가 청하기도 전에 내가 먼저 대답해 주는, 하나의 확약이다. 그러므로 결코 간청하지 마라. 감사하라."

감사 전문가들은 다들 '감사하면 감사한 일이 더 많이 생긴다'고 하는데 그건 왜 그럴까요? 감사가 풍요를 끌어당기는 자석이 되는 이유는 무엇일까요? 감사하는 마음은 빈곤의 의식이 아니라 긍정 속에 있는 풍요의 의식입니다. 못 받아서 슬프고 속상한 마음이 아니라 '이미 받아서 기쁜 마음'입니다. 그래서 감사하면 할수록 긍정과 풍요의식은 점점 더 커지게 됩니다. 감사함에 기반한 풍요의식은 내면을 밝게 하고, 삶을 밝게 만들어주는 커다란 빛과 같습니다.

· 내가 누리는 모든 것과 내가 누릴 모든 것에 감사합니다.

· 내가 받은 모든 것과 내가 받을 모든 것에 감사합니다.

· 내가 가진 모든 것과 내가 가질 모든 것에 감사합니다.

· 내가 이룬 모든 것과 내가 이룰 모든 것에 감사합니다.

· 매 순간 감사하고, 기꺼이(기쁘게) 감사하고, 있는 그대로 감사합니다.

세상엔 수많은 감사확언이 있으니 그것은 풍요와 번영과 행복과 성공에 나름 다 도움이 될 것입니다. 다만 이 확언들은 제가 찾은 가장 효과가 좋은 최고의 '감사 만트라'라고 할 수 있습니다. 이 만트라들은 내가 '이미 누리고 있는 것, 이미 받은 것, 이미 가진 것, 이미 이룬 것'에 집중하게 만들어줍니다. 아울러 그것을 전제로 내가 '앞으로 누리게 될 것, 앞으로 받게 될 것, 앞으로 가지게 될 것, 앞으로 이루게 될 것'에 집중하게 만들어 줍니다. 즉 이 확언들은 감사의 마음, 감사의 자장 속에서 나의 과거와 현재와 미래를 끌어안게 만들어줍니다.

내가 '이미 누리고 있는 것, 이미 받은 것, 이미 가진 것, 이미 이룬 것'은, 앞으로 내가 '누릴 것, 받을 것, 가질 것, 이룰 것'에 대한 믿음의 근거가 되어 줍니다. 그래서 앞으로 일어날 좋은 일들에 긍정과 믿음을 가질 수 있도록 도와줍니다. 그래서 마음의 초점을 명확하게 만들어주며, 감사하기를 더 쉽게 할 수 있도록 만들어줍니다. 현실을 수용하고 미래 지향적인 방향으로 마음을 움직이게 만들어주기에 내면을 밝게 만들어주고, 자신감과 성취감과 용기를 심어줍니다.

때문에 자신의 소망과 비전을 생각하며, 이 다섯 확언들을 각 1분씩 매일 아침/저녁으로 5분 정도만 반복해서 외워도 이런 효과를 충분히 얻을 수 있을 것이며, 만약 수시로 자주 더 많이 외우게 된다면 더 많은 효과를 얻게 될 것입니다. 감사함의 에너지에 잠시 접속하는 것과 하루 종일 접속하는 것은 결코 그 에너지 수준이 같지 않을 테니까요!(저는 위의 다섯 문장을 10회씩 읽은 5분 정도의 녹음파일을 반복해서 자주 듣습니다. 이 방법도 권해드리고 싶습니다.)

감사 명상 중엔 앞서 본 '빛 채움 명상법'처럼 '축복의 빛에너지'가 하늘에서 폭포수처럼 나에게로 쏟아져 내린다고 상상하면서 하시길 권해드립니다. 이렇게 '축복받은 심상화'를 하게 되면 감사할 것이 바로 생겨나게 되어 감사의 마음을 내기가 더 쉬워지고 심상화에 의한 에너지 또한 더 강화됩니다.(자신을 기분 좋게 만드는 시각화라면 어떤 방법이든 다 도움이 될 것입니다.) 만약 늘 이런 마음으로 살아간다면 매사 삶을 더 깊이 껴안게 될 것이니, 이는 마음을 경건케 하고 내면과 삶을 동시에 밝히는 축복의식과 같을 것입니다.

감사의 마음이 하늘에까지 미친다면
그게 바로 가장 완벽한 기도이다.

-G. E. 레싱

감사만트라 명상을 잘하기 위해선 반드시 잠재의식의 법칙을 알아둘 필요가 있습니다. 우리의 현재의식이 무엇에 대해 '감사하다'고 생각하면, 또 이것이 지속되고 반복된다면 잠재의식은 이를 중요시 여겨 이를 받아들일 뿐 아니라 '감사할 일'이 있다고 여깁니다. 잠재의식은 입력된 대로, 믿은 대로 출력하는 속성을 가지고 있기에, 이 내용이 새겨지면 잠재의식은 의식이 명령하는 대로 '감사할 일'을 계속 끌어당기게 됩니다. 아울러 매사 감사하면 할수록 '나는 감사할 게 많은 사람이다'로 자아상의 신념 또한 변화하게 됩니다. 자아의 신념과 정체성(자아상)이 그렇게 바뀌면 현실 또한 그렇게 될 수밖에 없습니다.

그런데 이러한 우리의 잠재의식은 '감정'이나 '느낌'에 잘 반응합니다. 그래서 감사할 때 기쁜 감정이나 즐거운 마음을 많이 느끼는 것이 잠재의식에 훨씬 더 많은 영향을 주게 됩니다. 맛없는 음식을 억지로 먹는 것과 맛있는 음식을 즐겁게 먹는 것의 '느낌'이 전혀 다른 것처럼, '진심으로 하는 감사'와 '억지로 하는 감사'는 효과 면에서 전혀 다른 것이라 할 수 있습니다.

감사하는 마음은
가장 위대한 미덕일 뿐 아니라
다른 모든 미덕의 근원이 된다.

-키케로

그래서 평소에 아주 작은 것 하나라도 진심으로 감사하는 습관을 들이는 것이 좋습니다. 안 굶고 세끼 식사를 할 수 있음에 감사할 수도 있고, 기다리던 버스가 빨리 온 것에 감사할 수도 있고, 공기 맑은 숲속에서 산책할 수 있음에 감사할 수도 있고, 좋은 책을 읽을 수 있음에 감사할 수도 있고, 만날 수 있는 친구가 있음에 감사할 수도 있고, 부모님이 살아계심에 감사할 수도 있고, 별 탈 없이 하루를 잘 보낼 수 있었음에 감사할 수도 있습니다.

마찬가지로 내가 이미 누리고 있는 것, 이미 받은 것, 이미 가진 것, 이미 이룬 것에 감사하듯 똑같이 '내가 앞으로 누리게 될 것, 받게 될 것, 가지게 될 것, 이루게 될 것'에 미리 기쁜 마음으로 감사함을 가져보는 것도 '감사한 느낌'을 가질 수 있게 하는 좋은 동력이 됩니다. 기쁨의 상상 속에서 '미리 감사하기'는 어떤 상황에서든 할 수 있을 뿐 아니라, 그 어떤 제약도 없기에 지속적으로 마음에 밝은 에너지를 심어줄 것입니다.

무엇이든 당신의 인생에서 경험하고 싶은 것을 생각해 보라. 자기 자신이나 다른 사람의 병이 치유되는 것도 좋고, 가족이 풍족해지는 것도 좋고, 일생을 함께할 완벽한 사람을 찾는 것도 좋다. 무엇이 되었든 그 일이 이루어지기를 요청하지 말고, 이미 일어난 일인 것처럼 느껴보라. (…) 자, 이제는 기도가 응답을 받앉을 때 달라지는 당신의 인생에 감사하는 마음을 품어보자. 도움을 요청할 때 느끼는 간절함과 목마름이 아니라, 감사하는 마음에서 비롯되는 편안함과 해방 감을 맛보는 것이다!

-그렉 브레이든, 『잃어버린 기도의 비밀에서』에서

'감사한 것' 혹은 '감사할 것'에 대한 목록을 10가지에서 100가지 정도 적어보는 것도 감사에 집중할 수 있는 좋은 방법이 됩니다. 감사한 것들(감사할 것들)을 글로 적어보면 내용이 더 구체화되고 명료해집니다. 매일 쓰는 감사메모나 감사일기도 이와 비슷한 방법이겠지요. "삶이 풍성하고 부유하고 행복해지려면 매일 아침, 저녁, 혹은 수시로 감사 메모하라." 『기적을 만드는 감사메모』의 저자 엄남미 님은 감사메모를 통해 좋은 일이 많이 생겼다고 합니다. 비단 이분뿐 아니라 이와 비슷한 경험은 한 사람은 아주 많이 존재합니다. 감사와 관련된 수많은 책들과 그 책들을 읽고 실행한 다수의 경험자들이 이를 증명하고 있습니다.

모든 물질은 에너지이고 파장이어서, 어떻게 보느냐에 따라서 파동이 달라진다. 감사로 보면 감사의 파장이 나와 공간을 채울 것이고, 불평과 불만으로 가득 찬 마음으로 보면 주변의 에너지장이 부정적으로 변한다. 송전탑에서 전기가 공급되는 것처럼, 우리 몸에도 전기가 흐르고 있다. 감사의 전기를 몸에서 흐르게 하면 내 주변이 전부 송전탑으로 통신이 되어 감사할 일들이 많아진다.

-엄남미, 『기적을 만드는 감사메모』에서

감사의 맑은 눈으로 보면 세상에 감사할 것은 끝도 한도 없이 많습니다. 이는 오직 마음가짐의 문제이자 선택과 집중의 문제일 것입니다. 감사의 마음은 수용의 마음이요 긍정의 마음이기에, 감사하면 할수록 마음이 밝아지고 건강해질 수밖에 없습니다. 그렇게 내면이 밝아지고 마음의 눈이 밝아지면 삶 또한 밝아질 것이고, 축적된 감사의 에너지를 따라 좋은 일들이 더 많이 끌어당겨질 것입니다. 고로 '감사하기'는 먼 인생길을 걸어가는데 반드시 지참해야 할 마음의 등불 같은 것이 아닐까 합니다.

"좋은 게 끌어당겨졌다면 내 삶이 더 풍성해짐에 감사하고, 나쁜 게 끌어당겨졌다면 내 안을 들여다보고 바꿀 수 있는 순간이 왔음에 감사하라!" 이 문장은 제 내담자께서 이 감사명상을 배운 후에 느낀 바가 있어 제게 보내주신 문자입니다. 나쁜 일에 생겼을 때 감사하기는 결코 쉽지 않은 일이지만 고통에 감사할 수 있는 사람은 그 고통에서 가장 빨리 벗어나게 될 것입니다.

나는 삶을 찬미하는 사람이 되라고 가르친다. '지금 여기'만으로도 충분하다. 꽃이 피어나고 새들이 노래한다. 하늘에 태양이 빛나고 있다. 이것을 즐겨라! 그대는 살아서 숨 쉬고 있으며 의식을 갖고 있다. 이것을 찬미하라! 이때 돌연 휴식이 찾아온다. 긴장과 번뇌가 사라진다. 번뇌를 일으키던 에너지가 감사함으로 바뀐다. 그대의 가슴 전체가 감사함으로 고동친다. 이것이 기도다. 깊은 감사함으로 고동치는 것, 이것이 기도의 전부다.

-오쇼, 『탄트라, 더없는 깨달음』에서

감사함은 수용의 상태에 기쁨이 더해진 감정입니다. 이는 감사하면 할수록 내면에 수용과 기쁨이 더 늘어남을 의미합니다. 감사하면 할수록 치유뿐 아니라 삶의 모든 면에서 좋은 것은 이 때문입니다. 모든 것에 감사하는 마음은 모든 것을 수용하고 긍정하는 마음과 같은 것입니다!

"감사와 긍정 정서는 역경을 극복하는 회복력의 자양분이자 전제조건이다. 진정으로 평화로워질 수 있는 유일한 길은 지금 일어나는 일에 감사하며 지금에 사는 것이다. 평화롭지 못할 때조차 감사에 집중하면 모든 문제가 사라진다." 엄남미 님의 이런 말은 과장된 말이 아니라, 감사효과의 본질을 정확히 지적한 말이라 할 수 있습니다.

"나는 어떤 상황에 놓인다고 해도 여전히 즐겁고, 감사하며 행복하게 살기로 했다. 행복이나 불행은 많은 부분 우리가 처한 상황이 아니라 마음가짐에 달려있다." 조지 워싱턴의 아내 마사 워싱턴이 한 이 말처럼, 감사는 상황이 아니라 마음가짐의 문제일 것입니다. 결국 우리의 인생을 좌우하는 것은 상황이 아니라 '자신이 선택한 마음가짐'에 있을 것입니다.

· 감사하는 마음은 운동처럼 백신이며, 항암제이며, 해독제이자 항균제이다.
-존 헨리 조엣

· 감사하는 마음은 다른 사람을 위해서가 아니라 자신에게 평화를 가져다주는 행위이다. 그것은 벽에다 공을 치는 것처럼 언제나 자신에게 돌아온다. -이어령

· 웃거나 긍정적인 생각과 사랑을 할 때 뇌 속에는 알파파와 엔도르핀이 동시에 분비된다. 알파파는 건강, 활력, 여유, 웃음을 준다. 웃음과 감사는 장수의 묘약이다. -엄남미

'조건 없는 사랑'과 '조건 없는 행복'과 '조건 없는 감사' 이 세 가지는 전부 같은 맥락 속에 있는 것입니다. '조건 없는 사랑'이 에고를 넘어선 참나의 영역이듯이, '조건 없는 행복'과 '조건 없는 감사'도 에고의식을 넘어선 참나 수준의 의식이자 마음 상태라고 할 수 있습니다.

조건 없는 수용과 사랑이 치유의 궁극이자 내 신성과 참나의 본질적 속성이듯이, '매 순간 있는 그대로 감사할 수 있는 마음'은 에고의 집착과 저항에서 벗어난 참나의 마음이자 깨어난 신성의 의식일 것입니다. 때문에 '매 순간 있는 그대로 감사할 수 있는 마음'을 가지는 것은 치유는 물론이고, 영적 각성을 위해도 좋은 방법이 될 것입니다. 그 속엔 조건 없는 받아들임의 평온과 있는 그대로의 완전함에 대한 통찰이 함께 깃들어 있을 테니까요!

사람들이 이유 없이 감사하며

마음을 차분히 하고,

하루 20분 명상하면 모두 다 행복해질 수 있다.

-마티유 리카르

조건 없이 감사할 수 있는 사람만이 조건 없이 행복할 수 있는 사람입니다. 그러므로 조건 없이 행한 사람이 되려면 "매 순간 감사하고, 기쁘고 감사하고, 있는 그대로 감사합니다!" 이런 감사의 마음이 우리의 영혼에 끊임없이 메아리치게 해야 할 것입니다. 이런 마음이 내면에 가득 채워지면 삶에 반드시 좋은 변화가 생겨나게 될 것입니다. 이는 자신을 비워 스스로를 겸허하게 하는 일이요, 좋은 일을 끌어당기는 스스로에게 주는 축원과 같을 것이니, 늘 깨어서 익히고 또 숙련해야 할 것입니다. 우리의 마음이 감사의 자장 속에서 온전히 평온해질 때까지, 그런 마음으로 우리 영혼이 완전히 깨어날 때까지! 조건 없는 감사 속에 늘 자연스레 조건 없는 행복이 그림자처럼 따라올 때까지!

좋은 느낌 명상(미소 명상)

눈을 감고 무릎이나 허벅지 위에 양손을 올려놓습니다. 손바닥 위엔 배구공만
한 빛에너지가 있다고 상상합니다. 숨을 쉴 때마다 나를 치유하는 아주 강력한 빛
에너지가 호흡을 따라 들어와 내 안을 가득 채워준다고 상상합니다. 얼굴엔 밝은
미소를 지으며 호흡에 따라 마음속으로 만트라를 반복합니다. 이 명상에선 미소가
앵커링(조건반사 스위치) 역할을 하게 됩니다. 그래서 반드시 반가사유상처럼 은근하
고 은은한 미소를 지으면서 하는 것이 좋습니다.

들숨: 기분 좋은 느낌(기분 좋은 미소)
날숨: 기분 좋은 평화(기분 좋은 자유)

눈을 감고 얼굴에 확실하게 미소를 지은 상태에서 편안히 호흡하면서 마음속으
로 들숨과 날숨에 맞춰 "기분 좋은 느낌/기분 좋은 평화"를 반복해 주시면 됩니다.
방법이 이처럼 너무 쉽고 단순합니다. 즐거운 상상을 하거나 기분 좋은 이미지를
떠올리면서 하셔도 됩니다. 표정은 마음과 연결되어 있습니다. 그래서 표정은 밝아

지면 뇌도 마음도 따라 움직일 수밖에 없습니다.

평화 운동가이자 명상 강사인 틱낫한은 우리에게 미소의 힘을 상기시킨다. 그는 명상할 때뿐만 아니라 일상을 영위할 때도 입가에 잔잔한 미소를 지으라고 권한다. 미소의 유익한 이점은 과학적으로 입증되었는데, 미소를 지으면 투쟁-도피-경직 반응을 완화해도 안전하다는 생화학적 메시지가 신경계에 전달된다.

-샤우나 샤피로, 『마음챙김』에서

이렇게 호흡에 맞춰 명상을 하게 되면, 미소 짓는 얼굴 근육과 만트라가 서로 연결되어 뇌(무의식)를 변화시킵니다. 이렇게 특정 자극을 반복해서 연결시키면 뇌는 조건반사를 만들어내게 됩니다. 즉 미소 지을 때마다 혹은 만트라를 반복할 때마다, 마음이 더 편안해지는 현상이 일어나게 되는 것입니다. 이 만트라처럼 행복한 미소를 지으며 기분 좋은 느낌과 평화 속에서 살아갈 수 있다면 그보다 복된 삶도 없을 것입니다.

**마음껏 웃는 순수한 웃음은
모든 분리의 감각을 녹여 없앤다.
웃음은 진동하는 오르가즘이다.**

-마이클 브라운

시간은 1, 2분을 해도 되고, 5분 10분을 해도 되고, 30분이나 1시간을 해도 됩니다. 마음 가는 대로 자유롭게 하시면 되는데, 이 명상법은 특히 짧게 여러 번 자주

하는 것을 권해드립니다. 1분씩 10번을 할 수도 있고 2~5분씩 여러 번을 할 수도 있을 것입니다. 예컨대 좋은 느낌 명상(미소 명상)을 하루에 '20초씩' 30번 하면 고작 10분밖에 안 걸립니다. 고작 10분이지만 이것을 실천한다면 삶에 많은 변화가 생겨날 것입니다. 가장 중요한 점은 미소가 습관이 되도록 조금씩이라도 매일매일 꾸준히 자주 하는 것이 아닐까 합니다.

우리는 잘 알지 못하고 있습니다.
참으로 단순한 한 가닥의 미소가 할 수 있는 그토록 큰 일에 대하여!

–마더 테레사

이 명상을 하면 뇌 기능과 자율신경계가 좋아지고, 부정적인 무의식을 정화해서 표정과 마음이 밝아지며, 행복감을 쉽게 느낄 수 있는 감수성을 계발시켜 줍니다. 미소를 지으면 부교감신경이 활성화되기 때문에 심신이 이완되고 몸에선 좋은 호르몬이 분비됩니다. 사람은 기분이 좋을 때, 마음이 편안할 때, 사랑을 보낼 때 미소를 짓습니다. 이처럼 미소는 건강하고 밝은 마음의 표상이 되는데, 미소 짓기가 이런 것을 의도적으로 끌어당길 수 있습니다.

"미소는 입 모양을 구부리는 것에 불과하지만 수많은 것을 바로 펴 주는 힘이 있다.(로버트 이안 시모어)" 운이 좋아지려면 얼굴에 동그라미가 있어야 합니다. 행복한 사람들은 예외 없이 얼굴에 미소가 있습니다. 이걸 뒤집어 이야기하면 행복한 사람이 되기 위해선 얼굴에 '미소'가 있는 사람이 되어야 한다는 뜻이 됩니다. 미소가 있는 곳에는 행복과 평화가 그림자처럼 따라다닙니다. 미소 짓는 마음은 수용과 긍정의 마음입니다. 미소 짓는 마음은 행복과 평화를 부르는 손짓이나 부적과 같을 것입니다.

'느낌'은 나를 구성하고 만들어 내는 첫 번째 마음의 요소다. 나 자신에 대해 행복한 느낌, 풍요로운 느낌, 소중한 느낌, 존중받는 느낌, 기분 좋은 느낌을 느낀다는 것은 곧바로 그 느낌들이 더 많이 만들어질 수 있도록 자기 자신을 활짝 여는 것이다. 하루에 몇 번이고 좋은 느낌, 행복한 느낌, 소중한 느낌과 풍요의 느낌을 느끼는 연습을 해보라.

바로 지금 이 순간, 이러한 느낌을 느끼고 있는지를, 허용하고 있는지를 체크해 보라. 먼저 좋은 느낌을 느끼라. 그것은 이미 내 안에 있다. 이미 있는 것을 더 진하게 많이 느끼고 누리고 만끽할 때 더 많은 누릴 것들, 느낄 것들이 창조된다.

-법상, 『내 안에 삶의 나침반이 있다』에서

미소 명상은 나 자신에 대해, 내 삶에 대해 기분 좋은 느낌을 가지게 하는 훈련입니다. '미소 짓기'는 자신의 얼굴과 마음에 동시에 동그라미를 그리는 일입니다. 이는 곧 자신과 자신의 삶에 대한 수용(긍정)과 사랑의 행위입니다. 기분 좋은 느낌이 미소를 낳듯, 미소가 기분 좋은 느낌을 낳습니다.

그래서 평소는 물론이고 명상할 때도 '고요한 느낌, 편안한 느낌, 행복한 느낌, 풍요로운 느낌, 소중한 느낌, 존중받는 느낌, 사랑받는 느낌, 감사한 느낌' 등 나를 기분 좋게 하는 모든 느낌에 집중하면서 하는 것이 좋습니다. '미소=좋은 느낌'임을 인지하고서, 밝은 빛을 내면에 끌어오듯 이런 느낌을 생생히 떠올리거나 기분 좋은 상상을 하면서 하는 것이 훨씬 더 좋습니다. 그러면 점점 더 '외면은 미소'로, '내면은 좋은 느낌'으로 채워지게 될 것입니다.

어제나 오늘이나 내일이 새로울 게 없는 판박이 삶이라면

죽은 삶입니다.

늘 새로운 날이고 새로운 경험에 즐거워하고 기뻐하는

어린아이가 되어 보세요.

-최훈동

미소 명상에 더해서 세 가지 웃음 만트라를 소개합니다.

· (나는) 웃는다, 웃는다, 더 자주 웃는다!
· (나는) 웃는다, 웃는다, 더 밝게 웃는다!
· (나는) 웃는다, 웃는다, 더 마음껏 웃는다!

웃음치료라는 것이 있지요. 인위적인 웃음도 계속 웃게 되면 뇌는 그것에 반응하여 치유효과를 일으킵니다. 의도적으로 지은 웃음도 반복되면 습관이 되어 진짜 웃음으로 전환되는 일이 발생합니다. 웃음치료로 우울증을 비롯한 여러 증상이 치유되는 사례가 많이 있는 것은 이 때문입니다. 심지어 암이 치료된 사례도 있습니다.

모든 것을 가장 훌륭하게 화합시키는 것은 바로 웃음입니다. 뱃속으로부터 나오는 진정한 웃음 말입니다. 이 세상에는 많고 많은 일이 벌어지고 있지만, 분명히 말씀드릴 수 있는 것은 아주 심각한 일 가운데서도 유머를 발견할 수 있다는 것입니다. 당신이 웃으면서 그 안에 있는 기쁨을 발견하면 할수록, 심지어는 패러독스 속에서조차 기쁨을 찾아낼 수 있다면, 당신은 과거도 미래도 없이 바로 그 순간을 사는 것이고, 이런 식으로 기쁨을 창조하게 되는 겁니다.

-자니 킹, 『가슴이 노래 부르게 하라』에서

웃음은 나를 살리는 정신적 치료제입니다. 우리는 더 자주, 더 밝게, 더 마음껏 웃을 수 있도록 노력해야 할 것입니다. 이 세 가지 확언은 더 자주, 더 잘 웃게 만들어주는 만트라입니다. 이 만트라 속에는 웃음을 끌어당기는 힘이 있습니다. 미소명상과 함께 이 '웃음 암시문'도 자주 사용해 보시기 바랍니다.

Checker 14 | 교차축원 명상

'교차축원 명상'은 불교 자애명상의 응용버전입니다. 방법은 거의 비슷한데, 기존의 방법과 한 가지 차이점이 있다면 '자아를 내 앞에 세워 마주하고 있다'고 상상하면서 하는 것입니다. 자애명상이 '내 마음이 편안해지기를! 내 고통과 괴로움이 사라지기를! 내가 행복해지기를!' 이러한 기원문을 반복하는 형식이라면, '교차축원 명상'은 너와 나의 교차축원 방식으로 이루어집니다.

· 네 마음이 편안해지기를, 내 마음도 편안해지기를!

· 네가 고통에서 벗어나기를, 나도 고통에서 벗어나기를!

· 네 아픔이 다 사라지기를, 내 아픔도 다 사라지기를!

· 네 상처가 다 치유되기를, 내 상처가 다 치유되기를!

· 네가 완전히 치유되고 좋아지기를, 나도 완전히 치유되고 좋아지기를!

· 네가 완전히 자유로워지기를, 나도 완전히 자유로워지기를!

· 네가 점점 더 잘 되기를, 나도 점점 더 잘 되기를!

· 네가 행복해지기를, 나도 행복해지기를!

· 네가 온전히 깨어나기를, 나도 온전히 깨어나기를!

앞서 본 '그래 거울공감명상'과 마찬가지로 치유가 필요한 힘들고 괴로운 자아를 앞에 세워서, 자아를 분리시킨 다음 '과거의 나와 현재의 나' 혹은 '괴로웠던 나'와 '그것을 관조하는 나'에 대한 교차축원을 해주는 방식입니다. 이때 그냥 하기보다 두 사람 모두를 큰 빛에너지가 따뜻하게 감싸주고 있다고 상상하면서 하면 더 좋습니다.

감정이 곧 기도이고 우리가 항상 감정을 가지고 있다면, 우리는 늘 기도를 하고 있는 셈이다. 모든 순간이 기도이다. 삶은 기도이다! 우리는 늘 창조의 거울에 메시지를 보내고 있다. 치유 혹은 질병의 신호, 평화 혹은 전쟁의 신호, 사랑하는 사람과의 관계를 존중하거나 파괴하는 신호를 보내고 있다. 우리가 느끼는 것, 즉 기도하는 것이 '신의 마음'에 의해 우리에게 되돌아오는 것이 바로 '인생'이다.

-그렉 브레이든, 『잃어버린 기도의 비밀』에서

이와 똑같은 방식으로 특정 사람을 세워서 교차축원 명상을 할 수도 있습니다. 부모님, 자녀, 배우자, 친구, 미운 사람 등등 어떤 사람이든 상관없습니다. 사랑과 축복과 용서를 보내주고 싶은 사람이 있다면 누구든 내 앞에 세워서 마주보고 있다고 상상하시면 됩니다.

· 당신의 마음이 편안하기를, 내 마음도 편안해지기를!

· 당신이 모든 고통에서 벗어나기를, 나도 모든 고통에서 벗어나기를!

· 당신의 온전히 치유되기를, 내 온전히 치유되기를!

· 당신이 건강해지기를, 나도 건강해지기를!

· 당신이 잘 되기를, 나도 잘 되기를!

· 당신이 나날이 행복해지기를, 나도 나날이 행복해지기를!

· 당신이 나날이 번영하기를, 나도 나날이 번영하기를!

· 당신이 자유로워지기를, 나도 자유로워지기를!

· 당신의 신성이 깨어나기를, 내 신성도 깨어나기를!

· 당신이 나와 함께 편안해지기를, 나도 당신과 함께 편안해지기를!

· 당신이 나와 함께 행복해지기를, 나도 당신과 함께 행복해지기를!

이런 식으로 교차축원을 하시면 됩니다. 축원 문장은 이 외에도 자유롭게 하고 싶은 것을 하셔도 됩니다. 이 방법은 관계성을 전제로 한 것이어서 자아 치유 외에도 '부부치유'나 '자녀/부모 치유'에도 매우 좋습니다. 요컨대 부부 문제로 혹은 자녀 문제로 고통을 겪고 있는 경우, '걱정'을 하는 것보다 그 시간에 '축원'을 하는 것이 훨씬 더 좋습니다. 걱정은 나를 힘들게 할 뿐 아무런 도움이 되지 않으니, 걱정할 시간에 오직 '교차축원'만을 하시기 바랍니다. 그러면 똑같은 상황임에도 마음의 초점이 확연히 달라지고 그 결과 또한 달라지게 될 것입니다.

"우리 가슴 안에서 사랑 어린 친절과 자비의 에너지를 만들어 낸다면, 그 에너지는 우리 몸과 마음을 치료할 것입니다. 오직 그럴 때만 우리의 에너지가 사랑하는 이들의 몸과 마음을 치료할 수 있습니다." 틱낫한 스님의 이 말처럼 좋은 에너지를 만들어내면 그 에너지에 제일 먼저 접속되는 것은 나 자신입니다. 그래서 자리이타

(自利利他)의 마음을 내면 낼수록, 그 좋은 에너지는 나를 치유하고 더 나아가 타인까지 치유하는 힘을 가지게 될 것입니다.

자신에게 바라는 것을 타인을 위해서도 바라라.
이것이 조화로운 인간관계의 비법이다.

-조셉 머피

나를 이롭게 하고 타인을 이롭게 하는 축원만이 진정한 기도라고 할 수 있습니다. 틱낫한 스님은 기도에 대해 이렇게 이야기했습니다. "우리의 기도에 믿음, 자비, 사랑의 에너지가 없으면 그것은 전류가 흐르지 않는 전화선을 통해 전화를 거는 것과 같다." 이 명상은 기도 명상법의 일종입니다. 때문에 이 명상 또한 '믿음/자비/사랑'의 에너지 담아서 해야 할 것입니다.

이 명상법은 시종일관 축원의 문장을 반복하는 것이 때문에 마음을 편안하게 하고, 좋은 마음을 쓰게 함으로써 내면을 밝고 따뜻하게 해 줍니다. 교축축원 명상은 어둠 속에서 촛불을 켜 불을 밝히듯, 슬픔이나 고통 속에서 희망을 보게 하고 밝고 따뜻한 마음을 계속 사용하게 하는 힘이 있습니다. 그렇게 밝고 따뜻한 마음을 계속 사용하게 되면 내면도 따라서 밝아지고 따뜻해지게 됩니다. 아울러 상대방을 함께 축원함으로써 심리적 시야와 마음의 폭을 더 넓게 만들어줍니다. 감정이 곧 기도이므로 축적된 축복의 에너지는 상대방에게도 전달이 될 것입니다.

삶의 유일한 목적은 성장하는 것이다.
우리의 궁극적인 과제는

무조건적으로 사랑하고 사랑받는 법을 배우는 것이다.

-엘리자베스 퀴블러 로스

Checker 15 | 카르마 정화를 위한 축복 명상

이 명상법은 전 인류에게 축복의 에너지를 보냄으로써, 카르마를 정화하고 에너지의 선순환을 만들어내는 명상법입니다. 방법은 아주 쉽고 간단합니다. 양손은 엄지 끝을 검지 손톱 끝에 살짝 둥글게 붙여서 무릎 위에 올려놓습니다. 집채만 한 신비롭고 거대한 빛에너지가 내 몸 전체를 감싸고 있다고 상상합니다. 이 치유의 정화 에너지 속에서 전 인류가 행복해지는 것을 상상하며 축복의 만트라를 반복합니다.

· 무한한 사랑과 기쁨으로 전 인류를 축복합니다.
· 모든 이가 행복해지기를, 모든 이가 깨어나기를!(전 인류가 행복해지기를, 전 인류가 깨어나기를!)

누군가에게 꽃을 선물하려고 꽃을 사게 되면 내가 먼저 그 꽃향기를 맡게 되듯이, 내가 누군가를 축복하면 그 축복 에너지에 제일 먼저 접속되는 것은 바로 나 자신입니다. 그래서 다른 사람에게 좋은 에너지를 보내면 그 사람뿐 아니라, 나 자신에게도 좋은 영향을 끼치게 됩니다. 타인을 사랑하는 것이 곧 나를 사랑하는 것이 되는 이유도 이 때문입니다. 이것은 마음의 선순환을 만드는 법칙이자, 시공을 넘어 에너지의 선순환을 만드는 법칙입니다.

내면의 행복은 전염성이 있다.
누군가 행복의 빛을 뿜어낼 때
주변 사람들은 그에게 더 긍정적으로 반응한다.

-차드 멩 탄

기도나 축원이 실제로 치유효과를 발휘한다는 사실은 여러 사례를 통해 밝혀진 바 있습니다. 타인이 행복해지고 잘되기를 바라는 마음은 실제로 그 사람에게 좋은 영향을 끼치게 됩니다. 그렇다면 전 인류에게 매일 그런 축원의 마음을 쓰게 된다면 어떻게 될까요? 이는 한 사람을 축원하는 것보다 더 큰 마음이니, 그 에너지 또한 더 커지게 될 것입니다.

축복하는 마음만으로 우리는 언제든 선업(善業)을 쌓을 수 있습니다. 그래서 아무것도 가진 게 없는 거지나 노숙자도 단지 축복하는 사랑의 마음만으로 선업을 계속 쌓을 수 있습니다. 기도가 치유효과를 발휘하듯 내가 타인에게 보내는 좋은 에너지는 선업이 됩니다. 선업은 나쁜 카르마를 상쇄시키는 힘이 있습니다. 그래서 타인에게 좋은 에너지를 많이 보내면 많이 보낼수록 나의 부정적인 카르마는 조금이라도 줄어들게 됩니다. 아울러 그러한 마음 씀을 통해서 나의 내면상태와 의식 수준도 달라지게 될 것입니다.

가정이나 직장을 막론하고 다른 이들과 문제가 생기면 그 상황과 사람을 동시에 사랑으로 축복하라. 물론 사랑하고 좋아하는 사람들을 축복하는 것은 당연하며, 더 쉬운 일이다. 마땅히 그들을 축복해 주어야만 한다. 확실히 당신을 괴롭히는 사람들을 축복하는 것은 그보다 훨씬 어렵다. 하지만 성가시게 굴거나 까탈스러운 사람들을 사랑으로 축복하면 기적 같은 일들이 일어난다. "나는 당신을 사랑으로 축복합니다. 나는 이 문제를 사랑으로 축복합니다."

–바바라 버거, 『유쾌하게 힘을 얻는 법』에서

골프 왕 타이거 우즈는 대회에서 경기를 치를 때, 다른 선수가 공을 칠 때면 마음속으로 '들어가지 마라, 들어가지 마라'를 외쳤다고 합니다. 그런데 그런 말을 했을 때는 자신이 공을 칠 때도 공이 잘 들어가지 않았다고 합니다. 그래서 그와 반대로 다른 선수가 공을 칠 때마다, '잘 들어가라, 잘 들어가라'를 외쳐보았는데 그렇게 했더니 자신이 공을 칠 때도 공이 잘 들어갔다고 합니다. 이는 마음 에너지를 자신이 주는 대로 다시 받은 것입니다. 이 인상적인 일화는 우리 마음이 작동하는 두 가지 방식 즉 '악순환의 법칙'과 '선순환의 법칙'을 잘 보여주는 사례가 아닐까 합니다.

우리가 모든 기반이 존재하는 지구를 의식이 있는 살아 있는 유기체로 더 진지하게 인식한다면 인류와 지구는 더 많은 기회를 얻을 수 있다. 우리가 지구에 가하는 행위가 곧 우리 자신에게 가하는 행위이기 때문이다. 우리는 만물과 공명을 이루므로 이러한 인식을 세상의 모든 피조물에게 퍼뜨릴 수 있다. 여기서 그리스도가 남긴 참으로 놀라운 말이 떠오른다. "네 형제 중에 가장 약한 자에게 한 행동이 바로 네가 나에게 한 행동이다."

–뤼디거 달케, 송소민 역, 『운명의 법칙』에서

'주는 대로 받는다'는 말이 있지요. 이 말은 카르마의 법칙을 간단명료하게 표현한 말입니다. 미움을 주면 미움을 받을 것이고, 사랑을 주면 사랑을 받을 것입니다. 주는 대로 받는 것이 사실이라면, 타인에게 주는 것이 곧 나에게 주는 것이 됩니다. 만약 좋은 것을 받고자 하면 좋은 것만 주어야 할 것입니다. 카르마의 법칙은 역지사지를 깨우치게 하는 법칙이자, 심원한 사랑의 섭리를 깨우치게 하는 법칙입니다.

끝도 한도 없이 퍼낼 수 있는 사랑의 우물처럼 이 명상법은 내 안에 끝도 한도 없이 줄 수 있는 무한한 사랑이 있음을 알게 합니다. 축복하는 마음은 화수분처럼 아무리 많이 써도 줄어들거나 고갈되지 않습니다. 그것은 우리 안에 있는 무진장의 보물창고와도 같습니다. 축복하는 마음을 많이 쓰면 쓸수록 무의식은 정화될 것이요, 타인과 내가 선순환의 수레를 타고 함께 치유되고 함께 밝아지게 될 것입니다.

> 지상에 존재한다는 것은 곧 분리 속에서 존재하는 것이다. 그것을 피할 방법은 없다. 우리는 지상에서 분리된 채로 존재하는 동시에 일체성을 배워가고 있다. 스스로 선택한 결과를 짊어져야 하는 구조는 우리가 서로 분리되어 있다는 전제를 깔고 있지만, 그것은 우리 모두를 하나의 존재로 품는 신성을 발견하도록, 분리라는 환상을 꿰뚫어 보게끔 우리를 한 걸음 한 걸음 이끈다. 우리는 타인을 대접한 그대로 대접받는다. 이기심에 누군가를 해한다면, 그것은 사실 우리 자신을 해하는 것이다. 마찬가지로 누군가를 돕는다면, 그것은 우리 자신을 돕는 것이다.
>
> -크리스토퍼M. 베이치, 김우종, 『윤회의 본질』에서

'전생에 내가 무슨 죄를 지었길래, 인생이 이렇게 고달플까!' 이런 말을 하시는

분들이 많이 있습니다. 요컨대 그런 생각이 드신 분이나 상황이 많이 어려우신 분들이 이 명상을 정말 열심히 하셔야 할 것입니다. 인과의 법칙에 따라, 악업을 줄일 수 방법은 선업을 많이 쌓는 것밖에 없기 때문입니다.

텅빈마음으로 허용하기 명상

눈을 감고 양손은 펴서 무릎 위에 올려놓습니다. 양손 위엔 배구공만 한 빛에너지가 있다고 상상합니다. 그 상태에서 내 안에 모든 것을 다 받아들일 수 있는 '무한한 허용 공간(텅빈마음)'이 있다고 상상합니다. 그런 다음 오로지 내 안에서 느껴지는 '감정/욕구/생각'에만 집중합니다. '감정/욕구/생각'은 텅 빈 하늘에 떠다니는 작은 구름 같은 것입니다. 어떤 '감정/생각/욕구'가 올라오든 그 마음들을 있는 그대로 허용하고 받아들이며 마음속으로 만트라를 반복합니다.

· (있는 그대로 허용하고 받아들인다.) 나는 모든 고통을 허용하고 받아들이는 텅빈마음이다.

이 기본 만트라는 다루고자 하는 내용에 따라 이렇게 다양하게 활용해 보시기 바랍니다. 핵심 '단어'만 바꾸면 모든 경우에 적용이 가능해집니다. 그저 '내면에서 일어났다 사라지는 모든 마음들'을 고요히 바라보면서 만트라처럼 허용하고, 받아들이기만 합니다. 이렇게 '모든 마음들'을 있는 그대로 허용하고 고요히 바라보고 있으면, 흙탕물이 가라앉듯 감정이 저절로 풀려나가면서 내면이 점점 더 편안해질 것입니다.

· 나는 모든 슬픔을 허용하고 받아들이는 텅빈마음이다.

· 나는 모든 수치심을 허용하고 받아들이는 텅빈마음이다.

· 나는 모든 열등감을 허용하고 받아들이는 텅빈마음이다.

· 나는 모든 자괴감을 허용하고 받아들이는 텅빈마음이다.

· 나는 모든 죄책감을 허용하고 받아들이는 텅빈마음이다.

· 나는 모든 분노를 허용하고 받아들이는 텅빈마음이다.

· 나는 모든 불안을 허용하고 받아들이는 텅빈마음이다.

· 나는 모든 두려움을 허용하고 받아들이는 텅빈마음이다.

· 나는 모든 좌절감을 허용하고 받아들이는 텅빈마음이다.

· 나는 모든 긴장(예민함)을 허용하고 받아들이는 텅빈마음이다.

· 나는 모든 피해의식을 허용하고 받아들이는 텅빈마음이다.

· 나는 모든 욕구불만을 허용하고 받아들이는 텅빈마음이다.

· 나는 모든 생각신념을 허용하고 받아들이는 텅빈마음이다.

· 나는 모든 방어기제를 허용하고 받아들이는 텅빈마음이다.

· 나는 모든 집착과 저항을 허용하고 받아들이는 텅빈마음이다.

· 나는 모든 상처와 아픔을 허용하고 받아들이는 텅빈마음이다.

'조건 없는 허용/수용'은 우리의 본성으로 가는 핵심 루트입니다. 아울러 관찰자 시점에서는 '고통이나 감정이나 자아'와 분리가 일어납니다. 그래서 초연한 관조 속에서 허용하고 받아들이기를 계속하면 치유뿐 아니라 본성(텅빈마음)을 깨우는 지름길이 됩니다. 게다가 에고가 아니라 참나인 텅빈마음이 무한의 마음으로 모든 감정들을 허용하고 받아들이는 것이기 때문에 허용/수용과 객관화가 더 쉬워집니다. 요컨대 나는 철수도 아니고 순희도 아니라, 철수와 순희의 모든 것을 허용하고 받아들이는 텅빈마음입니다.

> 나는 슬픔이 아니라 모든 슬픔을 허용하고 받아들이는 텅빈마음입니다.
> 나는 불안이 아니라 모든 두려움을 허용하고 받아들이는 텅빈마음입니다.
> 나는 두려움이 아니라 모든 두려움을 허용하고 받아들이는 텅빈마음입니다.
> 나는 분노가 아니라 모든 분노를 허용하고 받아들이는 텅빈마음입니다.
> 나는 수치심이 아니라 모든 수치심을 허용하고 받아들이는 텅빈마음입니다.
> 나는 좌절감이 아니라 모든 좌절감을 허용하고 받아들이는 텅빈마음입니다.
> 나는 자괴감이 아니라 모든 자괴감을 허용하고 받아들이는 텅빈마음입니다.
> 나는 열등감이 아니라 모든 열등감을 허용하고 받아들이는 텅빈마음입니다.
> 나는 생각이 아니라 모든 생각을 허용하고 받아들이는 텅빈마음입니다.
> 나는 집착과 저항이 아니라 모든 집차과 저항을 허용하고 받아들이는 텅빈마음입니다.
> 나는 욕구불만이 아니라 모든 욕구불만을 허용하고 받아들이는 텅빈마음입니다.
> 나는 고통이나 괴로움이 아니라 모든 고통과 괴로움을 허용하고 받아들이는 텅빈마음입니다.
> 나는 ○○○(이름)가 아니라 ○○○의 모든 것을 허용하고 받아들이는 텅빈마음입니다.

고통과 괴로움은 온전히 허용될 때 최소화되거나 사라집니다. 억압된 감정이나 욕구 또한 다 마찬가지입니다. 수족관이 그 속에서 사는 금붕어보다 더 크듯이, 고통을 허용하는 마음은 고통보다 더 큰 것이기에, 허용하면 할수록 내 내면은 더 넓어지게 됩니다. 내 내면이 넓어지면 나는 그만큼 더 편안해지고 자유로워집니다.

이것이 허용과 받아들임의 연금술입니다. 우리는 오직 그것을 위해 텅빈마음의 힘을 빌려 조건 없는 허용과 수용을 하는 것입니다.

삶이 노래처럼 흘러갈 때 기뻐하기란 아주 쉽다.
진정 훌륭한 사람은
모든 일이 엉망으로 되어갈 때 웃을 줄 아는 사람이다.

-엘라 휠러 윌콕스

"불안하면 안 돼!"가 부정이요 억압이라면, "불안해도 돼. 좀 불안할 수도 있지. 좀 불안해도 괜찮아!"는 인정이요 허용입니다. 그렇게 불안을 인정하고 허용해 주면 불안은 저절로 편안해집니다. "슬퍼하면 안 돼!"가 부정이요 억압이라면, "슬퍼해도 돼, 좀 슬퍼할 수도 있지. 좀 슬퍼해도 괜찮아!"는 인정이요 허용입니다. 그렇게 슬픔을 인정하고 허용해 주면 슬픔은 저절로 편안해집니다. "분노하면 안 돼!(미워하면 안 돼)"가 부정이요 억압이라면, "분노해도 돼, 좀 분노할 수도 있지. 좀 분노해도 괜찮아!"는 인정이요 허용입니다. 그렇게 분노를 인정하고 허용해 주면 분노는 저절로 편안해집니다. "아프면 안 돼!"가 부정이요 억압이라면, "아파도 돼, 좀 아플 수도 있지. 좀 아파도 괜찮아!"는 인정이요 허용입니다. 그렇게 아픈 나를 인정하고 허용해 주면 아픔은 저절로 편안해집니다.

분명해질 때까지 기다리는 것은
인간의 역사 가운데 가장 위대한 발명 가운데 하나다.

-톰 스톤

'불안한 나'를 수용해주지 않으면 불안은 더 심해집니다. '슬픈 나'를 수용해주지 않으면 슬픔(우울)은 더 심해집니다. '분노하는 나'를 수용해주지 않으면 분노(울화)는 더 심해집니다. '아픈 나'를 수용해주지 않으면 아픔은 더 심해집니다. 상처받은 내면아이는 오직 나 자신에게 인정과 수용(허용)을 받을 때 치유됩니다. 그래서 내면아이는 온전한 인정과 수용을 받고 싶어서…… 온전히 인정과 수용을 받을 때까지 계속 '어떤 증상'으로 나에게 신호를 보내주는 것입니다. 그래서 그 신호를 계속 무시하면 증상은 갈수록 점점 더 심해질 수밖에 없습니다.

느낌과 그에 따른 경험, 기억에 물든 인식들이 차례로 일어남을 바라봅니다. 습관적인 반응을 반복하는 게 아니라 그 반응하고 있음을 지켜보는 것입니다. 이렇게 바라보고 지켜보는 연습은 자신을 자각의 세계로 안내하고 늘 판단하고 반응하는 에고로부터 벗어나게 만듭니다. 에고로부터 자유로워지면 생각과 감정의 흐름 너머의 세계, 푸른 하늘과 대양의 세계를 맛보게 됩니다.

-최훈동, 『내 마음을 안아주는 명상 연습』에서

고통을 해결하는 가장 빠른 방법은 저항과 회피 없이 고통을 온전히 허용하고 받아들이는 것입니다. 허용하고 받아들일수록 마음의 공간이 더 넓어지기 때문입니다. 모든 불편한 감정 또한 다 마찬가지입니다. 허용하는 마음의 최고치가 바로 무집착/무저항의 '텅 빈 무한의 마음'입니다. 에고가 에고를 허용하고 받아들이기는 결코 쉽지 않습니다. 그래서 텅빈마음으로 자아의 모든 것을 허용하고 받아들이는 것입니다. 이 명상법은 아주 간단하지만 조건 없는 허용과 받아들임을 짧은 시간에 습득할 수 있는 효과적인 명상법이라 할 수 있습니다.

감정 읽어주기 명상

자신의 감정(욕구)에 이름을 붙여 구체적으로 읽어주면, 그 감정이 객관화가 되고 자각력이 높아집니다. 마치 나의 내면에 손님이나 친구가 찾아온 것처럼 '그래 ○○야, 네가 ○○임을 안다'고 만트라를 반복해 주면 감정에 대한 관찰자 시점을 만들어 줄 뿐 아니라 자각(알아차림)이 자동재생 습관이 되도록 도와줍니다. 알아차림이 쉽지 않은 사람에게도 자각의 만트라가 그런 습관을 만드는 지렛대 역할을 해줄 것입니다.

· 그래 슬픔아, 네가 슬픔임을 있음을 안다. 너를 있는 그대로 허용하고 받아들인다.
  너를 사랑으로 축복한다.

· 그래 불안아, 네가 불안임을 안다. (너를 있는 그대로… 이하 전부 동일)

· 그래 두려움아, 네가 두려움임을 안다.

· 그래 분노야, 네가 분노임을 안다.

· 그래 원망아, 네가 원망임을 안다.

· 그래 억울함아, 네가 억울함임을 안다.

· 그래 자괴감아, 네가 자괴감임을 안다.

· 그래 열패감아, 네가 열패감임을 안다.

· 그래 수치심아, 네가 수치심임을 안다.

· 그래 민망함아, 네가 민망함임을 안다.

· 그래 모욕감아, 네가 모욕감임을 안다.

· 그래 실망감아, 네가 실망감임을 안다.

· 그래 좌절감아, 네가 좌절감임을 안다.

· 그래 서러움아, 네가 서러움임을 안다.

· 그래 무력감아, 네가 무력감임을 안다.

· 그래 억울함아, 네가 억울함임을 안다.

· 그래 죄책감아, 네가 죄책감임을 안다.

· 그래 조급함아, 네가 조급함임을 안다.

· 그래 염증(厭症)아, 네가 염증임을 안다.

· 그래 짜증아, 네가 짜증임을 안다.

· 그래 답답함아, 네가 답답함임을 안다.

· 그래 속상함아, 네가 속상함임을 안다.

· 그래 결핍감아, 네가 결핍감임을 안다.

· 그래 갈등아, 네가 갈등임을 안다.

· 그래 의심아, 네가 의심임을 안다.

· 그래 회한아, 네가 회한임을 안다.

· 그래 집착아, 네가 집착임을 안다.

· 그래 저항아, 네가 저항임을 안다.

· 그래 아픔아, 네가 아픔임을 안다.

· 그래 괴로움아, 네가 괴로움임을 안다.

· 그래 회피욕구야, 네가 회피욕구임을 안다.

· 그래 방어기제야, 네가 방어기제임을 안다.

· 그래 판단분별(비교분별)아, 네가 판단분별(비교분별)임을 안다.

어떤 감정이든 그 감정을 나에게 찾아온 손님이나 친구라고 생각하고, 있는 그대로 허용하고 받아주는 것이 좋습니다. 그 어떠한 억압이나 회피나 저항도 하지 않고 온전한 허용과 받아들임 속에서, '어떤 감정'이 나에게 찾아왔음을 매 순간 자각하고 인정하는 것입니다. 손님은 때가 되면 떠나가듯이 우리의 감정 또한 그러하기에, 그저 있는 그대로 허용하고 자각하고만 있으면 감정은 제 역할을 한 후 때가 되면 저절로 물 흘러가듯 흘러갈 것입니다.

이 만트라가 그러한 선순환의 흐름을 쉽게 만들도록 도와줄 것입니다. 이 듣고 보도 못한 독특한 만트라를 사용해 보시면 전혀 예상 밖의 효과를 느낄 수 있을 것입니다. 만트라를 외울 때 자신의 고통이나 감정들을 가슴으로 온전히 느껴주시면 더 좋습니다. 그것은 회피와 저항(거부)을 제로로 만들기 때문에, 억압된 감정이 더 잘 풀릴 수 있도록 도와줍니다.

하나의 만트라를 1, 2분 정도 할 수도 있고 5, 10분 정도 할 수도 있습니다. 이는 모두 개인의 심리상태와 의도에 따라 자유롭게 선택될 문제일 것입니다. 중요한 점은 매 순간 깨어서 감정을 온전히 자각하고 읽어주는 것입니다. 기본 연습을 위해 위의 예문들 전체를 반복해서 읽거나 녹음해서 들으면서 암송하는 방법도 가능합니다.

사랑이라 불리는 이 위대한 신비의 본질을 발견해 가는 당신의 여정은 당신 자신에게 무조건적인 태도를 갖는 것에서부터 시작한다. 그것은 당신이 진실로 느끼고 있는 것에 어떠한 판단도 내리지 않고, 또 그것을 고치거나 변화시키거나 이해하거나 치유하려고 하지 않고 그저 그것을 느낌으로써 가능해진다. 당신이 느끼는 불편을 기꺼이 통합하고자 하는 의도는—다시 말해서 그것을 타당하고 필요한 것으로 인식하고 그에 따라 행동하는 것은—용서를 경험하고 평화를 실현하는 뿌리가 된다.

-마이클 브라운, 『현존 수업』에서

이 명상법은 다른 명상들처럼 따로 시간을 내서 눈을 감고 집중해서 하는 것도 필요하지만, 무엇보다 특히 일상에서 자동 습관처럼 늘 하는 것이 중요합니다. 이 명상법은 알아차림을 위한 것이기에 따로 시간을 내지 않아도 일상에서 언제든 자유롭게 할 수 있는 명상법입니다. 자각이 정말로 중요한 순간은 명상시간이 아니라 삶의 매 순간순간이요, 감정이나 생각에 끄달리는 때이니까요.

그러려면 항상 깨어서 자신의 모든 마음을 잘 알아차려야 할 것입니다. 그래서 그것이 자연스럽게 되기 위해선 베이스캠프처럼 하루 5분에서 10분 정도 집중된 명상시간을 가지는 것 또한 필수적으로 필요할 것입니다. 초연한 관찰자가 되어 자신의 마음을 깊이 들여다보는 시간을 가져보시기 바랍니다. 고작 5분, 10분 정도만 눈을 감고 집중해서 자각 연습을 해본다면, 일상에서의 자각이 더 쉽게 잘 일어나게 될 것입니다.

저항하지 않고

아무런 조건 없이 받아들이는 것이야말로

통합을 경험하는 열쇠이다.

-마이클 브라운

자기 안에서 어떤 감정/욕구/생각이 올라오든 있는 그대로 '단어'를 붙여 읽어주고 알아차려만 주면 됩니다. 자각된 마음은 반드시 조금이라도 이완되거나 관성이 떨어지게 됩니다. 마음을 자꾸 자각하고 관찰하다 보면 그 뿌리와 맥락(연관성)이 보일 것입니다. 내면의 거울을 깊이 들여다보듯 그것이 반복되고 또 반복되면 그러한 효과는 점점 더 더해질 것이고, 그러한 체험이 축적되면 자각력과 자기 이해가 좋아짐과 함께 '감정의 동일시'나 '생각의 동일시'로부터, 즉 마음의 얽매임이나 괴로움으로부터 더 빨리 빠져나오게 될 것입니다.

진정으로 그 생각(비난)에서 벗어나기 위해서는 나의 본질인 '순수의식'이 주인이 되어 자신의 그런 '욕망이나 생각(에고)'을 자신의 일부분으로 인정하고 수용해야 한다. 그러면 마음속의 부정적인 요소 비열함, 어리석음, 질투심, 수치심, 바보 같음, 무책임함, 의리 없음, 탐욕스러움, 폭력성, 덤벙댐, 용기 없음, 우유부단함, 열등감 들이 전부 사랑으로 변형된다. 부정적인 요소들조차도 그 근본은 생명(사랑) 에너지이기 때문이다. 그것이 진정을 자신을 사랑하는 길이다.

-배재국, 『사랑학 개론』에서

알아차림 계열의 명상법을 해보신 분들 중엔 '마음을 알아차리는 것'을 어렵게 생각하시는 분들이 많고 실제로 그것은 쉽지 않은 면이 많지만, 이 명상법을 활용하면 그것이 한결 쉽고 빠르게 진행될 수 있다는 것을 알게 될 것입니다. 어떤 감정이 올라오든 즉각적으로, '그래, ○○아, 네가 ○○임을 안다! 너를 있는 그대로 허용하고 받아들인다. 너를 사랑으로 축복한다.' 이 말을 자동 습관처럼 반복한다면 알아차림과 감정수용에 대한 자신감과 실행력을 빠르게 높여줄 것입니다.

당신이 평화롭지 못하면
신도 당신 안에 있는 신성을 드러내지 않는다.
-피탄잘리

잘 알아차리려면 첫째도 깨어있어야 하고, 둘째도 깨어있어야 합니다. 그러려면 왜 깨어있지 못하는지부터 자각해야 할 것입니다. 크게 보자면 그것은 모두 에고가 지닌 마음의 중력과 관성(습관) 때문입니다. 때문에 자신이 평소 감정을 어떻게 대하는지, 어떨 때 어떤 감정이 주로 일어나는지, 자신이 어떤 감정에 취약하거나 매몰되어 있는지를 잘 인지하고 관찰해야 할 것입니다.

호수 속 물결처럼 내면에서 시시각각 일어나는 '감정들'에게 이름을 붙여 불러주는 것은 객관화(바라보기)와 구체적 인식(자각)을 도와줍니다. 수목원에 가면 각종 화초나 나무들에 이름표가 붙어 있지요. 그처럼 시시각각 일어나는 모든 감정들에게 각각의 이름표를 붙여 불러주고 자각하고 관찰하다 보면, 나는 감정에 끄달리는 사람이 아니라 감정을 자각하는 사람이 되기에, 그러한 중력과 관성은 점점 약해질 것입니다.

감정이나 생각은 모두 심리적 반응입니다. 모든 반응은 자아가 선택하는 것입니다. 억압이나 회피의 형식으로 반응하면서 고통과 집착을 지속시킬 수도 있지만, 자각과 허용의 형식으로 반응하면서 고통과 집착에서 자유로워질 수도 있습니다. 초연한 관찰자는 심리적 반응에 함몰되거나 끄달리지 않을 것입니다. 초연한 관찰자는 감정이나 생각이 아니라 그 감정과 생각의 작용을 명료하게 자각하고 바라보는 참나입니다. 이 명상법을 잘 활용한다면 반응에 초연할 수 있는 초연한 관찰자 즉 참나의 상태를 구현하는 데 많은 도움이 될 것입니다.

눈을 감고 양손을 펴서 무릎 위에 올려놓습니다. 눈을 감고 양손을 펴서 무릎 위에 올려놓습니다. 들숨엔 엄지와 검지의 손가락 끝을 붙이고, 날숨엔 다시 천천히 펴줍니다. 이런 동작은 집중력을 높여주고, 만트라의 이미지와 의미를 증폭시키며, 조건반사를 만드는 앵커링 역할을 해줍니다. 이와 함께 편안히 호흡에 따라 마음속으로 만트라를 반복합니다.

아주 좋은 치유의 빛에너지가 숨을 쉴 때 코로 들어와 단전까지 들어갔다가 날숨에 다시 천천히 나간다고 상상합니다. 그렇게 빛에너지가 들어오고 나가면서 내 몸과 마음을 깨끗이 정화시켜 준다고 상상합니다. 그렇게 빛에너지가 들어오고 나가는 것을 생생하게 상상하고 그 느낌을 잘 느껴주면서 마음속으로 호흡에 따라 만트라를 계속 반복합니다.

들숨: 지금 여기

날숨: 완전한 자각

존재하는 것은 지금 여기밖에 없습니다. 과거와 미래는 다 머릿속에서 만들어낸 생각구름에 불과하니까요! '지금/여기'는 아주 짧지만 우리의 의식을 현존하게 만들어주는 만트라입니다. 그래서 평소에도 마음이 산만해지거나 집중을 잃어 현존하지 못할 때 주문처럼 "지금 여기, 완전한 자각!"라고 몇 번씩 말해주면 좋습니다. 호흡과 별개로 만트라만 자주 많이 반복하면 이 자체로 만트라 명상이 될 것입니다. 집중력을 높이기 위해 '지금(들숨)-여기(날숨)-완전한(들숨)-자각(날숨)' 이렇게 더 분절해서 하는 방법도 가능합니다.

**당신이 지구에 베풀 수 있는 최상의 봉사는
고요한 확실성 속에 깨어 머무는 것이다.**
-마이클 브라운

명상이란 현존하는 것이요, 현존하게 하는 기술입니다. 현존이 바로 모든 명상법의 심장부입니다. 우리는 과거의 상처에 붙잡혀 있거나 미래의 걱정에 끄달림으로써 지금 여기의 '이 순간'에 현존하지 않을 때가 많습니다. 우리는 현존하지 않을 때 지금 여기의 '이 순간'을 놓치게 되고, 지금 여기의 나를 잃어버리게 됩니다. 이것은 1초마다 새로 태어나는 유일무이한 나를 잃어버리는 일이자 시간과 의식의 누수로 인해 삶을 낭비하는 일입니다.

· 당신은 가슴의, 내면의 성소(聖所)에 들어감으로써만 집단적 근원과 연결될 수 있다. 자기 안으로 더 깊이 들어가 현존과 손을 잡을 때, 당신은 해방된다. -마이클 브라운

· 고통은 과거와 현재 그리고 미래의 세 가지 고리로 연결되어 있다. 그러나 그대가 현재의 시간 속에 완전하게 몰두할 때 과거나 미래는 그 영향력을 잃게 된다. 지금 이 순간이야말로 따뜻한 그대의 집이다. -디팩 초프라

· 현재에 존재하는 것이야말로 삶의 목적이다. 미래에 있을 성취와 목적을 향해 달려 가던 그 모든 행위의 상태를 잠시 멈추고 지금 여기에서 그저 존재해 보라. 지금 여기 로 뛰어들어 그 순간을 충분히 경험하고 느껴보라. -법상

· 삶은 지금 여기에만 있다. 그러므로 제대로 살려면 지금 이 순간으로 돌아와야 한 다. 내일을 위한 투자에 관심이 쏠려 있으면 지금 이 순간의 삶이 가져다주는 경이로 움을 잊기 쉽다. 우리는 지금 이 순간으로 돌아와 현재를 깊고 온전하게 살아야 한다. 그렇게 살아서 지금 여기에 하느님 나라가 현존토록 해야 한다. -틱낫한

· '좀 더'의 세계는 평범한 사람의 세계이다. '좀 더'를 추구하지 않는 세계, 그대 앞에 있는 목표를 추구하지 않고 단지 그대가 존재하는 순간을 바라보며 그대가 누구인가 를 바라보는 세계, 그리고 그대 의식의 현존성으로 뛰어드는 세계—이것이 유일한 혁 명이며 유일한 종교이고 유일한 영성이다. -오쇼

· 지금 이 순간은 집으로 들어오는 입구입니다. 지금 이 순간이 당신의 집입니다. 지 금 이 순간은 하나임을 드러냅니다. 지금 이 순간은 현존하는 모든 것 안에 있는 신의 살아 있는 현존을 드러냅니다. 지금 이 순간은 땅 위에 있는 천국을 드러냅니다. 완전 히 현존하는 법에 통달할 수 있다면, 당신은 가장 큰 교훈을 배운 것입니다. 당신은 생

각하는 마음의 세계라는 감옥에서 해방될 것입니다. 분리되어 있다는 환상을 극복할 것입니다. 하나임으로 회복될 것입니다. -레너드 제이콥슨

· 때로 당신은 목표, 목적지, 미래, '당신이 있어야만 한다는 곳'에 완전히 매료돼 지금 두 발을 딛고 있는 땅, 당신이 서 있는 곳, 다음 걸음을 떼게 될 곳, 삶이 늘 존재하는 곳을 잊곤 한다. 당신은 지금 이 순간, 당신이 호흡하고 있다는 것을, 삶의 여정이 호흡들로 이루어지고, 반복될 수 없는 순간순간들로 이루어진다는 사실을 잊는다. 당신은 당신 자신의 현재를 잊는다. 아주 견고하고, 무척이나 믿을 만한, 여정의 끊임없는 변화 속에서도 변함이 없는 당신의 현재를. 미래에 닿게 될 목적지가 현재보다 더 중요했던 당신은 그렇게 시간 속에서 길을 잃어왔다. -제프 포스터

깨달은 이들은 예외 없이 공통적으로 '현존'을 강조합니다. 에고는 '있는 그대로의 자신'을, '있는 그대로의 현재'를 온전히 받아들이지를 못하기 때문입니다. 그래서 에고의 마음은 과거에 묶여 있거나, 미래로 달려가는 경우가 대부분입니다. 때문에 현존한다는 것은 에고의 중력과 소란스러움에서 벗어난다는 뜻이 됩니다. 현존 속에 모든 시공을 초월한 '근원'과 만나는 길이 있습니다. 그런 점에서 명상은 우리의 의식을 '영원으로 향하게 하는 루트나 여행'과 같다 하겠습니다.

'지금 여기-완전한 자각!' 이 명상에 사용된 만트라 두 개를 다 합쳐도 총 '아홉 글자'밖에 되지 않습니다. 허나 이 아홉 글자로 무의식 정화와 심리치유도 가능하고 영적 각성도 가능합니다. 그래서 이 아홉 글자가 한 사람의 인생을 바꿀 수도 있다고 감히 말할 수 있습니다. 다만 그러한 소득과 축복은 이 명상의 열쇠를 자주 손에 쥐는 사람만이 얻게 될 것입니다.

근원-자각 명상

눈을 감고, 양손은 느슨하고 가볍게 깍지를 끼는데 양손 엄지와 검지는 서로 끝을 붙여 양 허벅지 사이에 올려둡니다.(마름모 모양) 이런 무드라 동작은 마음과 호흡을 편안하게 하는데 도움을 줍니다. 이렇게 상태에서 호흡에 맞춰 마음속으로 만트라를 반복합니다.

1
들숨: 텅 빈 자각
날숨: 텅 빈 근원

2
들숨: 텅 빈 고요
날숨: 텅 빈 조화

이렇게 두 가지 버전이 있는데 1단계와 2단계를 각기 50%씩 하면 됩니다. 이 두

가지 버전을 결합해서 하나로 하는 방식도 가능합니다. '텅 빈 자각(들숨)-텅 빈 근원(날숨)-텅 빈 고요(들숨)-텅 빈 조화(날숨)' 이 세 가지 방식 중 어느 방식으로 하든 자신에게 더 잘 맞는 방법으로 하시면 됩니다. 단지 호흡에 맞춰 '네 글자'로 이루어진 초간단 만트라를 깊이 음미하며 반복하기만 하면 됩니다. 그러면 이 만트라가 호흡과 함께 내면에 점점 더 깊이 스며들게 될 것입니다.

우리 내면 속 '텅 빈 근원'은 절대적 고요와 평안이 있는 곳입니다. 때문에 그 '텅 빈 근원' 속에 자주 머물게 될 때, 우리 내면은 더 고요해지고 더 평온해질 것입니다. 명상이란 절대적 고요와 평안이 있는 '텅 빈 근원'에 접속하고 머무는 훈련입니다. 이 명상법은 그 근원적 조화와 고요에 접속해서 머물게 하는데 최적화된 방법이라 할 수 있습니다.

고요함은 만들어낼 수 있는 그런 것이 아니며 또 그럴 필요도 없다. 고요함은 이미 여기 존재한다. 다만 소란한 마음이 가리고 있을 뿐이다. 그러니 그저 마음을 열고 고요함을 받아들이기만 하면 된다.
-에크하르트 톨레,『고요함의 지혜』에서

자각과 관조가 깊어질수록 자아의 마음으로부터 빠져나와 분리가 일어나기 때문에 내면이 텅 비워지게 됩니다. 온전한 자각(알아차림)은 텅 빈 상태의 자각이고, 온전한 관조는 텅 빈 상태의 관조입니다. 요컨대 '자각하고 관조한다는 것'은 절대적 고요 속 '텅 빔'이 되는 일과 같은 것입니다. '텅 빔'의 자리가 에고에서 빠져나와 에고를 온전히 바라볼 수 있는 자각(관조)의 자리이기 때문이요, '텅 빔'이 곧 나의 본성이자 순수의식이기 때문입니다.

명상은 제로 포인트에서 일상적인 생각을 초월한 영역으로 발돋움하기 위한 과정이다.

그래서 고요한 마음은 그 자체가 목표가 아닌, 일종의 발사대인 셈이다.

고요한 마음속에 있을 때 의식이 성장한다.

-디팩 초프라

아디야샨티는 "참된 명상은 근원적인 의식으로 머무는 것이다."라고 말했습니다. 우리의 근원의식은 텅빈마음입니다. 우리의 의식이 텅빈마음 속에 계속 머물 때, 우리는 근원의식으로 깨어날 수밖에 없습니다. 때문에 '텅 빈 고요'와 '텅 빈 알아차림'은 명상이 도달해야 할 궁극의 지점이라 할 수 있습니다.

이 명상법은 '텅 빔의 조화와 고요'를 경험하게 하고, '텅 빔'의 상태에서 자각하고 관조하게 하는 시스템(프레임)이 장착되어 있습니다. 그래서 빠르게 그러한 상태로 의식을 옮겨주게 됩니다. 방법은 너무나 간단하고 쉽지만, 그 효과는 결코 적지 않을 것입니다. 깊은 몰입 상태에서 이 명상법을 잘 수행한다면 영적 각성이라는 기적이 아주 짧은 시간에도 일어날 수 있지 않을까 합니다.

무심무아 명상

'무심무아 명상법'은 바로 앞에서 본 '근원-자각명상'과 비슷한 명상법입니다. 방법은 동일하고 만트라만 다릅니다.

1

들숨: 무심무아

날숨: 일체개공

2

들숨: 무심무아

날숨: 천지계합

이 또한 두 가지 버전이 있는데, 각각 50%로 하시면 됩니다. 혹은 이 두 가지를 결합해서 이렇게 해도 됩니다. '무심무아(들숨)-일체개공(날숨)-무심무아(들숨)-천지계합(날숨)' 이것까지 합치면 총 세 가지 버전이 됩니다. 어느 방식으로 하든 자신에게 더 잘 맞는 것으로 하시면 됩니다.

이 만트라(無心無我 一切皆空 無心無我 天地契合)는 유일하게 제 만트라 중에서 한문으로 되어 있는데 다 합치면 총 16자가 됩니다. 이 명상법은 불교적 색채가 강한 명상법입니다. 호흡에 맞춰 이 명상을 깊이 하다 보면 '일체가 다 공(空)'이라는 말처럼 마음도 없고 나도 없는 '텅 비워지는 체험'을 하게 될 것입니다. 아울러 무심 무아가 될 때 천지와 하나(계합)되는 체험도 하게 될 것이다.

무심무아의 텅 빔이 될 때 나는 더 큰 나로 거듭날 수 있습니다. 무심 무아의 텅 빈마음이 될 때는 나는 자아를 넘어 무한이 될 수 있고, 무한 속에 있는 모든 것이 될 수 있습니다. 자아 초월의 길은 나라는 테두리를 넘어 내 마음이 무한대로 넓어지는 길밖에 없습니다.

악기를 연주할 때 악기가 올바르게 조율되어 있지 않다면 어떤 곡을 연주해도 불협화음이 일어나듯, 삶이라는 노래를 연주하면서 나의 개체의식이 근원의 식에 올바르게 조율되어 있지 않다면 삶이 자꾸만 삐걱거리고 고통스럽게 느껴질 것이다. 나의 무엇이 근원과 올바르게 정렬되어 있지 않은지를 발견하는 순간 삶은 더 이상 고통스럽게 느껴지지 않을 것이다.

-이지혜, 『삶은 왜 힘든 걸까』에서

나이테엔 제일 중심에 작은 원이 있고, 그 둘레에 더 큰 원이 있고, 다시 그 둘레에 또 더 큰 원이 있습니다. 이처럼 계속 확장되는 구조를 가지고 있기에, 작은 원은 더 큰 원에 의해 감싸 안기게 됩니다. 심리치료는 이처럼 마음의 원이 더 커지는 일입니다. 마음의 원이 커져서 내 안의 작은 원들을 껴안는 일입니다. 이 원이 무한대로 커지는 것이 자아 초월의 영적 깨달음입니다!

　나의 원이 더 커지면, 예전에는 인정할 수 없었던 것을 인정하게 되고, 예전에는 수용할 수 없었던 것을 수용하게 됩니다. 마음의 폭이 넓어지면 내면에 훨씬 더 많은 공간이 생기게 되어 숨통이 트이게 됩니다. 시야가 넓어져 나무와 숲을 함께 볼 수 있게 되고, 혼란한 것들이 일목요연하게 이해되고 정리됩니다. 똑같은 상처도 내 마음의 원이 커지면 커질수록 그 상처는 상대적으로 더 작은 것이 됩니다.

　내 마음의 원이 더 커져야 내면아이와 모든 상처를 껴안을 수 있고, 모든 과거를 껴안을 수 있고, 모든 나를 껴안을 수 있습니다. 그것이 상처와 고통으로부터 빠져나오는 지름길이자 궁극의 길입니다. 내가 내 작은 마음과 좁은 생각에 갇히면… 스스로 만든 감옥에 갇히는 것과 같아서 그러면 그럴수록 더 괴로울 수밖에 없습니다. 모든 증상은 내 마음이 '작은 원들'에 갇혀서 생기는 것이므로 밖으로 빠져나오는 방법은 내 마음이 더 큰 원이 되는 길밖에 없습니다.

눈을 감고 양손을 펴서 무릎 위에 올려놓습니다. 양손에는 배구공만 한 빛에너지가 있다고 상상합니다. 공기가 아주 맑은 숲속에서 명상을 한다고 상상합니다. 내 머리와 가슴이 텅 비워져 빈 공간이 되었다고 상상합니다. 내 머리와 가슴이 텅 빈 공간이 되어 내 머리와 가슴속으로 숲 속의 맑은 바람이 지나다닌다고 상상합니다. 그 상태에서 다음의 네 가지 만트라를 반복합니다.

· 다 허용하고 아주 편안해진다.
· 다 수용하고 아주 편안해진다.
· 다 내려놓고 아주 편안해진다.
· 다 내맡기고 아주 편안해진다.

네 가지 만트라를 각 10회씩(혹은 20회) 반복합니다. 이것을 1세트로 삼고, 원하는 만큼 여러 세트를 충분히 반복합니다. 단지 1세트만 제대로 해도 금세 마음이 한결 편안해지는 것을 느낄 수 있을 것입니다. 고작 2분 정도 만에 마음이 편안해지는 것입니다. 이것이 반복되면 될수록 머리는 더 맑아지고 가슴은 더 편안해질 것입니다.

어떤 생각/감정/욕구가 올라오든, 어떤 고통과 아픔과 괴로움이 있든 있는 그대로 다 허용하고 수용한 다음 그것을 다시 다 내려놓고 내맡깁니다. 그러면 내면에서 알아서 그것을 치유해 주고 정화시켜 줄 것입니다. 우리 내면에는 무한한 치유력이 있기 때문입니다. 허용과 수용, 내려놓음과 내맡김은 바로 그 치유력의 문을 여는 열쇠와 같습니다.

어떤 것도 없애려고 애쓰지 마십시오. 어떤 것이 없어져야만 한다고 믿으면, 오히려 그 존재가 유지됩니다. 무슨 일이 일어나든 다 허용하는 열린 공간으로 있으십시오. 당신 자신이 바로 모든 일이 일어나는 공간임을 알아차리십시오. 모든 일이 일어나도록 허용될 때, 당신은 일어나지도 사라지지도 않는 것을 알아차릴 기회를 갖게 됩니다. 당신이 바로 '그것'입니다.

-아디야샨티, 『완전한 깨달음』에서

내면에 어떠한 고통이 일어나든, 어떠한 감정이 휘몰아치든 이미 일어난 것에 대해서는 그것을 수용하느냐 저항하느냐 이 둘 중에 하나를 선택할 수밖에 없습니다. 저항하는 것은 계속 지속/정체될 것입니다. 고로 우리가 해야 할 것은 이를 잘 알아차리고 수용하는 길밖에 없습니다. 오직 그것만이 살 길이요, 그것만이 치유의 장으로 가는 길이기 때문입니다.

제프 포스터의 『명상의 기쁨』엔 이런 구절이 있습니다. "모든 느낌들을 기꺼이 받아들이라. '가장 어두운 것'까지, 사랑스러운 우리 내면의 아이들로, 가슴에 일렁이는 파도로, 저 놀라운 신성의 표현으로 받아들이라." 바다가 파도를 거부하는

법은 없습니다. 모든 파도를 껴안은 넓고 깊은 바다처럼 허용과 수용, 내려놓음과 내맡김은 나를 그 어떤 심리적 파도에도 흔들리지 않는 넓고 깊은 바다로 만들어 줄 것입니다.

복잡한 생각의 뿌리는 두려움이므로 두려움을 느껴줄 때 오만 가지 생각이 비로소 가라앉는다. 두뇌가 인위적인 회전을 멈추면 머리에 고여 있던 에너지가 골고루 순환하면서 마음의 통로가 조금씩 열린다. 마침내 순수의식의 무한한 지성이 삶 속으로 흘러들어 온다. 인간의 평범한 지능 수준 하에선 도출할 수 없었던 해결책들이 연거푸 쏟아진다.

내 머리로 하는 생각을 내려놓았다는 건 무한한 지성의 힘을 절대적으로 신뢰하게 됐다는 의미다. 모름지기 누군가 자신의 능력을 굳건히 믿어주면 기필코 보답하기 마련이다.

-마인디, 『마인드 룰』에서

'허용하기, 수용하기, 내려놓기, 내맡기기'는 저항을 제로로 만드는 방법이자 텅 빔의 상태로 에고를 비우는 방법입니다. 저항이 제로가 되고 에고가 비워지면 텅 빔의 고요, 텅 빔의 평화가 깨어날 수밖에 없습니다. 그렇게 되면 순수의식의 무한한 지성 또한 함께 깨어나게 될 것입니다.

이 명상법은 워낙 간단해서 명상시간 외에 일상에서도 짧게 자주 할 수 있습니다. 그렇게 이 명상법이 습관이 되면, 허용과 수용과 내려놓음과 내맡김이 점점 더 쉬워질 것이요, 일상의 호흡과도 하나가 될 것입니다. 바람이 지나가도록 늘 가슴을 넉넉히 내어주는 숲처럼, 전면적인 허용과 수용과 내려놓음과 내맡김 속에 있을 때 나는 점점 더 초연해지고 편안해질 것입니다. 그것은 나의 본성인 텅빈마음(순수 의식)으로 나를 이끌어줄 것입니다. 아울러 있는 그대로의 행복으로 가는 길을 열어 줄 것이며, 내면의 평화와 지혜를 깊이 일깨워줄 것입니다.

'느낌 자각명상'은 신체감각을 일깨우고, 이를 바탕으로 마음을 잘 느끼고 자각할 수 있도록 도와주는 명상입니다. 눈을 감고 양손은 무릎 위에 올려놓습니다. 무릎 위에는 배구공만 한 밝고 따뜻한 빛에너지가 있다고 상상합니다. 의식을 최대한 모아서 손바닥의 느낌을 느껴봅니다. 차가운지 따뜻한지, 무거운지 가벼운지… 손바닥에서 느껴지는 모든 감각느낌을 자각하고 온전히 느껴봅니다. 이 상태를 유지하며 마음속으로 '느끼고 자각한다'를 30초~1분 정도 계속 반복합니다.

몸과 마음은 상응합니다.
몸의 감각 바라보기 연습은
사실은 감각을 통해 마음의 상태를 보기 위함입니다.

-최훈동

우리의 인체에서 손바닥에 기감이 가장 발달되어 있기 때문에 손바닥부터 연습을 시작한 것입니다. 따뜻한 빛에너지가 손에 있다고 상상하는 것 또한 이런 연습이 잘 되도록 도와줄 것입니다. 이어서 똑같은 방법으로 신체의 각 부위의 느낌을 느껴 보고 자각해 봅니다. 한 신체 부위당 '느끼고 자각한다'를 3~5회 정도 반복합니다.

머리 꼭대기: 느끼고 자각한다

이마: 느끼고 자각한다

미간: 느끼고 자각한다

관자놀이: 느끼고 자각한다

양쪽 귀: 느끼고 자각한다

코: 느끼고 자각한다

양쪽 볼: 느끼고 자각한다

턱: 느끼고 자각한다

목: 느끼고 자각한다

양쪽 어깨: 느끼고 자각한다

팔꿈치: 느끼고 자각한다

손목: 느끼고 자각한다

가슴: 느끼고 자각한다

복부: 느끼고 자각한다

아랫배: 느끼고 자각한다

등: 느끼고 자각한다

허리: 느끼고 자각한다

골반 꼭대기: 느끼고 자각한다

허벅지: 느끼고 자각한다

무릎: 느끼고 자각한다

종아리: 느끼고 자각한다

발목: 느끼고 자각한다

발가락: 느끼고 자각한다

발바닥: 느끼고 자각한다

이렇게 각 신체 부위를 머리에서 발끝까지 세세하게 느끼고 자각해 봅니다. 위의 예문보다 훨씬 더 구체적으로 할 수도 있고 조금 더 간소하게도 할 수 있습니다. 명상을 길게 할 때는 예시보다 더 구체적으로 해보시기 바랍니다. 예를 들어 '콧등/코 옆쪽/콧속' 이런 식으로 더 세세하게 구체적으로 해보면 그 느낌을 보다 깊이 알기 때문에, 간소하게 핵심 부위만 할 때도 더 잘 느끼고 자각할 수 있게 될 것입니다.

이 명상법은 널리 알려져 있는 '바디스캔 명상'과 유사한 방법입니다. '이완하고 느끼는 것'이 핵심이기에 이 명상은 앉아서 해도 되지만 누워서 해도 됩니다. 누워서 해도 된다는 말은 누워서 몸을 편안하게 이완시키며 하기에도 좋은 명상법이란 뜻입니다. (이 명상법을 제외하면, 제 책에 소개된 다른 명상들은 전부 앉아서 하는 것이 더 좋습니다.)

몸의 다양한 부분의 감각들이 유쾌하든 불쾌하든, 편하든 편하지 않든 또는 이도 저도 아니어서 거의 알아차릴 수 없든, 매 순간 어떤 것도 하지 않고 특히 무엇인가 추구하거나 어떤 일이 없어지게 하려고 하지 않고 그 모든 것을 그저 자각 속에 안을 수 있는지 보라. 우리는 이완하려거나 어딘가 도달하려고 하는 것이 아니며 생각을 없애 버리려는 것도 분명 아니다. 우리는 현상을 있는 그대로 보고 자각 속에서 그저 머물고 있는 것이다.

　신체 부위의 감각에 집중해서 느끼고 자각하고 있으면 생각의 휴지(休止)가 일어납니다. '신체 감각'에 집중하고 있으면 생각은 상대적으로 그것에 집중할 수 없기 때문에, 신체 감각에 집중하고 있으면 생각의 작용은 약해지게 됩니다. 즉 신체 감각에 집중하는 것은 생각에서 빠져나오는 혹은 생각을 내려놓은 좋은 방법이 되는 것입니다.

　그래서 이 명상을 하게 되면 생각의 휴식이 일어나 머릿속이 맑아지고 가벼워집니다. 아울러 몸이 이완됨에 따라 마음도 이완되어, 몸과 마음이 편안해집니다. 아울러 신체 감각을 잘 느끼고 자각하는 힘이 길러지는데, 이것은 또 고스란히 감정/욕구를 잘 느끼고 자각하는데 큰 도움을 줍니다. 억압된 감정을 푸는 것이 심리치유의 핵심인데, 이 명상을 하면 그것을 잘할 수 있는 기초체력이 길러지는 셈입니다.

　목석처럼 무감각한 사람이 건강하고 행복한 사람이 아니라, 신체 감각을 잘 느끼는 사람이 건강하고 행복한 사람입니다. 그것은 몸의 감각이 생생하게 잘 살아 있음을 의미합니다. 신체 감각을 잘 느끼고 알아차리는 것은 이완의 휴식과 함께 몸과 마음의 생명력을 함께 일깨워줍니다. 잘 느끼는 사람이 명상을 잘하는 사람입니다. 잘 느끼려면 몸과 마음의 감각이 굳어 있거나 닫혀 있는 게 아니라 유연해야 하고 열려 있어야 하고 깨어있어야 하기 때문입니다. 이 명상법이 그러한 길로 가는데 좋은 파트너가 되어줄 것입니다.

그래 자각명상

'그래 자각명상'은 알아차림 명상을 누구나 아주 쉽게 할 수 있도록 고안된 명상법입니다. 언제 어디서든 감정이나 생각에 끄달릴 때 마음속으로 만트라를 계속 반복하기만 하면 됩니다. 마치 내 마음의 세세한 풍경들을 맑은 눈과 따뜻한 가슴으로 잘 읽어주듯이! 그러면 알아차림이 저절로 점점 더 깊어지게 될 것이요, 그에 따라 마음 또한 점점 더 초연한 관조자 상태로 이동하게 될 것입니다.

· 그래 이런 생각이 드는구나. 깊이 자각하고 통찰한다.(전면적으로 자각하고 통찰한다.)
· 그래 이런 마음이 드는구나. 깊이 자각하고 알아차린다.(전면적으로 자각하고 알아차린다.)

이것이 기본 버전인데, 이 만트라만으로 모든 경우에 적용이 다 가능합니다. 이 만트라를 사용해 즉각적으로 모든 생각과 마음을 읽어주기만 하면 됩니다. '이런 마음/이런 생각'은 내용을 압축하는 말이기에 이것만으로도 모든 경우에 적용이 다 가능하지만, 좀 더 구체적으로 마음을 읽고 싶을 때는 아래 예문처럼 더 구체적으로 해도 됩니다. 샘플예문처럼 구체적으로 자신의 마음에 가장 와닿는 문장으로 하시면 됩니다. 자신의 진짜 심정을 최대한 진솔하게 있는 그대로만 읽어주면 됩니다.

- 그래 화가 나는구나. 깊이 자각하고 통찰한다. (깊이 자각하고 알아차린다.)
- 그래 무겁고 두렵구나. 깊이 자각하고 통찰한다.
- 그래 슬프고 속상하구나. 깊이 자각하고 통찰한다.
- 그래 자꾸 회피하고 싶구나. 깊이 자각하고 통찰한다.
- 그래 너무 분하고 억울하구나. 깊이 자각하고 통찰한다.
- 그래 계속 비난하고 싶구나. 깊이 자각하고 통찰한다.
- 그래 아무것도 하기가 싫구나. 깊이 자각하고 통찰한다.
- 그래 너무 수치스럽구나. 깊이 자각하고 통찰한다.
- 그래 괜찮은 척하고 싶구나. 깊이 자각하고 통찰한다.
- 그래 도무지 용기가 생기지 않는구나. 깊이 자각하고 통찰한다.
- 그래 혼란스러워 어떻게 해야 할지 모르겠구나. 깊이 자각하고 통찰한다.
- 그래 한심한 내가 너무 싫었구나. 깊이 자각하고 통찰한다.
- 그래 또 실패하는 게 너무 두려웠구나. 깊이 자각하고 통찰한다.
- 그래 모든 좌절과 수치를 피하고 싶었구나. 깊이 자각하고 통찰한다.
- 그래 자꾸 실패하는 나를 믿을 수가 없었구나. 깊이 자각하고 통찰한다.
- 그래 이런 마음(생각)을 받아들일 수가 없구나. 깊이 자각하고 통찰한다.

이 만트라 속에는 '공감하기'와 '알아차림'이 함께 들어 있습니다. 공감은 연고 역할을 하고, 자각은 브레이크 역할을 합니다. 그래서 이 명상법은 두 가지 치유 효과를 함께 가지고 있습니다. 아울러 '통찰한다'는 말은 자각의 속성을 더 깊게 만드는 효과가 있습니다. 자각은 반드시 통찰로 이어지는 것이 좋은데, 이 만트라가 자연스럽게 그런 상태로 의식을 옮겨주는데 도움을 주게 됩니다. 그래서 말 그대로 '깊이 자각하고 통찰하는 일'이 일어나게 됩니다. 이 명상법은 효과가 거의 즉각적인데, 이렇게 효과가 뛰어난 이유는 바로 이 때문입니다.

> 매일 잠시라도 이런 식으로 시간을 보내는 것은
> 사실 엄청나고 철저한 사랑과 자애의 행위이다.
> 온전히 깨어있는 상태에서
> 존재의 영역에 머무는 것 말이다.
>
> -존 카밧진

눈을 감고 명상을 할 때는 '내 안에 어떤 감정과 생각이 올라오는지'를 고요히 관찰하고 관조하면서 만트라를 반복하면 됩니다. 마치 내 안에서 일어나는 다양한 구름들을 살펴보듯이. 이렇게 명상 시간에 하는 것도 중요하지만, 이 명상법은 특히 일상에서 하는 것이 더 중요합니다. 일상에서 언제든 알아차림을 잘할 수 있도록 개발된 명상법이기 때문입니다. 우리가 알아차림 명상을 하는 것은 '늘 자각 속에 머물기 위한 것'입니다. 이것이 알아차림 명상을 하는 이유라는 점을 잊지 말아야 합니다.

> 자각은 당신 삶의 모든 부분에서 무슨 일이 벌어지는지,
> 즉 당신이 어떻게 행동하고 어떻게 말하고 어떻게 생각하는지

조용한 호기심으로 살펴보고 알아차리고 관찰한다.

-앤디 퍼디컴

명상가 존 카밧진은 일상에서의 알아차림의 가치에 대해 이렇게 말했습니다. "공식적인 명상과 실제 삶에서 당신이 무엇을 경험하든, 자각 속에 머무는 것이야 말로 마음 챙김 명상의 정수라고 할 수 있다. 자각 속에 사는 법을 배우면, 삶 자체 가 명상이 된다. 왜냐하면 자각(알아차림)이라는 것은 이미 우리의 것이지만 아직은 너무 낯설어 우리가 그것을 가장 필요로 할 때 삶에서 활용하지 못하는, 존재의 핵 심이기 때문이다."

알아차림이 습관이 되면 삶 자체가 명상이 될 것입니다. 그것이 사실 명상을 가 장 잘하는 경지요, 명상의 궁극적 목적일 것입니다. 저는 공감(수용)과 자각의 결합 이 치유의 지름길이자 존재의 핵심이 아닐까 합니다. 늘 깨어서 이 간단한 만트라 를 습관적으로 자주 사용하기만 하면 우리 모두가 얻을 수 있으리라 생각합니다. 이 명상법이 자각 속에 머무는 법, 자각 속에 살아가는 법을 터득하는 좋은 루트가 되었으면 합니다.

알아차림 만트라명상

눈을 감고 양손을 펴서 무릎 위에 올려놓습니다. 양손에 배구공만 한 빛에너지가 있다고 상상합니다. 미간에도 야구공만 한 '아름답고 신비한 빛에너지'가 있다고 상상합니다. 이 빛에너지가 내 머릿속에 좋은 에너지를 계속 발산해서 머릿속이 아주 맑고 편안해진다고 상상합니다. 고요히 미간의 빛에너지에 집중하면서 만트라를 계속 반복합니다. 시종일관 미간의 빛에너지에 잘 집중하는 것은 아주 중요합니다. 소리 내서 외우는 것과 마음속으로 외우는 것 두 가지 다 가능합니다. 일상에도 언제 어디서나 염불하듯 이 만트라를 자주 외우시면 좋습니다.

· 할 수 있다. 나는 모든 생각과 반응을 자각함으로써 점점 더 편안해진다.

· 할 수 있다. 나는 모든 분별과 저항을 자각함으로써 완전히 깨어난다.

· 할 수 있다. 나는 늘 깨어서 모든 것을 자각하는 알아차림이다.

· 할 수 있다. 나는 늘 깨어서 자각함으로써 점점 더 초연해진다.

· 할 수 있다. 나는 매 순간 완전한 자각으로 깨어나는 초월의식이다.

만트라가 다섯 개이므로 하나의 만트라를 2분 정도 외우면 총 10분이 될 것이고, 5분 정도 외우면 25분이 될 것이고 10분씩 외우면 50분이 될 것입니다. 얼마만큼의 시간을 안배해서 하느냐는 자신의 뜻에 맞게 취사선택하시면 될 것입니다. 녹음을 해서 듣는다면 편안한 배경음악과 함께 한 문장당 10~20회씩 읽어서 녹음파일을 만들어서 반복해서 들으면서 암송하시면 됩니다.(이 다섯 만트라 중에서 다섯 번째 것이 가장 중요한 핵심 만트라입니다. 이 만트라 하나만 한 시간 동안 혹은 하루 종일 하는 방식도 가능합니다.)

존재하는 실체는 단 하나뿐입니다. 이것은 무한하고, 나누어지지 않으며, 스스로를 알아차리는 존재입니다. 이것은 자기 자신 이외에는 어떠한 것에 의해서도 제한되지 않으며 분리되지도 않습니다. 존재하는 것처럼 보이는 모든 외관상의 사물들과 사람들은 이것으로부터 비롯됩니다. (…) 그저 영원하고 무한한 알아차림만이 존재할 뿐입니다. 본래적인 평온함과 무조건적인 충만함 속에서 편안히 쉬는 존재…. 스스로를 알고, 스스로 존재하고, 스스로를 사랑하는 존재뿐입니다.

-루퍼트 스파이라, 『알아차림에 대한 알아차림』에서

이 명상은 최대 장점은 '알아차림 명상'을 너무나 너무나 쉽게 할 수 있다는 점입니다. 오랜 제 경험으로 미루어보건대 알아차림 명상은 결코 쉽지 않습니다. 저만 그런 것이 아니라 대부분의 사람이 다 마찬가지입니다. 숙련될 때까지 잘하기도 쉽지 않고, 충분히 효과를 얻기도 쉽지 않습니다. 우리의 마음이란 눈에 보이지 않는 것이요, 특히 '괴로운 마음'은 중력이나 관성이 너무 강하기 때문입니다.

이 만트라를 반복하게 되면 알아차림에 대한 자기 암시가 되기 때문에, 그것이 충분히 무의식에 스며들고 나면 저절로 잘 알아차려지는 현상이 일어나게 됩니다. '말이 씨가 된다'는 속담이 있지요. "나는 매 순간 자각한다. 또 자각한다." 라고 계속 습관적으로 말하게 되면 정말로 그런 상태가 됩니다. 예컨대 이 명상을 고작 1주일 동안 하고서, 언제 어디서나 알아차림이 저절로 일어나게 되었다고 말한 분이 있습니다. 그분께는 중증 증상이 있었으나 그러한 알아차림과 함께 심리증상 또한 많이 좋아지셨습니다.

명상은 이론도 아니요, 이론을 위한 것도 아닙니다. 명상에서 무엇보다 중요한 것은 실전 효과와 그 속도일 것입니다. KTX가 무궁화호보다 훨씬 빠른 것처럼 이 명상법은 일반적인 알아차림 명상보다 훨씬 더 쉽고 빠릅니다. 너무나 쉽고 간단한 방법이기 때문에 못할 사람이 없고, 제대로 한다면 효과를 못 볼 사람 또한 없을 것입니다.

우리 시대엔 특별한 이유가 있지 않는 한 조선시대처럼 부산에서 서울까지 걸어서 가는 길을 택하지는 않을 것입니다. 우리는 자각의 레일 위를 달리는 고속열차를 타고 빠르게 초월의식을 만나러 가야 할 것입니다. 에고의 번뇌에서 깨달음의 피안까지 가야 할 길이 상당히 멀기 때문에 우리는 지체할 시간이 없습니다. 에고의 모든 고통과 번뇌에서 벗어나고 싶다면 조금이라도 더 빠르고 효과적인 방법으로 가야 할 것입니다. 게다가 이 고속열차는 승하차가 늘 자유롭고 평생 무료입니다.

영화의 내용 때문에 스크린 자체가 요동치는 일은 결코 일어나지 않지요. 마찬가지로 알아차림 그 자체가 경험의 내용 때문에 방해받는 일도 절대로 없습니다. 생각이 뒤흔들리고, 감정이 고통스럽고, 몸이 아프고, 세상이 어지러워질 수는 있습니다. 하지만 순수한 알아차림 그 자체는 이러한 경험 중에 일어나는 그 어떤 것에도 동요하지 않습니다. 따라서 알아차림의 본질은 평온함 그 자체입니다.

-루퍼트 스파이라, 『알아차림에 대한 알아차림』에서

"자각한다, 자각한다, 매 순간 자각한다./자각한다, 자각한다, 더 깊이 자각한다." 일상에선 이렇게 짧은 만트라를 사용하는 것도 한 방법이 됩니다. 중요한 점은 일상에서도 늘 자각을 놓지 않는 것입니다. 언제 어디서든 자주 알아차림 만트라와 함께하다면 늘 자각 속에 머무는 순간이 급속도로 늘어나게 될 것입니다. 그러다 보면 전에는 자각하지 못하던 많은 것들을 자각하게 될 것이요, 누구나 언젠가는 원하는 종착역에 도달하게 될 것입니다.

마음 관조 명상

이 명상법은 위빠사나를 누구나 싶고 효과적으로 할 수 있도록 만들어진 명상 법입니다. 위빠사나는 가장 오랜 된 명상법이자 명상법의 종가라고 할 만큼 막대한 권위를 지니고 있는 명상법이기도 합니다. 허나 위빠사나는 일반 사람이 잘 해내기 가 너무 어려운 명상법이기도 합니다. 좋은 효과를 보기까지 너무 많은 시간과 노 력을 쏟아야 하는 경우가 많고, 별다른 효과를 보지 못하고 포기하는 경우도 적지 않습니다.

'매 순간 깨어서 자각하고, 매 순간 깨어서 바라보기', 이를 통해 에고의 번뇌로 부터 벗어나기! 이는 위빠사나의 방법이기도 하고, 과정이자 지향점이기도 하고, 도달해야 할 궁극의 이상이기도 합니다. 그런데 이 모든 방법과 지향점과 이상을 다 합쳐 간단히 몇 개의 만트라로 만들 수 있습니다. 그래서 이 만트라를 사용하면 '매 순간 깨어서 자각하고 바라보는 상태'에 도달하기가 아주 쉬워집니다.

①단계
눈을 감고 무릎 위에 양손을 펴서 올려놓은 다음 양손 위에 배구공만 한 빛에너

지가 있다고 상상합니다. 그 상태에서 호흡에만 오로지 집중하며 들숨과 날숨에 따라 만트라를 반복합니다.

들숨: 깨어서 자각한다
날숨: 깨어서 관조한다

들숨에는 내 몸속으로 숨이 들어오는 것과 그 느낌을 자각하고, 날숨에는 숨이 나가는 것과 그 느낌을 자각하고 바라봅니다. 이 호흡 명상을 5분 정도 하게 되면 마음이 편안해지고 호흡에 대한 자각력이 높아짐을 느낄 수 있을 것입니다.

②단계

1단계를 마친 후에는 고요히 '들숨/날숨'을 자각하고 바라보았듯이 오로지 자기 안에 일어나는 '모든 마음'만을 바라봅니다. 영화관에서 스크린 속의 영상을 바라보듯이 내 안에 일어나는 모든 생각과 감정을 텅빈마음이라는 스크린에 비치는 영상과 같다고 상상하며, 그것을 매 순간 깨어서 자각하면서 바라봅니다. 어떤 '생각/감정/욕구'가 일어나든 그것을 고요히 깨어서 자각하고 바라보면서 만트라를 반복합니다.

· 나는 모든 마음(생각)을 자각하고 바라보는 주시자다.
· (나는) 모든 마음을 자각하고 바라봄으로써 아주 편안해진다.
· (나는) 모든 생각을 자각하고 바라봄으로써 아주 편안해진다.

슬픔이 일어나면 슬픔이 일어남을 알아차리고 만트라를 반복합니다. 불안이 일어나면 불안이 일어남을 알아차리고 만트라를 반복합니다. 분노와 원망이 일어나면 분노와 원망이 일어남을 알아차리고 만트라를 반복하고, 집착과 저항이 일어나면 집착과 저항이 일어남을 알아차리고 만트라를 반복합니다. 오로지 모든 마음(생각)이 일어나는 것을 허용하고 알아차리고 관조하면서 만트라만 반복하면 됩니다.

이 만트라를 사용하면 자신의 모든 마음(생각, 감정, 욕구)을 자각하고 관조하기가 훨씬 더 쉬워집니다. 언제 어디서든 즉각적으로 만트라를 반복하면 저절로 '자각하기'와 '관찰자 시점'을 만들어줍니다. 만약 매일 집중해서 명상을 하게 되면 '자각하는 것'이 습관이 되기 때문에 일상에서도 깨어서 자각하는 일이 점점 더 늘어나게 될 것입니다. 때문에 일상에서도 습관적으로 반복하고 지속하면 알아차리는 자각력과 바라보는 관조력이 점점 좋아지게 될 것입니다.

"마음챙김명상의 요점은 이 명상을 할 때 명상자는 자신의 반응에 함몰되어 있는 것이 아니라 반응으로부터 조금 떨어져 초연한 관찰자의 입장이 된다는 것이다. 다시 말해 지금 이 순간, 이곳에서 목격한 것에 대해 어떤 반응도 하지 않고, 판단도 하지 않은 채 단순히 일어나고 있는 것을 알아차림하고 인정한다는 것이다."(『명상에 답이 있다』)

장현갑 님의 이 말처럼 초연한 관찰자의 입장이 되는 것이 마음 관조 명상의 핵심입니다. 고통을 만드는 것은 우리의 생각과 감정입니다. 고로 생각과 감정을 바라보는 관찰자가 되어 생각과 감정으로부터 빠져나오게 되면 고통이 줄어들거나 사라지게 됩니다. 그런데 생각과 감정은 관성이 있으므로 좀처럼 빠져나오기가 쉽지 않습니다. 그래서 훈련을 해야 하는 것이고, 그것을 쉽게 할 수 있는 만트라를 지렛대처럼 사용하는 것입니다.

내 안에서 일어나는 모든 생각과 감정들은 왔다가 사라지는 허상입니다. 내가 애써서 붙잡지만 않는다면 그 생각, 감정들에 먹이를 주어 키우지만 않는다면 구름이 생겼다 사라지듯이 그렇게 사라질 것들입니다. 내 생각과 감정은 나 자신이 아닙니다. 내 곁에 잠시 왔다 떠나는 손님일 뿐 절대 내가 될 수는 없습니다. 내가 아닌 것들을 붙잡고 씨름하는 것은 어리석은 짓임을 알기에 내게 그 어떤 손님이 오더라도 집착하지 않고 좋다 싫다 분별하지 않고 그저 오고 감을 지켜볼 뿐입니다.

-진세희, 『지금 이 순간, 여기, 내 안』에서

마음을 자각하면 그 마음으로부터 '분리'가 일어나고, 마음을 바라보면 그 마음으로부터 '거리'가 생겨납니다. 그러면 '그 마음'으로부터 점점 더 떨어지고 동일시에서 벗어나게 되어, 더 자유로워지고 편안해지게 됩니다. 그렇게 지속적으로 에고의 생각구름과 감정구름에서 빠져나오면, 계속 텅빈마음에 머물게 되어 순수의식(신성)이 깨어나게 되는 것입니다. 이것이 자각하고 관조함으로써 깨달음이 일어나는 기본 원리입니다.

'자각하고 관조하기'로 깨어난 분들이 많기에 세상에 많은 각자들이 이구동성으로 이러한 이치를 이야기하고 있습니다. 예컨대, 김지나 님은 『명상과 함께하는 삶』에서 이렇게 말했습니다. "내가 괴로울 때, 떠오르는 생각과 감정을 알아차리고 지켜보세요. 주의력과 집중력을 높여서 놓치지 말고 지켜보아야 합니다. 빛이 밝기를 점점 높여서 비추듯이 크고 강렬한 주의력으로 지켜보세요. 그러면 저절로 나는 '에고'에서 벗어나 '순수의식'이 되고 깨어남의 의식 차원으로 들어가게 됩니다."

마이클A. 싱어는 『상처받지 않는 영혼』에서 또 이렇게 말하고 있습니다. "당신이 늘 자신에게, 자신에 대해 말을 하고 있다는 사실을 아는 내면의 그는, 언제나 말이 없다. 그것은 당신 존재의 심층으로 들어가는 문이다. 지껄이는 목소리를 지켜보고 있는 자신을 인식하는 것은 환상적인 내면의 여행을 향한 문턱을 넘는 첫걸음이다. 잘 이용하기만 한다면, 근심과 혼란과 온갖 신경증의 근원이었던 그 마음의 소리를 진정한 영적 각성의 발판으로 비꾸어 놓을 수 있다. 목소리를 지켜보는 그를 알면 당신은 창조의 가장 깊은 비밀을 알게 될 것이다."

많은 각자들이 이렇게 '마음을 지켜보는 관찰자'를 찾으라고 이야기하고 있습니다. 하지만 괴로운 마음에서 벗어나 그런 관찰자의 자리로 옮겨가고 싶어도 그것은 결코 쉽지 않은 일입니다. 왜냐하면 일생 지내온 생각과 감정의 관성이 워낙 강력하기 때문이며, 심리적 고통과 상처가 심할 때는 더더욱 그러하기 때문입니다. 이런 이유로 이런 명상법을 통해 별 효과를 못 보거나 중도에 포기하는 경우가 많은 것도 다 이 때문입니다.

하지만 위에서 언급한 방법을 활용하면 이런 문제가 쉽게 개선될 수 있습니다. 이러한 방법 속엔 '자각'과 '바라보기'도 있지만 그것에 대한 자기 암시도 함께 들어 있기에, 만트라를 반복하면 저절로 만트라 내용과 같은 상태, 즉 '초연한 관조자의 상태/자각하고 바라보기'의 상태를 내면이 알아서 만들어주게 됩니다. 그래서 누구나 쉽게 할 수 있고, 빠른 시간 안에 효과를 볼 있게 됩니다. 이 명상법을 위빠사나보다 더 쉽게 더 효과적으로 할 수 있는 업그레이드 버전이라고 말할 수 있는 것은 바로 이 때문입니다.

자아 바라보기 명상

눈을 감고 '1초 전에 나'와 마주보고 있다고 상상합니다. 나는 그 과거의 나를 바라보는 참나이자 텅빈마음이라고 상상합니다. 그 앞에 괴로운 나, 상처받은 나, 우울한 나, 분노하는 나, 불안한 나, 수치스러운 나, 절망하는 나⋯⋯ 그 어떤 나를 세워도 상관없습니다. 1초만 지나도 다 과거이므로 그 어떤 자아든 다 과거의 나일 뿐입니다.

1초만 지나도 과거가 되기 때문에, 1초만 지나도 '과거의 나'는 존재하지 않습니다. '상처'도 '상처받은 나'도 다 과거의 나입니다. 고로 1초만 지나도 그 어떤 '상처'도 존재하지 않고, 그 어떤 '상처받은 나'도 존재하지 않습니다. 단지 머릿속에 '상처'라고 인식하는 기억만이 존재할 뿐입니다. 허나 그 기억 또한 생각구름에 지나지 않습니다. 모든 고통과 괴로움은 생각구름에 대한 고착 때문에 발생합니다.

그러므로 고통과 괴로움에서 벗어나려면 생각구름에서 빠져나와야 하고, 생각구름을 붙들고 있는 자아로부터 빠져나와야 합니다. 하지만 에고의 중력은 워낙 강하기 때문에 좀처럼 쉽게 빠져나오기가 어렵습니다. 고통과 괴로움이 심할수록 집착과 저항은 더욱 강하기에, 상처가 많은 사람일수록 더욱 그 미궁에서 빠져나오기가 어렵습니다. 이런 분들이 명상을 잘하고 싶어도 잘 안 되는 것은 이 때문입니다.

명심하라. 명상은 마음에 의해 이루어지는 일이 아니라 마음이 부재할 때 일어나는 일이다. 마음이 멈출 때 명상이 일어난다. 그것은 마음에서 나오는 게 아니라 마음을 초월하는 일이다. 주의를 기울이면 마음은 멈춘다.
-오쇼,『마음 챙김이란 무엇인가』에서

허나 위에서 설명한 것처럼 자아를 분리해서 바라보고 있으면 훨씬 쉽게 '자아의 동일시'와 '생각의 동일시'에서 분리와 거리조정이 일어나게 됩니다. 즉 '에고와 참나의 마주 보기'라는 설정과 상상만으로 단숨에 자아와 생각으로부터 어느 정도 빠져나오게 되는 것입니다. 이 상태에서 그러한 분리와 관조와 알아차림을 강화시켜 주는 만트라를 외우게 되면 그 효과는 더 극대화됩니다. 그토록 어렵든 '자아 분리'와 '알아차림의 관조'가 함께 일어나게 되는 것입니다.

· 나는 ○○○[4]가 아니라, ○○○를 바라보는 텅 빈 자각이다.
· 나는 생각과 반응이 아니라, 생각과 반응을 바라보는 텅 빈 자각이다.
· 나는 고통과 아픔이 아니라, 고통과 아픔을 바라보는 텅 빈 자각이다.
· 나는 집착과 저항이 아니라, 집착과 저항을 바라보는 텅 빈 자각이다.

이것이 자아 바라보기를 위한 기본 만트라입니다. 자아와 생각으로부터 분리가

○○○은 자기 이름을 뜻합니다.

일어날 때까지, 마음이 고요하고 편안해질 때까지 각각의 만트라를 반복하시면 됩니다. 하나의 만트라를 1~2분 정도 반복하는 것을 1세트로 삼아, 원하는 만큼 반복하시기 바랍니다. 핵심 단어를 바꾸면 문장을 다양하게 응용할 수 있습니다. 예를 들어 '나는 상처가 아니라, 모든 상처를 바라보는 텅빈마음이다'처럼!

이렇게만 해도 충분하지만 때론 필요에 따라 감정을 더 세분화해서 할 수도 있습니다. 단어만 바꾸면 모든 경우에 적용이 가능해지기 때문에, 다양한 감정 단어를 적절히 사용해서 할 수도 있습니다. 아래의 만트라들처럼 활용하면 자신이 해결하고자 하는 핵심감정을 더 깊이 바라볼 수 있게 도와줄 것입니다.

· 나는 슬픔이 아니라, 슬픔을 바라보는 텅 빈 자각이다.

· 나는 불안이 아니라, 불안을 바라보는 텅 빈 자각이다.

· 나는 두려움이 아니라, 두려움을 바라보는 텅 빈 자각이다.

· 나는 좌절감이 아니라, 좌절감을 바라보는 텅 빈 자각이다.

· 나는 수치심이 아니라, 수치심을 바라보는 텅 빈 자각이다.

· 나는 열등감이 아니라, 열등감을 바라보는 텅 빈 자각이다.

· 나는 분노가 아니라, 분노를 바라보는 텅 빈 자각이다.

· 나는 갈등(혼란)이 아니라, 갈등을 바라보는 텅 빈 자각이다.

· 나는 억울함이 아니라, 억울함을 바라보는 텅 빈 자각이다.

· 나는 조급함이 아니라, 조급함을 바라보는 텅 빈 자각이다.

· 나는 죄책감이 아니라, 죄책감을 바라보는 텅 빈 자각이다.

· 나는 욕구불만이 아니라, 욕구불만을 바라보는 텅 빈 자각이다.

· 나는 회피욕구가 아니라, 회피욕구를 바라보는 텅 빈 자각이다.

'에고와 참나의 바라보기'의 거리도 자유롭게 조절이 가능합니다. 처음엔 가까이에서 시작했다고 조금씩 멀어지게 할 수도 있습니다. 거리가 가까울 때는 구체적인 느낌이 들 것이고, 거리가 멀어질수록 자아도 생각도 더 자아지거나 작게 느껴지게 것입니다. 만약 거리가 아주 멀어진다면 보일 듯 말 듯할 정도로 작아질 것입니다. 공간적 거리는 심리적 거리를 만들어냅니다. 이러한 거리 조정도 잘 활용해 보시기 바랍니다.(수평적 이동과 수직적 이동 둘 다 가능합니다.)

모든 것에 마음을 열되
어떤 것에도 매이지 마라.

-웨인 다이어

상담 시간에 감당하기 힘든 극한이 감정을 가지고 있는 분들에게 이 방법을 써보면 매번 좋은 효과를 볼 수 있었습니다. 그만큼 분리 효과와 관조의 알아차림이 즉각적으로 일어난다고 말씀드릴 수 있습니다. 물론 제가 상담 때 하는 치유 세션에선 더 디테일한 기법들이 사용되지만 혼자서 할 수 있는 명상법으로는 이 정도만으로도 충분하지 않을까 합니다.

예전에 이런 유행어가 있었지요. '느낌 아니까!' 이 명상법을 통해 자아분리와 관조하기가 잘 되면 '그 느낌을 알기 때문에' 다른 명상법을 익히는 데도 분명 많은 도움이 될 것입니다. 명상 또한 '느낌'을 알면 알수록 내공전이의 법칙이 필연적으로 적용될 것이므로!

생각구름 자각 명상

눈을 감고 '구름 흘려가는 하늘'을 떠올립니다. 그런 다음 내 안에서 일어나는 모든 생각을 생각구름이라고 여기며 만트라를 반복합니다. 이때 '구름 흘러가는 하늘'을 떠올리기만 해도 되고 혹은 내 안에 있는 생각이나 감정을 '생각구름'이나 '감정구름'이라고 여기며 이미지를 떠올리기만 해도 됩니다.

· 생각구름을 자각한다. 생각구름을 매 순간 자각한다.
· 나는 생각구름을 자각하는 텅빈마음다.

구름은 하늘 속에 있기에 생각이나 감정을 '생각구름/감정구름'이라고 여기는 순간 내 내면은 저절로 텅빈마음이 되고 텅 빈 하늘이 됩니다. 그래서 이 명상법은 알아차림과 오픈 포커스가 함께 이루어집니다. 눈을 감고 내 안에 올라오는 모든 생각과 감정을 고요히 바라보며 이 짧은 만트라를 반복하기만 하면 됩니다. 그것만으로 자각력이 더 강해지고 생각과 감정으로 분리가 되어 점점 더 마음이 편안해질 것입니다.(감정을 자각하는 경우는 '분노구름/불안구름/우울구름…'처럼 하면 됩니다.)

생각을 이런 식으로 자각(알아차림) 속에 담을 때 우리는 생각이 삶에 대한 우리의 반응을 지배하고 명령하는 힘을 쉽게 잃어버리는 것을 확인할 수 있다. 이렇게 할 때 생각은 우리를 가두는 감옥이 아니라 우리가 적절하게 다룰 수 있는 무엇이 된다. 이렇게 우리는 이 앎 속에서 그리고 생각을 자각의 장에서 일어나는 사건으로 인식하는 속에서 조금은 더 자유로워진다. 이제 생각은 우리가 특별한 작업을 수행하지 않고도 다루어볼 만한 무엇이 된다. 이 모든 작업과 해방을 수행하는 것은 다름 아닌 '자각'이다.

–존 카밧진, 『처음 만나는 마음 챙김 명상』에서

존 카밧진은 '텅빈마음'의 자리를 '무한하고 영원한 자각의 장(場)'이라 표현했습니다. "생각을 무한하고 영원한 자각이라는 장에서 일어난 뒤 머물다 사라지는 '사건'으로 단순하게 인식할 수 있다면 생각이란 것이 '자기 해방적'이라는 사실을 알 수 있다." 생각은 내 안에서 잠시 일어났다 사라지는 구름과 같습니다. 그래서 내면의 하늘에 떠다니는 생각구름이라고 비유하는 것이지요. 허나 생각은 중독성과 제한된 시각 또한 함께 가지고 있어서 먹구름처럼 잘 사라지지 않을 때가 많습니다. 그래서 생각을 흘러가는 구름이라고 여기고, 무한하고 영원한 자각의 장으로 데리고 와야 합니다.

참된 명상의 본질은
생각이 오고 가는 드넓은 열린 공간으로 편안히 이완되는 것이며,
생각은 개인의 것이 아님을 알아차리는 것이다.

–제프 포스터

명상시간 외에 평소에도 어떤 생각에 집착하거나 끄달릴 때마다 '구름 흘러가는 하늘'을 상상하거나 '생각구름'의 이미지를 떠올리며 만트라를 틈날 때마다 반복하는 것이 좋습니다. 혹은 생각구름이 내 머릿속을 빠져나가는 상상을 생생하게 하는 것도 많은 도움이 됩니다. 이 명상법은 온전한 알아차림을 위한 것이기에 오히려 일상 속에서 늘 깨어서 자각하고 습관화하는 것이 더 중요합니다.

단지 "생각구름을 자각한다. 생각구름을 매순간 자각한다!" 이렇게 고작 두세 번 정도만 해도 생각의 중력과 얽매임에서 얼마간 빠져나오게 되고, 이것이 습관이 되면 자각하는 힘이 점점 더 강해집니다. 이런 '5초 생각 멈추기'를 자주 많이 하시기를 권해드립니다. 이처럼 5초를 해도 되고, 10초를 해도 되고, 30초를 해도 되고, 1분을 해도 됩니다. 자각하는 것이 자연스러운 자동습관이 될 때까지 수시로 반복해 보시기 바랍니다.

> 아주 쉬운 생활 속의 명상 방법이 있다. 지금, 바로 다음 순간에 어떤 생각이 올라오는지를 살펴보라. 지금 이 순간, 바로 다음에는 어떤 생각이 일어나게 될까? 그 생각을 주시해 보라. 가능하다면 그다음 생각이 어떻게 생겨났는지, 어디에서부터 생겨났는지를 깊이 관찰해 보라. '다음 생각 찾기 명상'을 꾸준히 반복해 보라. 고요, 텅 빔, 평안이 먼저 찾아오겠지만 꾸준히 하다 보면 그 고요함을 뚫고 알 듯 모를 듯 깃드는 영감과 지혜를 발견하게 될 것이다.
> -법상, 『내 안에 삶의 나침반이 있다』에서

생각구름에서 빠져나오면 한쪽으로 치우치지 않을 뿐 아니라 시야가 훨씬 더 넓어집니다. 에고의 생각구름에서 빠져나오면 무한하고 완전한 텅빈마음이 깨어납니다. 텅빈마음이 깨어나면 더 큰 지혜와 더 큰 평온과 더 큰 사랑이 깨어날 것입니다. 그래서 삶의 고통과 근심걱정과 문제점도 저절로 보다 좋은 해결책을 찾을 수 있게 될 것입니다. 우리가 마음공부를 하는 이유는 바로 이 때문입니다. 그러니 생각구름을 붙잡지 말고 늘 잘 흘러가도록 놓아주어야 할 것이요, 나는 생각구름이 아니라 텅빈마음의 텅 빈 하늘임을 자각해야 할 것입니다. 그러면 치유와 깨달음은 알아서 점점 더 우리 곁으로 다가올 것입니다.

색깔 루틴 명상

이 명상법은 일상에서 특정 색깔과 자각하기를 연결시키는 방법입니다. 언제 어디서든 '노란색'을 볼 때마다 마음속으로 '늘 깨어서 자각한다'를 한 번 외웁니다. 똑같은 방식으로 언제 어디서든 '파란색'을 볼 때마다 마음속으로 '늘 깨어서 바라본다'를 한 번 외웁니다. 이는 색깔이 '깨어서 자각하기'의 닻이 되어주는 셈입니다.(꼭 노란색이나 파란색이 아니어도 상관이 없습니다. 자신이 좋아하는 색깔이나 하고 싶은 색깔로 하셔도 됩니다.)

노란색과 파란색을 볼 때마다 이렇게 만들라를 반복하게 되면, 색깔을 본 실제 체험과 자각을 한 체험이 연결되어 '알아차림의 현존 상태'로 이끌어 주게 되고, 무의식에도 자각의 느낌을 더 많이 주게 됩니다. 이러한 루틴이 반복되어 습관이 되면 체험적 자기암시와 함께 '색깔'과 '자각하기'가 연결되고, '색깔'과 '만트라'가 연결되어 알아차림이 조건반사처럼 일어나게 됩니다.

명상이란 '깨어있는 의식'을 유지하는 것입니다. 이 명상법은 늘 '깨어서 자각하고, 깨어서 바라보기'의 좋은 기본 훈련이 됩니다. 단시간에 시각 감수성(관찰력)과 자각력을 빠르게 높여줍니다. 누구나 아주 쉽게 할 수 있고, 따로 시간을 내지 않아도 일상에 금방 익힐 수 있는 명상법이라 할 수 있습니다.

만약 길거리를 걸어가면서 이 명상을 해보신다면, 불과 1~2분 만에 너무나 많고 많은 노란색과 파란색이 있다는 것을 금방 발견하게 될 것입니다. 지금까지 자각하지 못했던 너무나 많고 많은 노란색과 파란색이 내 시야 속으로 쏟아져 들어올 것입니다.(TV를 보고 있을 때도 무수히 많은 노란색과 파란색을 만날 수 있습니다.) 하여 노란색과 파란색이 너무 많아서 구분해서 만트라를 한 번씩 하기에도 헷갈리거나 버거울 수 있습니다. 그렇게 두 만트라를 구분해서 하기가 정 버거울 때는 노란색을 보든 파란색을 보든 그저 한 가지 만트라만 반복해도 되고, 두 만트라를 함께 자유로이 사용해도 됩니다.

"늘 깨어서 자각한다. 늘 깨어서 바라본다!"

우리 집 화장실 유리엔 스티커가 하나 붙어 있는데, 그 스티커가 노란색과 파란색으로 되어 있습니다. 이걸 제가 언제 자각했을까요? 밤늦게 이 명상법을 계발하고 명상을 시작한 바로 그다음 날 아침에 세수하려다 이 사실을 자각했습니다. 무려 30년 동안 살면서도 자각하지 못했던 것이 갑자기 또렷하게 자각된 것입니다. 저는 깜짝 놀랐고, 너무 신기했습니다. 왜 하필 그 스티커가 노란색과 파란색으로 되어 있었을까요!

왜 하필 그것이 30년 동안 자각되지 않다가, 이제야 그 순간에 제 눈에 들어와 또렷이 자각이 되었을까요? 정신적 안테나를 켜듯이, 관심을 가지고 있지 않다가 그제서야 관심을 가졌기 때문입니다. 즉 노란색과 파란색에 대한 관찰력과 자각력이 하루 만에 많이 높아졌기 때문입니다.

우리는 이처럼 거대한 무감각 속에서 살고 있는지도 모릅니다. 깨어있지 않은 상태, 자각하지 못하는 상태에서 삶을 살아가고 있는지도 모릅니다. 명상은 이러한 무감각의 상태에서 우리의 의식을 깨워주는 작업일 것입니다. 깨어 있으면 더 잘 보이고, 더 잘 들리고, 더 잘 느껴집니다. 그래서 느낌이 더 생생해지고 더 풍부해집니다. 이러한 체험은 내면세계를 더 건강하게 하고 풍요롭게 만들어 줄 것입니다.

> 최고의 생활방식은 단 하나의 문장으로 표현할 수 있습니다. 그것은 바로 '깨어 있는 삶'입니다. 또는 다른 말로 하면 주변의 모든 것을 알아차리는 겁니다. 깨어난다는 건, 판에 박힌 일상을 살아가고, 남에게 전해 들은 신념과 의견을 따르고 어떤 희망에 집착하는 걸 뛰어넘는 걸 의미합니다.
>
> -디팩 초프라, 『완전한 명상』에서

이 명상법은 연결의 대상에 따라 다양하게 응용이 가능합니다. 예를 들어 언제 어디서든 숫자 1을 볼 때마다 '늘 깨어서 자각한다'를 외우고, 숫자 2를 볼 때마다 '늘 깨어서 바라본다'를 외울 수 있습니다. 그러면 숫자에 대한 관찰력과 자각력이 급격히 높아지게 될 것입니다.

마찬가지로 언제 어디서든 실물뿐 아니라 영상이나 사진까지 합쳐서, 개를 볼 때마다 '늘 깨어서 자각한다'를 외우고, 고양이를 볼 때마다 '늘 깨어서 바라본다'를 외울 수 있습니다. 또, 남성의 표정이나 눈빛을 보았을 때 '늘 깨어서 자각한다'를 외우고, 여성의 표정이나 눈빛을 보았을 때 '늘 깨어서 바라본다'를 외울 수 있습니다.

다른 만트라를 사용할 수도 있습니다. 아주 간단하게 '늘 자각한다/또 자각한다' 혹은 '매 순간 자각한다/매 순간 깨어난다'로 해도 됩니다. 저는 어디서든 꽃을 볼 때마다 미소 지으며 '매 순간 자각하고 깨어난다'를 외웁니다. 또 저는 어디서든 초록색을 볼 때마다 '완전한 자유'를 외우고 녹색을 볼 때마다 '완전한 깨달음'을 외우는데 이는 자각하기뿐 아니라 목표에 대한 집중과 자기 암시도 함께 됩니다. 이것은 명상을 생활화하고, 알아차림의 감각을 깨우기 위해 만든 저의 특별 루틴입니다. 응용한다면 루틴의 방법은 실로 다양할 것입니다. 이처럼 누구나 알아차림을 위한 자기만의 루틴을 만들 수 있을 것입니다.

지식과 경험은 언제나 변화하지만,
그것에 대한 알아차림은 결코 변하지 않는다.
경험하는 대상은 항상 변화하지만,
그것에 대한 알아차림은 늘 그대로이다.

-루퍼트 스파이라

어떤 대상으로 루틴을 삼든 그것이 반복되면 조건반사의 도미노처럼 일상에서도 알아차림 명상을 쉽게, 지속적으로 할 수 있게 될 것입니다. 그러면 그럴수록 늘 '깨어서 자각하는 사람', '깨어서 바라보는 사람'이 되어가게 될 것입니다.

Checker
29 | 이미지로 3초 생각 멈추기 명상

생각은 멈추는 것은 생각의 휴지(休止)를 가져오고 생각의 관성으로부터 빠져나오게 합니다. 생각의 바깥은 텅 빈 공간임으로, 생각으로부터 빠져나오면 의식은 텅빈마음으로 옮겨가게 됩니다. 달리던 자동차가 보도블럭에서 브레이크를 밟으면 잠시 느려지듯이, 아주 잠시 생각을 멈추는 것도 생각의 관성을 약화시키는데 도움이 되며, 이것이 반복되면 그러한 자각과 통제력은 점점 더 강화됩니다.

눈뜬장님이 코끼리를 눈으로 보기 위해서는 생각이 자동으로 상속되며 흐르는 힘을 약화시키는 연습을 해야 한다. 생각들을 수시로 환기하고 전환하여 자주 끊기게 하면 된다. 생각의 여백이 차츰 느껴지고, 생각을 대하는 새로운 습관이 축적되면 '생각'이 생각 너머를 수용하는 전환을 맞게 된다. '생각'이 고집하던 주체성에 대한 고정관념이 마침내 허물어지는 것이다.
-김영식, 『시골 농부의 깨달음 수업』에서

생각에 끄달리거나 마음이 힘들 때, 즉각 생각을 멈추고 삿갓 크기의 '빛피라미드'를 모자처럼 머리에 쓰고 있다고 상상합니다. 모든 생각에서 빠져나와 오로지 이 '빛피라미드'만을 상상하며, 이 '빛피라미드'가 네 머릿속에서 좋은 에너지를 부어주고 있다고 상상합니다. 언제 어디서든 집중해서 이렇게 3초 정도만 하면 됩니다. 이는 생각을 '특정 이미지'로 치환해서 생각을 멈추게 하는 방식입니다.

> **명상이든 좌선이든 상관이 없지만,**
> **'생각'이 만든 쳇바퀴에서 벗어나려면 단순할수록 좋고,**
> **생각의 여백을 자주 마주칠 수 있어야 한다.**
>
> -김영식

이렇게 하면 고작 3초에 불과하지만 아주 잠시만이라도 생각회로에서 빠져나오게 되어 생각의 휴지(休止)가 일어납니다. 아울러 이런 생각의 멈춤과 빛피라미드가 주는 에너지 때문에 머리가 맑아지고 가벼워집니다. 이것이 자주 계속 반복되면 생각에서 빠져나오기가 점점 더 쉬워지고, 생각을 알아차리는 자각력 또한 점점 더 좋아지게 됩니다. 이것을 하루에 수시로 해서, 하루에 20번 이상 하는 것을 권해드립니다. 3초가 20회면 고작 1분밖에 되지 않습니다.

생각이 없는 상태에 처하게 되면 가볍고 행복해진다는 것을 모든 사람들이 경험으로 알고 있다. 무아론의 실천 검증 방법이 '생각 끊기'이다. 이것을 생각 없애기로 오해하면 안 된다. 생각 끊기는 미신이나 맹신적 신념 행위가 아니라, 실천하는 만큼 득을 볼 수 있는 현실적이고 효율적인 생활 방식이다. 지속적으로 생각을 끊어 무념에 대한 경험치를 늘려줄수록 힘과 효과가 강해진다. 그리고 생각을 사용하는 습관이 바뀌게 된다. 그렇게 흐르다가 어떤 비등점에 이르면 흔들리지 않는 안심이 완전하게 자리를 잡게 된다.

-김영식, 『시골 농부의 깨달음 수업』에서

이 명상법은 3초가 기본 초식이지만, 5초나 10초 동안 해도 됩니다. 핵심은 생각에 끌려가거나 생각으로부터 자유롭지 못할 때 이에서 벗어날 수 있는 이미지를 떠올려 수시로 생각의 브레이크를 밟아주는 것입니다. 자각 브레이크를 자꾸 밟게 되면 생각의 바퀴는 서서히 힘이 약해지고 멈추는 지점이 발생하게 될 것입니다. 그럴 때마다 머리가 맑아지고 마음이 편안해지는 것을 느낄 수 있을 것이며, 그것이 또 반복되면 생각의 여백에서만 만날 수 있는 치유와 깨달음의 장이 펼쳐질 것입니다. (이 명상법은 김영식 님의 '토템명상법'에 영감을 받아 만든 명상법입니다.)

컴퓨터처럼, 우리의 마음도 리셋을 해가면서 써야 늘 새로울 수 있습니다. 우리를 힘들게 하는 고민들에 대해, 단 1초라도 진심으로 망각해보는 것이 '초간단 마음리셋법'입니다. 마음이 초기화되면, 고민을 새로운 방식으로 다룰 수 있게 됩니다. 작은 자아인 '에고'의 번뇌와 불안과 독선은, 이들을 외면하고 초연한 마음에 관심을 돌릴 때, 곧장 사랑과 용서와 지혜로 변화할 것입니다. 이것이 바로 '영적 연금술'입니다.

-윤홍식, 『양심이 답이다』에서

'이미지로 생각 멈추기'의 또 하나의 다른 버전을 말씀드릴까 합니다. 눈을 감고 호흡을 통해 신비로운 치유 에너지가 내 속으로 들어와 내 머리와 가슴에 가득 채워진다고, 그래서 내 머리와 가슴이 편안해진다고 상상합니다. 날숨엔 모든 생각과 긴장이 다 빠져나간다고 상상합니다. 모든 생각을 멈추고 고작 3~5초 동안만 호흡에 집중하면서 이런 상상을 생생하게 하기만 하면 됩니다. 그러면 한 번의 들숨과 날숨의 그 짧은 순간에도 머리와 가슴이 조금이라도 맑아지거나 편안해지게 됩니다. 이 간단한 방법만으로 생각으로부터 잠시나마 자유로울 수 있게 되고, 생각의 관성에 브레이크를 밟을 수 있게 됩니다.

생각에 브레이크를 밟는 능력이 향상된다는 것은 생각으로부터 빠져나오는 능력이 향상된다는 뜻입니다. 그것은 곧 에고로부터 빠져나오는 능력이, 텅 빔의 상태로 이동하는 능력이 향상된다는 말과 같은 것이다. 그래서 무엇보다 중요한 것은 이를 '자동 재생 습관이 되게 하는 것'일 터입니다. 이것이 일상의 자동습관이 되면 에고의식에서 순수의식으로 내면이 리셋되는 일이 반드시 일어나게 될 것입니다.

질문으로 자각하기 명상

생각의 문을 열어주고, 사념의 울타리를 벗어나게 하는 데 '질문'은 아주 좋은 도구가 됩니다. '질문으로 자각하기 명상'은 생각이 너무 많이 일어나거나, 부정적인 생각에 끄달려서 괴로울 때 하면 좋은 명상법입니다.

· 지금 이 생각을 왜 하고 있나? (1분)

· 나는 왜 집착하고 저항하고 있나? (1분)

· 나는 지금 깨어서 자각하고 있는가? (1분)

이 세 문장을 각 1분씩 외우는 것이 이 명상법의 기본 형식입니다. 이렇게 이 세 가지 질문을 1분씩만 반복해서 던지면, 저절로 생각의 관성에서 벗어나게 나고 자각력이 높아지게 됩니다.(집중하기 위해선 눈을 감고 하는 것이 더 좋습니다.) 고작 3분이면 생각이 많이 줄어들거나 명료해지는 것을 느낄 수 있을 것입니다. 이것을 1세트로 치고 필요에 따라 여러 세트를 더 반복하면 됩니다.

질문을 반복해서 던지면 내면은 반드시 그 답을 찾기 위해서 움직이게 됩니다.

그래서 이렇게 '생각'에 대한 질문을 던지게 되면 생각에 대한 생각하기, 즉 '생각에 대한 거리 두기와 자각하기'가 발생하게 됩니다. 이 세 가지 질문 중에 하나의 질문만 반복해서 던져도 그렇게 되는데, 이 세 가지 질문을 함께 던지게 되면 그런 효과는 배가 됩니다. 하여 이 질문들은 '고요히 깨어있는 상태, 고요히 깨어있는 사람'을 만들어 줍니다.

> 파도치는 것이 바다의 본성인 것처럼
> 이리저리 움직이는 것이 마음의 본성이라는 점을 기억하라.
> 언제나처럼 당신이 할 일은 이 '자각 속'에 머무는 일이다.
>
> -존 카밧진

어떤 생각을 하게 되면 반드시 그에 따른 반응이 일어나게 됩니다. 그래서 생각의 관성을 잘 자각하고 그것에서 벗어나기 위해선 '생각과 반응'의 관계를 잘 살펴보는 것이 좋습니다. 특히 고통과 괴로움을 유발하는 생각에는 반드시 집착과 저항이 담겨 있습니다. 이는 무의식 차원에서 생각의 여러 뿌리들과 닿아있습니다. 때문에 왜 집착하고 저항하는지 자각하게 되면 잡초를 뿌리 채 다 뽑아내듯 생각의 관성에서 더 빠르게 벗어나게 도와주는 기능을 합니다. '무엇에 집착하고 저항하는지, 왜 집착하고 저항하는지'가 실은 자각하기의 핵심이라고 할 수 있습니다.

머릿속의 거짓 생각의 노예가 된 상태에서 자유로워질 방법은 무엇일까요? 바로 지켜보는 것입니다. 머릿속의 재잘거림과 그것이 만들어 내는 감정을 지켜봄으로써 나와 분리하는 것입니다. (…) 나와 생각 사이에 틈을 만들어 이 둘을 분리해야 합니다. 이 틈을 만드는 과정이 명상이고 수행입니다. 틈을 만드는 수행에서 내가 할 일은 그것들을 지켜보는 것입니다. 생각과 감정을 지켜보는 것입니다. 이 단순한 행위가 바로 우리를 고통에서 벗어나서 깨어남으로 들어가게 하는 연금술입니다.

-김지나, 『명상과 함께하는 삶』에서

고통은 언제 발생할까요? 자신이 원하는 대로 되지 않을 때, 혹은 그것을 받아들일 수 없을 때 발생합니다. 고로 '고통은 원하는 대로 되지 않을 때 일어나는 심리적 반응'이라고 할 수 있습니다. 따라서 '고통은 외부의 객관적 조건이 아니라, 그것에 대해 마음이 일으키는 반응'임을 알아야 합니다. 이것을 깨닫는 것이 고통에서 벗어나는 출발점이기 때문입니다. 고통은 객관적 사실이 아니라 주관적 반응입니다. 주관적 반응이란 나의 선택이라는 뜻이며 이는 나의 선택에 따라 달라질 수 있음을 의미합니다.

모든 심리증상은 다 생각중독입니다. 생각중독이 되었을 때는 관성이 너무 강하기 때문에 잘 벗어나기가 싶지 않습니다. 그래서 생각에 브레이크를 밟아주는 방법이 필요한 것입니다. 생각을 자각하게 하는 '질문'을 반복해서 던지게 되면 생각의 관성이 점차 줄어들거나 멈추게 됩니다. 자각 질문은 내면의 자명종처럼 언제 어디서든 우리를 고요히 명료하게 깨어 있게 만들어 줄 것입니다.

우리는 자신의 사고 패턴에 의해 매우 조건화되어 있기 때문에
이제 더 이상 자신의 생각을
'생각'으로 알아보는 것조차 어렵게 되었다.

-존 카밧진

내담자 중엔 명상 중에 생각이 너무 많이 일어나서 '명상을 못하겠다'고 하는 분들이 가끔 있습니다. 그런 분들께도 이 명상법이 좋은데, 이와 함께 인지해야 할 중요한 점이 하나 있습니다. 파도가 없는 바다는 바다가 아닌 것처럼, 명상은 생각이 일어나지 않게 억누르는 게 아니라… 일어나는 생각을 자각하고, 이해하고, 허용하고, 수용하고, 내려놓는 연습을 하는 것이 본질입니다.

바다에 파도가 있는 것이 자연스러운 것처럼, 다양한 생각이 일어나는 것은 지극히 정상적이고 자연스러운 일입니다. 생각이 일어나지 않는 사람은 죽은 사람밖에 없습니다. 만약 생각이 일어나지 않는다면 애초에 명상을 할 이유나 필요가 없을 것입니다. 요컨대 생각이 너무 많이 일어나는 것은 생각을 너무 많이 억압하고 살았기 때문입니다. 생각을 잘 허용하고 받아들이는 사람에게 그런 일이 일어나지 않습니다. 그래서 '질문으로 생각 자각하기'도 생각에 대한 넓고 넓은 이해와 전면적인 허용 속에서 하면 더 좋습니다.

예전에는 어떤 생각이든지 머릿속에서 떠오르는 대로 모두 받아들여 생각나는 대로 말하고 행동하는 수동적인 생활을 했다면, 이제는 자신에게 도움이 되는 현실적이고 건강한 생각만을 골라 능동적으로 자신의 삶을 주도해야 한다. 감정은 우리 힘으로 컨트롤할 수 없지만 생각은 꾸준한 연습만 이루어진다면 얼마든지 바꿀 수 있다.

-상진아,『그들이 쏜 화살을 내 심장에 꽂은 건 누구일까?』에서

심리치유엔 절대적인 공식이 하나 있습니다. "좋아지려면 좋아질 수밖에 없는 생각과 행동을 반복해야 한다." 좋아지려면 좋아질 수밖에 없는 긍정적인 자기 대

화를 해야 합니다. 때로는 내 생각이 내게 가장 큰 상처를 줍니다. 마이너스 생각을 붙잡고 있으면 내 생각이 내게 가장 위험한 화살이 됩니다. 좋아지려면 좋아질 수밖에 없는 플러스 사고습관을 가져야 합니다. 거듭 말하지만 모든 증상은 생각중독 때문에 일어납니다. 그래서 '마이너스 생각중독'에서 벗어나 좋아질 수밖에 없는 플러스 사고습관을 가지기 위해선 '자각 연습'이 필수적입니다. 이것이 우리가 늘 깨어서 자신의 '생각-반응'을 잘 자각해야 하는 이유일 것입니다.

· 나는 지금 무엇을 믿고 있나?
· 나는 지금 무엇에 집중하고 있나?

우리의 삶을 결정하는 것은 무의식 속의 믿음입니다. 그래서 내가 무엇을 믿고 있는지를 자각하는 것은 행복한 삶을 살기 위해 절대적으로 중요하다고 말할 수 있습니다. 내 안에 있는 혹은 내가 붙잡고 있는 '마이너스 믿음(신념)'은 전부 자각한 다음 다 내려놓아야 합니다. 이것이 이뤄지지 않고는 치유는 물론이요 성공과 행복도 결코 얻을 수 없을 것입니다.

'인생은 선택과 집중이다'라는 말이 있지요. 매 순간 내가 집중한 것들의 총합이 내 삶이 됩니다. 내가 집중하는 하는 것이 삶의 모든 것을 결정합니다. 내가 무엇에 집중하고 있는지 자각하는 것도 치유와 성장과 성공과 행복에 있어 너무나 중요한 과제라 할 수 있습니다. 똑같은 상황인데도 걱정에 집중하는 것과 해결책에 집중하는 것은 전혀 다른 결과를 만들어냅니다. 나는 지금 내게 도움이 되는 생각과 행동에 집중하고 있을까요? 아니면 그 반대일까요? 좋아질 수밖에 없는 것들에 계속 집중하는 사람은 반드시 좋아질 수밖에 없습니다.

몰입할 때 자유를 얻는 까닭은,

더는 사소하고 하찮은 일에 흔들리지 않게 되기 때문이다.

-마크 맨슨

이런 까닭에 이 두 질문도 깨어 있는 사람으로 만들어 주고, 치유와 성장과 행복으로 이끌어주는 아주 좋은 도구가 될 것이니 적극 함께 사용해 보시길 권해 드립니다.

생각 이전 명상

눈을 감고 자신의 내면을 들여다봅니다. 구름 뒤에 텅 빈 하늘이 있는 것처럼 생각구름과 감정구름이 이면에는 텅 빈 공간(텅빈마음)이 있습니다. 오로지 그 텅빈마음을 바라보면서 만트라를 반복합니다. 텅빈마음에 주파수를 맞추듯, 오직 생각구름 사이의 '빈 공간'만을 바라보며 만트라를 반복하기만 하면 됩니다. 그러면 마음의 초점이 생각구름이 아니라 텅빈마음으로 옮겨가기 때문에 텅빈마음이 깨어나기가 더 쉬워지게 됩니다.(혹은 하늘에서 내 몸과 마음이 다 사라지고 하늘과 하나가 되었다고 상상한 다음 만트라를 반복하는 방법도 가능합니다.)

· 나는 생각 이전(以前)을 자각하고 완전히 깨어난다.(매 순간 깨어난다)
· 나는 생각 이전의 텅빈마음이다.
· 나는 지금도 텅빈마음이요, 영원히 텅빈마음이다.

'생각 이전'이라 함은 '몸 이전'과 '마음 이전'과 '나 이전'을 포함하는 말입니다. '나'라는 생각 이전에는 '나'가 존재하지 않습니다. '나' 또한 단지 하나의 생각일 뿐이니까요. 일체의 생각이 다 사라지면 '나'도 사라지게 됩니다. 그래서 생각 이전으로 가면 에고가 소멸하게 되고, 텅빈마음의 참나가 드러나게 됩니다. 에고구름에서 벗어나 무한하고 완전한 참나의 하늘로 깨어나게 되는 것입니다.

> **참된 치유는 지금 이 순간이 어떠해야 한다는**
> **모든 관념이 떨어져 나가는 것이다.**
>
> -제프 포스터

아디야샨티는 생각 이전에 대해 이렇게 말했습니다. "그것은 이미 늘 현존하는, 고요한, 움직이지 않는 근원입니다. 그것은 또한 생각 이전에 있을 뿐 아니라 생각의 배경에 있는 근원입니다. 당신은 아는 것보다 '알 수 없는 것'에 더 관심을 가져야만 합니다. 그러지 않으면 관념적 사고의 매우 좁고 왜곡된 관점에 사로잡힌 노예로 머물게 될 것입니다. '알 수 없는 것' 속으로 아주 깊이 들어가야만 합니다. 그러면 당신이 누구이고 무엇인지를 알기 위해 생각을 참고할 필요가 없어집니다. 오직 그때에야 생각은 자신이 마치 진실인 양 거짓되게 가장하는 대신, 진실한 것을 반영할 수 있습니다."

생각이 일어나기 이전은 '텅빈마음'밖에 없습니다. 이것이 내면의 실상이요 나의 본래면목입니다. 모든 생각은 이 텅빈마음이라는 바탕 위에 일어났다 사라지는 구름에 지나지 않습니다. 모든 고통은 생각구름에 끄달리거나 생각구름에 갇혀 있는 때 발생되는 것이므로, 우리 마음의 본래 바탕인 텅빈마음으로 의식이 옮겨가게 되면 모든 생각구름의 고착과 구속에서 빠져나오게 됩니다. 모든 증상과 모든 고통은 생각중독이 만드는 것입니다. 그래서 이 간단한 방법으로 심리치유와 영적 각성까지 다 가능합니다.

> **우리는 생각의 내용과 자기 자신을 동일시하며,**
> **우리가 실은 생각보다 더 큰 존재라는 사실을 깨닫지 못하는 경우가 많다.**
> **우리는 생각이 일어나는 배경이기도 한데 말이다.**
>
> -레스 페미

깨어나기 위해선 마음의 주파수를 텅빈마음에 맞추고 살아가야 합니다. 어떤 방식으로든 '생각이 일어나기 이전'에 의식의 초점을 맞추면 생각 이전으로 의식이 옮겨가게 됩니다. 그러면 잠시 만에도 머리가 맑아지고 마음이 평안해지는 것을 느낄 수 있을 것입니다. 그것이 지속되고 반복되면 텅빈마음(순수의식)이 깨어날 수밖에 없습니다.

나는 언제 텅빈마음일까요? 혹은 언제 텅빈마음이 될까요? 즐거울 때도 나는 텅빈마음이요, 괴로울 때도 나는 텅빈마음입니다. 명상을 할 때도 나는 텅빈마음이요, 생각이 복잡할 때도 나는 텅빈마음입니다. 내가 텅빈마음임을 잊고 있든 자각하고 있든 나는 늘 텅빈마음입니다. 내가 무한하고 완전한 텅빈마음이 아닌 순간은 존재하지 않습니다. 나는 '육신의 나'가 아니라, 나라고 하는 그 육신의 개별 존재를 품고 있는 텅빈마음이기 때문입니다.

모든 것을 내려놓고 침묵과 평화, 명상을 통해 존재계와 더 가까워져라. 그러면 어느 날엔가 자신이 가득 차 있음을 알게 될 것이다. 기쁨과 은총으로 흘러넘치고 있다는 것을 느낄 것이다. 너무나 많은 것을 갖고 있어서 아무리 퍼 주어도 고갈되지 않을 것이다. 그런 날이 오면 그대는 생애 처음으로 돈, 음식, 사물 등 어떤 것에도 탐욕을 느끼지 않게 될 것이다. 그대의 삶에 충족되지 않는 탐욕과 치유되지 않는 상처는 더 이상 존재하지 않을 것이다. 그대는 자연의 흐름과 하나가 된 삶을 살게 될 것이고, 자신에게 필요한 것은 무엇이든지 발견하게 될 것이다.

-오쇼, 『이해의 서』에서

우물 속에서 우물을 보는 것과 우물 밖에서 우물을 바라보는 것은 같지 않듯이, '에고'를 내 마음속에서 바라보는 것과 내 마음 밖에서 바라보는 것은 결코 같지 않을 것입니다. 아울러 생각구름을 에고 속에서 바라보는 것이 아니라, 에고에서 벗어난 텅빈마음 속에서 바라보는 것 또한 결코 같지 않을 것입니다. 그것은 '구름이 하늘을 보는 것'과 '하늘이 구름을 보는 것'만큼이나 다른 것일 테니까요. '텅 빈 하늘이 구름을 바라보는 것'이 어떤 느낌인지 알려면, 에고가 생각 이전의 텅빈마음으로 깨어나야 합니다. 그러려면 생각 이전의 텅빈마음을 끊임없이 자각하고 음미해야 할 것입니다.

눈을 감고 양손은 다섯 손가락 끝부분만 살짝 닿게 해서 허벅지 사이에 올려놓습니다. 고요한 마음으로 구름 한 점 없는 깨끗하고 드넓은 텅 빈 하늘을 상상합니다. 그 텅 빈 하늘처럼 내 몸 안에서 생각구름과 감정구름이 전부 다 빠져나가 허공처럼 '텅 빈 상태'가 되었다고 상상합니다.

내 몸 안에는 내 몸 부피만큼의 텅 빈 공간이 있습니다. 이 텅 빈 공간이 100배 커진다고 상상합니다. 이 상태에서 "나는 순수의식으로 깨어난다"를 10회 반복합니다. 다시 텅 빈 공간이 천 배 커진다고 상상합니다. 똑같이 "나는 순수의식으로 깨어난다"를 10회 반복합니다. 다시 텅 빈 공간이 만 배 커진다고 상상합니다. 똑같이 "나는 순수의식으로 깨어난다"를 10회 반복합니다. 다시 텅 빈 공간이 10만 배 커진다고 상상합니다. 똑같이 "나는 순수의식으로 깨어난다"를 10회 반복합니다. 다시 텅 빈 공간이 100만 배 커진다고 상상합니다. 똑같이 "나는 순수의식으로 깨어난다"를 10회 반복합니다. 이제 텅 빈 공간이 우주를 다 담을 만큼 무한대로 커진다고 상상합니다. 이렇게 텅 빈 공간이 우주만큼 커진 다음, 그 넓어진 광활한 공간을 음미하면서 만트라를 계속 반복합니다.

· 나는 늘 순수의식으로 깨어나고, 순수의식은 늘 나로 깨어난다.

· 나는 늘 무한하고 완전한 순수의식이다.

나는 무엇일까요? 나는 몸이 아니라 순수의식입니다. 나는 감정이 아니라 순수의식입니다. 나는 생각이 아니라 순수의식입니다. 나는 괴로움이 아니라 순수의식입니다. 나는 상처가 아니라 순수의식입니다. 나는 에고가 아니라 순수의식입니다. 나는 시공간에 묶인 존재가 아니라 시공간을 초월한 순수의식입니다. 나는 늘 있는 그대로 완전한 순수의식입니다.

인도의 영성가 라마나 마하리쉬는 이렇게 말했습니다. "순수의식은 부분으로 나누어질 수 없다. 그것은 형태도 없고, 모양도 없으며, 안도 없고 밖도 없다. 오른쪽도 없고 왼쪽도 없다. 순수의식, 또는 가슴속에는 모든 것이 포함되어 있다. 여기에서 떨어져 있는 것은 아무것도 없다."

그 어떠한 경우든 나의 순수의식은 조금도 손상되지도 않고, 조금도 부족하지도 않습니다. 무한하고 완전하게 늘 내 안에 충만합니다. 그래서 내 순수의식은 언제나 온전하고 완전하고 완벽합니다. 모든 것이 텅빈마음 속에 있고 텅 빈 공간 속에 있듯, 모든 것은 순수의식 속에 있습니다. 그래서 순수의식이 스며 있지 않은 것은 없습니다. 모든 것은 순수의식 속에 있고, 순수의식은 모든 것 속에 있습니다.

'텅 비어 있는 느낌'과 순수의식의 경험 사이에는 미묘하지만 중요한 차이점이 있다. 텅 비어 있는 느낌이란 그 안에 뭔가가 있어야 한다는 '기대감'이 이미 내포되어 있다. 즉 그 안에 뭔가가 있어야 하며, 뭔가가 빠져 있다고 느끼는 것이다. 반면 순수의식에서는 경험 대상이라는 형태로 경험하는 것은 없지만, 그럼에도 불구하고 '아무것도 없다'는 느낌이 아주 생생하게 느껴진다. 그것은 진동하듯 떨리는 느낌이며, 매우 생생하고 무한한 가능성의 느낌, 순수한 가능성의 느낌이다. 순수의식은 모든 경험의 근원이다. 텅 빈 느낌은 뭔가 부족한 느낌을 경험하는 것이지만, 순수의식 속에는 부족한 느낌이 전혀 없다.

-톰 스톤, 『순수의식』에서

무한하게 확장된 텅 빈 공간을 느끼고 음미하면서 만트라를 반복하게 되면 순수의식을 빠르게 체험하게 될 것입니다. 이 과정에서 머리가 맑아지고 가슴은 편안해지며, 무의식 정화도 함께 일어나게 될 것입니다. 무의식 정화는 아날로그 방식으로 하는 방법이 있고, 디지털 방식으로 하는 방법이 있는데, 이 명상법처럼 감정이나 생각을 일일이 정화하는 것이 아니라 바로 영적 각성을 지향하는 것은 디지털 방식으로 하는 방법이라 할 수 있습니다.

어떤 방식으로든 의식확장이 일어나면 무의식 정화는 저절로 일어나게 됩니다. 왜 그럴까요? 에고의식에서 벗어나는 것이 무의식 정화의 핵심이자 정수이기 때문입니다. 에고의식에서 벗어난다는 것은 곧 참나의식, 순수의식으로 의식이 확장됨을 의미합니다. 순수의식은 완전한 허용, 조건 없는 수용과 사랑과 같은 말이며, 이 속에는 모든 정화의 에너지가 전부 다 있습니다. 그러므로 의식이 깨어나는 것이 최고 수준의 무의식 정화임을 명심해야 할 것입니다.

새로운 자아를 창조하기 위해서는 현재의 자아를 벗어나야 한다.
자신만의 방식에서 벗어나야
그 자리에 더 큰 어떤 것이 들어설 수 있다.

조 디스펜자는『나는 플라시보다』에서 에고를 이용해 에고를 바꾸려는 것을 아무 소용없는 일이라고 하며 이렇게 말하고 있습니다. "나는 워크숍 참가자들이 명상 중에 자신을, 곧 자신의 정체성을 넘어서 아무 사람도 아니고, 아무 몸도 아니며, 아무 공간 아무 시간에도 존재하지 않는 순수의식이 되기를 바란다. 그런 일이 일어나면 그들의 뇌와 몸은 환경이 바뀌기 전부터 바뀌기 시작한다. 그 결과 워크숍을 마치고 일상으로 돌아가도 더 이상 외부세계가 만드는 무의식적 조건화의 희생자로 살지 않는다. 그때 흔치 않는 일, 바로 기적이 일어난다."

모든 고통과 번뇌는 에고의식 속에 갇혀 있을 때 일어납니다. 그러니 그것을 해결하려면 어떻게 해야 할까요? 에고의식이 순수의식으로 리셋되는 것이 깨달음입니다. 순수의식이 될 때 에고에서 온전히 벗어날 수 있고, 에고에서 온전히 벗어나야 모든 고통과 상처에서 벗어날 수 있고, 오직 그럴 때라야 온전히 치유될 수 있습니다. 이것이 우리 모두가 깨어나야 하는 이유일 것입니다.

버전①: 눈을 감고 구름 한 점 없는 깨끗하고 드넓은 텅 빈 하늘을 상상합니다. 그 텅 빈 하늘처럼 내 안에서 생각구름과 감정구름이 전부 다 빠져나가 허공처럼 '텅 빈 상태'가 되었다고 상상합니다. 그 텅 빈 공간을 음미하면서 만트라를 반복합니다. (반드시 책 앞부분에 있는 텅빈마음에 대한 설명 글을 충분히 정독해서 숙지하신 후에 명상을 시작하시기 바랍니다.)

버전②: 눈을 감고 내 몸이 하늘에 떠 있다고 상상합니다. 사방으로 탁 트인 하늘을 바라보며, 하늘의 좋은 에너지를 들이마시며 내 마음이 하늘처럼 텅텅 비어지고 커진다고 상상합니다. 그런 다음 내 몸과 마음이 사라져 하늘과 완전히 하나가 되었다고 상상합니다. 마치 하늘 속에 내가 있고 내 속에 하늘이 있는 듯이! 이런 상태에서 탁 트인 넓고 넓은 무한의 '텅 빈 하늘'을 바라보고 음미하면서 만트라를 반복합니다.

· 나는 영원히 완전한 텅빈마음, 텅 빈 하늘이다.(나는 무한하고 완전한 텅빈마음, 텅 빈 하늘이다.)

· 나는 매 순간 자각하고 깨어나는 텅빈마음이다.

· 나는 매 순간 수용하고 깨어나는 텅빈마음이다.

· 나는 늘 텅빈마음으로 깨어나고, 텅빈마음은 늘 참나로 깨어난다.

· 나는 텅 빈 무한의 마음이다. 내 안에 모든 진리와 깨달음이 있다.

만트라가 총 다섯 가지이므로 만트라 하나를 2분씩 외우면 총 10분이 되고, 5분씩 외우면 25분이 되고, 10분씩 외우면 50분이 됩니다. 어떻게 하든 자신의 시간과 의도에 맞게 자유롭게 조절하면서 하면 됩니다. 녹음파일을 만드는 경우는 한 문장당 10~20번씩 읽어서 편안한 배경음악과 함께 녹음한 다음 반복해서 들으면서 암송하시면 됩니다.

나의 본성은 텅 빈 무한의 마음이요, 텅 빈 무한의 하늘입니다. 내 안에 텅 빈 무한의 마음, 무한의 하늘이 있음을 아는 것이 영적 부활이요 깨달음입니다. 무한의 마음은 우주를 다 품어 안을 만큼 큰 것이요, 우주는 언제나 그 무한의 마음 안에 있는 것입니다. 고로 그 텅 빈 무한의 마음속에는 우주의 모든 것이 있고, 모든 시간과 공간이 있습니다.

바람인형처럼 내 안과 밖에는 공(空)이 있고, 텅빈마음이 있습니다. '텅빈마음' 속에는 빈 그릇처럼 완전한 허용과 받아들임이 있습니다. 그 속엔 깨어지지 않는 하늘처럼 완전한 조화가 있고, 무한한 사랑이 있고, 모든 진리와 깨달음이 있습니다. 텅빈마음은 내 안에 있는 나 너머의 무한의 영토와 같고 무진장의 보물장고와 같습니다.

성품(마음)과 정신과 생명력으로 이뤄진 나는 사랑의 크기만큼 커집니다. 온 우주의 삼라만상을 사랑하면 우주를 감쌀 만큼 커집니다. 아무도 사랑하지 않은 이는 깨알보다도 작아집니다.

하늘은 텅 비워져 있어 우주 삼라만상을 감싸 안습니다. 그 무엇 하나 싫어하지 않고 거부하지 않고 모두를 포용합니다. 모두에게 똑같이 사랑을 보냅니다. 하늘의 평화, 사랑의 에너지는 무한한 우주 속에 가득 스며 있습니다. 그래서 하늘은 무한히 큽니다.

우리가 삼라만상을 사랑으로 품어 안는 순간, 우리의 성품(마음)은 하늘의 성품과 일치합니다. 하나가 됩니다. 우리는 하늘의 일부가 되어, 신성한 참모습, 본래의 모습으로 돌아갑니다.

-자허, 『숨 명상 깨달음』에서

만트라를 반복하면 의식과 무의식에 만트라의 내용이 스며들어, 의식과 무의식이 만트라처럼 변형되어 갑니다. 항아리에 물이 가득 채워지듯 만트라가 내면에 가득 채워지면 영적 각성이 일어날 것이요, 그 이전에도 무의식 정화가 일어나 좋은 변화들이 생길 것입니다.

'생각구름'이 내 몸속을 다 빠져나가는 상상을 하면 실제로 그런 효과가 발생합니다. 마찬가지로 하늘에서 내 몸과 마음이 사라져 넓고 넓은 하늘과 완전히 하나가 되었다고 상상하면 그 또한 그런 효과가 발생합니다. 그러므로 상상을 최대한 생생하게 하는 것이 좋습니다. 이처럼 상상과 만트라가 결합될 때 더 좋은 명상효과를 볼 수 있으므로, 이런 점을 잘 고려하면서 명상을 하시기 바랍니다.

블루 정화 명상

눈을 감고 양손은 느슨하고 가볍게 깍지를 끼고 양손 엄지와 검지는 마름모 모양으로 서로 끝을 붙여 양 허벅지 사이에 올려둡니다. 이 무드라 동작 자체만으로도 마음과 호흡을 편안하게 하는데 도움을 주지만, 명상의 다른 요소와 결합되어 신호와 조건반사를 만드는 앵커링 역할을 해줍니다.

숨을 들이마실 때는 밝고 깨끗한 느낌의 하늘색 혹은 파란색 빛 에너지가 코를 통해 들어와 내 머리와 가슴 가득 채운다고 생생하게 상상합니다. 이 눈부시게 맑고 신비로운 빛 에너지가 내 몸과 마음을, 내 머리와 가슴을 깨끗하게 정화시켜 준다고 상상하는 것입니다. 하늘색이나 파란색은 하늘을 상징하는 색입니다. 내 내면이 구름 한 점 없는 깨끗한 하늘처럼 맑게 비워지고 청명해진다고 상상해 보시기 바랍니다. 이런 상상 속에서 호흡에 따라 만트라 반복합니다.

첫 번째 호흡: 텅 빈 수용(들숨)/텅 빈 자유(날숨)

두 번째 호흡: 무한한 수용(들숨)/무한한 자유(날숨)

이 명상법은 호흡에 따라 두 가지 만트라가 '교차 순환되는 방식'을 취합니다. 첫 번째 호흡엔 첫 번째 만트라를, 두 번째 호흡엔 두 번째 만트라를 합니다. 이런 식으로 두 만트라를 계속 번갈아가 가며 순환 반복합니다. 이렇게 하면 두 만트라를 호흡과 동시에 할 수 있고, '수용과 자유'는 첫째 호흡과 둘째 호흡에 동일하게 계속 반복되기에 리듬을 탈 수 있을 뿐 아니라, 계속 교차 반복을 해야 하기에 집중과 몰입을 더 이끌어내게 됩니다. 그래서 의식과 무의식에 더 잘 스며드는 효과가 있습니다.

호흡은 몸으로부터 마음으로 연결하는 교량이다.
호흡은 몸과 마음 양자를 하나로 연결시킨다.
이 둘이 하나가 되는 것이 몸과 마음의 내면을 비춰주고,
평화와 안정을 가져다주는 것이다.

-틱낫한

파란색은 마음을 안정시켜 주고 차분하게 해주는 효과가 있습니다. 아울러 집중력을 높여주고 정신을 명료하게 만들어줍니다. 상상을 통해 빛 에너지를 들이마시는 것 또한 이러한 효과를 가지게 할 뿐 아니라, 상상과 함께 만트라에 집중함으로써 뇌 세포에도 좋은 자극을 주게 됩니다. 호흡만 할 때보다 이렇게 빛에 대한 시각화와 만트라를 함께 해야 하기에 집중해야 할 게 세 가지가 됩니다. 그래서 잡념을 떨쳐내기도 더 좋습니다.

파란색 공간에 있으면 맥박이 느려지고 심장박동수가 줄어들며 신체의 고통이 완화된다고 합니다. 파랑은 두통을 가라앉히고 고혈압을 치료하는 효과가 있으며

근육의 긴장을 풀어주고, 불면증과 편두통에도 도움을 준다고 알려져 있습니다. 호오포노포노 쪽에선 파란색 유리병에 물을 담아 햇볕을 쏘이면 치유의 정화에너지가 생성된 블루워터가 만들어진다고 합니다. 어느 나라에선 가로등을 파란색으로 바꾼 후 범죄가 줄었다는 연구 결과도 있습니다.

> 해탈은 지금 있는 것을 완전히 받아들이는 것입니다. 모든 것을 받아들이십시오. 그러면 더 이상 어떤 것에도 얽매이지 않을 것입니다. 그 무엇이든 받아들일 때 그것을 넘어서게 됩니다. 해탈은 완전한 받아들임이며, 그러므로 완전한 초월입니다.
>
> ─아이야샨티, 『완전한 깨달음』에서

이 명상법은 특히 긴장되거나 불안하거나 흥분(분노)될 때 하면 좋고, 공부하기 전이나 집중력을 높여야 할 때나, 장시간의 인내가 필요하거나 스트레스가 많을 때도 하면 좋습니다. 1, 2분을 해도 되고 5분, 10분을 해도 되고 그보다 훨씬 길게 해도 됩니다. 짧게도 해보고 길게도 해보시기 바랍니다. 효과가 너무 빨라서 고작 몇 분 안에도 마음이 편안해지는 것을 느낄 수 있을 것입니다.

치유 차원에서 '텅 빈 수용'이 원인이라면 '텅 빈 자유'는 그 결과일 것입니다. "텅 빈 수용→텅 빈 자유→무한한 수용→무한한 자유" 이처럼 이 만트라는 인과의 법칙으로 계속 순환하는 속성을 가지고 있습니다. 이러한 만트라가 호흡과 연결되면 이것이 의식과 무의식을 이끌어주고 확장시켜 주는 작용을 하기 때문에 명상효과가 더 깊어질 것입니다.

푸른 하늘은 무한한 수용과 무한한 자유가 있는 공간입니다. 내 내면이 그런 상태가 된다면 어떨까요? 더없이 자유롭고 편안한 상태가 될 것입니다. 그것은 나의 본성인 텅빈마음과 순수의식이 깨어난 상태와 같을 것입니다. 이 명상에 익숙해지면 한 걸음 한 걸음… 누구나 그런 상태로 조금씩 점점 더 다가가게 될 것입니다.

복식호흡(횡격막 호흡)을 하게 되면 숨이 깊어지기 때문에 몸과 마음이 이완되어 가슴이 편안해지고 스트레스가 줄어들게 됩니다. 뿐만 아니라 자율신경과 혈액순환을 좋게 하고 소화가 잘 되게 하고 몸의 신진대사가 활성화되어 각종 신체 질병을 치료하는 데도 많은 도움이 된다고 알려져 있습니다. 아기들이 복식호흡을 하는데, 인간의 건강에 가장 좋은 호흡이 복식호흡이라 할 수 있습니다.

호흡은 수명과도 관련이 있습니다. 호흡이 긴 동물인 거북이나 코끼리가 장수하는 반면 호흡이 짧은 토끼나 고양이는 수명이 짧습니다. 사람은 누구나 마음이 편안할 때 호흡이 더 깊어집니다. 호흡이 길고 깊은 사람은 더 건강하고 더 장수할 가능성이 훨씬 더 높을 것입니다.

우리는 들숨에 공기를 들이쉬고 날숨에 공기를 세상으로 내보낸다. 우리의 생명이 숨에 달려 있다고 할 수 있다. 스즈키 선사는 숨이 지속적으로 들어오고 나오는 것을 회전문에 비유했다. 숨이라는 필수적이고 신비스러운 회전문이 없이는 우리는 집을 나설 수 없다. 그러기에 숨은 우리를 현재 순간으로 되돌아오게 하는 편리한 첫 번째 주의(注意) 대상이 될 수 있다. 왜냐하면 직전의 숨은 사라지고 다음번 숨은 아직 오지 않았기에 우리는 지금 이 순간에 숨을 쉴 뿐이다. 그러므로 이것은 항상 지금 이 순간의 일이다. 그래서 숨은 우리의 방황하는 주의를 모으는 이상적인 닻의 역할을 수행할 수 있다. 숨은 우리를 현재 이 순간에 머물게 한다.

-존 카밧진, 『처음 만나는 마음 챙김 명상』에서

눈을 감고 양손을 펴서 무릎 위에 올려놓습니다. 아랫배에 야구공만 한 풍선이나 빛에너지가 있다고 상상합니다. 들숨에 이 풍선 혹은 빛에너지가 두세 배로 커지고 날숨에 다시 원래대로 작아진다고 상상합니다. 상상뿐 아니라 실재로도 숨이 단전까지 들어가서, 들숨에는 아랫배가 부풀어 오르게 하고 날숨에 아랫배가 다시 작아지게 합니다. 반드시 들숨엔 아랫배가 빵빵해지고 날숨엔 아랫배가 수축되어야 합니다. 처음엔 이렇게 의도적으로 아랫배를 부풀게 하고 작아지게 하는 것이 어렵고 억색할 수 있지만 조금만 연습하면 금세 익숙해질 것입니다.(복식호흡은 처음엔 누워서 연습하면 훨씬 더 쉽습니다.)

고요함은 신의 불멸이
당신의 내면에서 살아 숨 쉬는 것이다.

-파라마한사 요가난다

이렇게 복식 호흡을 하면서 4-1-5 호흡을 합니다. 코로 4초 동안 숨을 들이마시고, 1초 동안 멈추고, 다시 5초 동안 입으로 숨을 천천히 뱉는 방식입니다. 이렇게

4-1-5 복식 호흡을 하면서 들숨에는 '엄지/검지/중지' 이렇게 세 손가락을 붙이고, 날숨에는 다시 손가락을 폅니다.(이때 손은 무릎보다 양 허벅지 안쪽의 단전 바로 옆에 두는 것이 더 효과가 좋습니다. 필수!) 이렇게 특정 자극과 신호를 연결하는 것을 앵커링이라고 하는데, 이렇게 복식호흡과 앵커링을 같이 하게 되면 집중력이 높아지고 이완 상태가 더 잘 만들어질 뿐 아니라 뇌에 조건반사의 회로가 만들어지게 됩니다. 즉 세 손가락만 붙여도 뇌는 명상모드로 전환되게 되고, 단전이나 호흡도 그에 따라 반응하게 됩니다. 그래서 일반적인 복식 호흡법보다 명상 효과가 더 뛰어나게 업그레이드된다고 할 수 있습니다.

텅 빈 대나무가 된 것처럼 몸을 편하게 하고 휴식하라. 휴식은 이 순간만으로 충분한 상태를 의미한다. 더 이상 요구할 것도 기대할 것도 없다. 이 순간만으로도 그대가 바라는 것 이상이다. 이때 에너지가 아무 데로도 가지 않는다. 에너지가 평화로운 연못이 된다. 이 에너지의 연못 안에서 그대는 용해되어 사라진다. 그것이 휴식이다. 휴식은 몸이나 마음에 속하는 것이 아니다. 휴식은 전체의 차원에 속한다. 깨달은 사람들이 무욕을 강조하는 이유가 여기에 있다. 그들은 욕망이 있는 한 쉴 수 없다는 것을 안다.

텅 빈 대나무가 된 것처럼 몸을 편하게 하고 휴식하라. 더 릴랙스 하고, 지금 여기에 존재하라. 더욱 수동적이고 텅 빈 존재가 되어라. 주시자가 되어라. 아무런 욕망과 기대도 없이 초연한 주시자가 되어라. 그대 자신을 있는 그대로 받아들여라. 행복하게 받아들여라. 삶을 찬미하라. 그러면 어느 순간 모든 것이 무르익는 계절이 오고, 그대는 붓다가 되어 활짝 피어난다.

-오쇼, 『탄트라, 더없는 깨달음』에서

고요히 4-1-5 복식 호흡만 해도 되지만 이게 익숙해지면 심화 버전으로, 마음속으로 들숨에 '무한한 사랑', 날숨에 '무한한 평화'를 외우면서 하면 더 좋습니다. 들숨에 무한한 사랑이 채워지고 날숨에 무한한 평화가 발산된다는 의미입니다. 호흡에 따라 이런 말을 외우면 명상의 느낌을 더 강하게 할 뿐 아니라 만트라가 무의식에 스며들게 됩니다. 그러면 만트라 또한 복식호흡과 결합(조건반사)되어 좋은 자극을 줄 것입니다. 이렇게 조건반사의 회로가 강화되면 될수록 명상은 점점 더 쉬워지고, 명상효과는 점점 더 좋아지게 것입니다.

수용 선순환 명상

눈을 감고 양손을 펴서 무릎 위에 올려놓습니다. 들숨엔 '엄지와 중지와 약지' 이렇게 세 손가락 끝을 붙이고, 날숨엔 다시 천천히 펴줍니다. 이런 동작은 집중력을 높여주고, 만트라의 이미지와 의미를 증폭시키며, 조건반사를 만드는 앵커링 역할을 해줍니다.

고요히 호흡에 집중한 상태에서 들숨과 날숨에 따라 만트라를 반복합니다. 들숨에 '허용과 수용의 에너지'가 들어오고, 날숨에 '자유와 기쁨의 에너지'가 발산된다고 상상합니다. 의념은 하나의 에너지이므로 그렇게 믿고 상상하면 실제로 그러한 상태가 만들어집니다.(들숨은 코로 날숨은 입으로 내쉬기를 권합니다. 혹은 명상을 시작할 땐 입으로 내쉬다가 마음이 충분히 안정되고 나면 코로 내쉬기를 바랍니다.)

들숨: 허용과 수용

날숨: 자유와 기쁨

허용과 수용은 모든 고통과 아픔, 모든 집착과 저항을 녹이는 최고의 심리적 치유제입니다. 그러한 에너지가 들어오면 내면에 치유의 자장이 형성되고, 자유와 평안의 에너지 내면에서 발생할 수밖에 없습니다. 허용과 수용이 원인이요, 자유와 기쁨이 결과인 셈입니다. 이것이 치유의 선순환을 만드는 핵심 공식이자, 허용/수용이 만들어내는 자정작용 같은 마음의 연금술입니다. 하여 이 명상법이 습관이 된다면 내면에 고통과 괴로움을 발생시키는 악순환의 회로는 해체되고, 치유와 평온함을 발생시키는 선순환의 회로가 만들어질 것입니다.

깨달음은 자유를 선물해 주고, 자유는 있는 그대로 받아들이는 것과 뗄 수 없는 관계에 있습니다. 매우 단순합니다. 깨달음은 있는 그대로의 상태에 한 오라기의 저항도 보이지 않는 것에 다름 아닙니다.

-아디야샨티, 『춤추는 공(空)』에서

방법은 아주 단순하지만 1분을 하면 1분을 한 만큼, 5분을 하면 5분을 한 만큼, 10분을 하면 10분을 한 만큼의 그 효과와 가치를 찾아줄 것입니다. 불안할 때 하면 마음이 편안해질 것이요, 화가 날 때 하면 마음이 차분해질 것이며, 집착할 때 하면 저항이 가라앉을 것이요, 머리가 복잡할 때 하면 생각이 줄어들 것이요, 잠이 오지 않을 때 하면 긴장이 풀릴 것입니다.

지혜는 내가 아무것도 아니라고 말한다.
사랑은 내가 모든 것이라고 말한다.
그 둘 사이로 내 삶이 흐른다.

-니사르가다타 마하라지

요컨대 치유는 마음의 습관이 바뀌는 것이요, 무의식의 신념이 바뀌는 것입니다. 치유를 위해선 그 무엇보다 마음의 습관과 무의식의 신념이 바뀌어야 합니다. 허용과 수용을 습관화시키는 것은 그 가장 좋은 치유 루트로 달려가는 일과 같을 것입니다. 때문에 그러한 상태가 빨리 만들어질 수 있도록 항상 깨어서 틈 날 때마다 짧게라도 자주자주 하는 것이 좋을 것입니다. 이것이 자동재생 습관이 되면 내가 굳이 많은 힘을 쏟지 않아도 저절로 선순환이 반복되는 '허용과 수용과 자유와 기쁨의 마음 상태'가 될 테니까요!

무한한 조화 깨우기 명상

내 몸이 날아다니는 방석에 앉아 우주 공간에서 넓고 넓은 우주를 바라보며 명상을 한다고 상상합니다. 광활한 우주를 바라보며 우주의 의식과 에너지에 주파수를 맞추고, 그 의식과 에너지를 받아들인다고 상상합니다. 어디까지나 상상이지만 이러한 이미지는 명상효과의 측면에서 좋은 영향을 주게 됩니다. 그러므로 최대한 생생하게 상상하는 게 좋습니다.

눈을 감고 양손은 펴서 무릎에 올려놓습니다. 양손 위에는 배구공만 한 밝고 따뜻한 빛에너지가 있다고 상상합니다. 아주 좋은 치유의 빛에너지가 숨을 쉴 때마다 코로 들어와 단전까지 들어갔다가 날숨에 다시 천천히 나간다고 상상합니다. 그렇게 빛에너지가 들어오고 나가면서 내 몸과 마음을 깨끗이 정화시켜 준다고 상상합니다. 그렇게 빛에너지가 들어오고 나가는 것을 생생하게 상상하고 그 느낌을 잘 느껴주면서 마음속으로 호흡을 따라 만트라를 반복합니다.

들숨: 무한하고 완전한 조화

날숨: 무한하고 완전한 평화

호흡은 코로 들이마시고 입으로 뱉습니다. 만트라가 길기 때문에 호흡을 평소보다 길게 하는 것이 좋은데, 들숨의 정점에서 숨을 1초 정도 멈춘 다음 숨을 내뱉는 것이 좋습니다. 이렇게 호흡을 하면 약간의 긴장이 발생하기 때문에, 집중과 이완 효과를 더 좋게 만들어 줍니다.

우주에 '무한하고 완전한 조화'와 '무한하고 완전한 평화'가 있듯이, 우리 안에도 이미 '무한하고 완전한 조화'와 '무한하고 완전한 평화'가 있습니다. 이 명상법은 그러한 속성과 상태를 자각하고 일깨우기 위한 명상법입니다. 그것은 우리 안에 늘 있었던 우리의 본성이요, 우리의 값없는 재산입니다. 주파수를 맞추면 의식은 그 주파수의 에너지에 공명할 수밖에 없습니다. 이 명상이 익숙해지면 마음이 편안해지고, 의식과 무의식에 조화와 평화의 에너지가 점점 더 늘어나게 될 것입니다.

변화와 의식의 성장은 감정의 변화, 가슴의 감동 없이 일어나지 않으며 일어날 수도 없다. 우리는 가슴에서 변화를 요청하는 소리를 듣는다. 그리고 오직 가슴만이 그 대답을 할 수 있다. '감정(Emo-tion)'은 움직이는 것이며 본질의 움직임, 사랑의 움직임이다. 가슴이 닫혀 있다면 우리가 영적인 지식을 아무리 많이 축적했더라도 그 요청에 답할 수 없다. 또한 우리의 지식도 삶에 아무런 실질적인 변화를 일으키지 못한다.

열려 있는 가슴은 우리로 하여금 경험에 완전히 뛰어들도록 하며 진정으로 사람들과 연결되도록 한다. 가슴으로부터 우리는 우리의 경험을 '맛볼' 수 있고 무엇이 진실이며 무엇이 가치 있는 것인지를 알아차릴 수 있다. 아는 것은 지성이 아니라 가슴이다.

-돈 리처드 리소·러스 허드슨, 『에니어그램의 지혜』에서

우리의 마음은 항상 어떤 것에 신경을 쓰고 있습니다. 신경을 쓰고 있다는 것은 무언가에 주파수를 맞추고 있다는 뜻입니다. 사기꾼은 늘 사기 치는 것에 추파수를 맞추고 있고, 바람둥이는 늘 바람피우는 것에 추파수를 맞추고 있습니다. 마찬가지로 행복한 사람은 늘 자신을 행복하게 하는 것에 주파수를 맞추고 있고, 세상을 이롭게 하는 사람은 늘 세상을 이롭게 하는 데 추파수를 맞추고 있습니다. 그와 같이 우울증은 우울증을 만들어내는 주파수를 가지고 있고, 불안장애는 불안장애를 만들어내는 주파수를 가지고 있고, 대인공포는 대인공포를 만드는 주파수를 가지고 있습니다. 다른 증상도 다 마찬가지고, 마음의 모든 것과 삶의 모든 것 또한 다 마찬가지입니다. 그러니 행복하고 건강한 삶을 살고 싶다면 어디에 주파수를 맞추고 살아가야 할까요?

이 명상이 습관이 되어 늘 우주적 차원의 조화와 평화에 주파수를 맞추고 살아간다면, 평소에도 잘 깨어서 자신에게 이롭고 가치 있는 것이 주파수를 맞추는 능력이 길러지게 될 것입니다. 삶은 내가 선택한 모든 것들의 총합이요, 내가 알게 모르게 주파수를 맞춘 모든 것들의 총합일 것입니다. 만약 명상이 확고한 습관이 된다면 그것은 태풍에도 쓰러지지 않는, 치유주파수와 행복주파수와 깨달음주파수를 찾아주는 최고의 수신기가 되어줄 것입니다.

①단계

눈을 감고 양손은 펴서 무릎이나 허벅지에 올려놓습니다. 지구의 중심에서 신비로운 치유에너지가 솟아올라 마치 분수의 물줄기처럼 내 회음 속으로 들어와 내 몸을 가득 채우고 백회로 나간다고 상상합니다. 백회로 나간 빛에너지는 둥글게 아래로 내려와 다시 내 회음 속에 빨려 들어간다고 상상합니다. 이렇게 빛에너지가 계속 올라가고 내려오는 순환이 반복된다고 상상합니다. 그러면 내 몸은 안과 밖으로 끊임없는 빛에너지의 순환 속에서 놓이게 됩니다. 빛에너지의 색깔은 자신이 선호하는 색으로 자유롭게 하면 됩니다. 이 상태를 유지하며 만트라를 반복합니다. "나는 천지와 하나요, 천지는 나와 하나다./나는 천지의 마음이요, 천지는 나의 마음이다."

②단계

2단계는 1단계와 정반대로 하면 됩니다. 하늘에서 신비로운 치유에너지가 내 백회로 쏟아져 들어와서 내 몸을 가득 채운 다음 회음으로 나와 둥글게 위로 올라가 다시 백회로 빨려 들어간다고 상상합니다. 이렇게 빛에너지가 계속 내려가고 올라오는 순환이 반복된다고 상상합니다. 그러면 내 몸은 안과 밖으로 하늘이 보내준 '빛에너지의 순환' 속에 놓이게 됩니다. 이 상태를 유지하며 똑같이 만트라를 반복합니다. "나는 천지와 하나요, 천지는 나와 하나다./나는 천지의 마음이요, 천지는 나의 마음이다."

신의 씨앗이 우리 안에 존재한다. 현명한 농부에게 씨앗이 주어지면 그것은 번성해서 신을 향해 자라난다. 따라서 그 열매는 신의 성질을 닮을 것이다. 배의 씨는 배나무로, 도토리는 도토리나무로, 신의 씨앗은 신으로 성장한다.
-마이스터 에크하르트

이 명상법은 하늘과 땅의 에너지를 나와 연결시키는 에너지 그라운딩 명상법입니다. 내가 천지의 에너지와 늘 연결되어 있는 존재임을 알게 하고, 내가 천지와 하나임을 알게 하는 명상입니다. '빛에너지의 순환'을 생생하게 상상한다면 정말로 그런 에너지 작용이 일어나 내 몸과 마음에 아주 좋은 영향을 줄 것입니다. 이 명상법은 차크라를 활성화시키거나 쿤달리니를 깨우는 데도 아주 좋은 명상법입니다. 1단계를 5분 동안 했다면 2단계도 5분 동안 하고, 1단계를 10분 동안 했다면 2단계도 10분 동안 하면 됩니다.

올바른 구도의 길을 간다면 그대는 삶의 중심이 모든 곳에 있으며, 그 중심이 사방으로 팽창되어 나가고 있음을 발견할 것이다. 그러나 그것을 알고 경험하기 위해서는 먼저 그대 자신이 생동하는 에너지가 되어야 한다. 내가 명상이라고 부르는 것은 우리 안에 막혀 있는 에너지를 사방으로 자유롭게 흐르게 하는 것 외에 다는 것이 아니다.

-오쇼, 『기적을 찾아서』에서

참고로 말씀드리면 저는 이 명상으로 쿤달리니 각성을 경험한 바 있습니다. 욕심을 내서 잠을 안 자고 24시간 연속으로 명상을 한 적이 있었는데, 그때 차크라가 열려서 온몸이 뻥 뚫린 듯한 경험을 한 적이 있습니다. 차크라가 열리면 막힌 기혈이 다 뚫린 듯이 몸이 가벼워지고 상쾌해지고 숨이 저절로 아주 깊어집니다. 이때 레이키처럼 기치유 능력이 생기는 경우도 많습니다. 하루 낮과 밤 만에 그렇게 되었으니, 꾸준히 한다면 누구나 그런 경험을 할 수 있으리라 생각합니다.

· 나는 천지와 하나요, 천지는 나와 하나다! (50%)
· 나는 천지의 마음이요, 천지는 나의 마음이다! (50%)

다른 만트라도 다 마찬가지지만, 만트라는 명상 시간 외에도 일상에서 틈날 때마다 깨달음을 부르는 주문처럼 자주 하시면 좋습니다. 그것은 의식의 주파수를 항상 만트라(합일의식)에 맞춰놓는 역할을 하기 때문입니다. 그래서 늘 마음의 안테나를 잘 세우고 있어야 할 것입니다. 티끌 모아 태산이라는 말처럼, 몇 초 간의 아주 짧은 명상일지라도 그 순간순간들이 모여서 사고습관을 바꾸고 의식을 바꾸는 큰 에너지가 될 테니까요! 기적을 만드는 힘은 '얼마나 집중하느냐'와 '얼마나 간절한가'에 있지 않을까 합니다.

참나 화두 명상

'나는 누구인가? 나는 무엇인가?' 마음공부를 해보신 분들이라면 이런 문장을 다들 한 번쯤은 들어보셨을 것입니다. 이 질문은 본성을 깨우는 질문이자, 본성을 찾게 만드는 질문입니다. 그래서 이 질문을 집중해서 무한 반복하게 되면 영적 각성이 일어난다고 합니다. 이런 방법을 화두명상이라고 하는데 이 방법으로 깨어나신 분들이 실제로 있고 관련 책들도 더러 있습니다.

이 방법으로 깨어나신 분들이 그렇게 이야기를 하니, 이에 이것을 좋은 방법이라 여겨 이 문장에 매달려서 깨달음을 얻으려고 하는 분들도 있습니다. 허나 이 방법으로 일반인이 깨어나기는 결코 쉽지 않습니다. 막대한 시간과 노력이 수반되기에 불가능한 것은 아니지만, 속도나 효과 면에서 매우 비효율적인 방법이라고 할 수 있습니다. 이런 화두명상도 조금만 문장을 수정/변용하면 훨씬 더 빠르고 효과적인 명상법이 될 수 있습니다.

· 참나는 무엇인가? 참나는 어떻게 자각하고 깨어나는가?

· 완전한 참나는 무엇인가? 완전한 깨달음은 무엇인가?

이렇게 참나에 대한 화두로 질문을 바꾸면 '나는 누구인가? 나는 무엇인가?'보다 훨씬 더 효과가 빠릅니다. '나'에 대한 집중보다 '참나(신성)'에 대한 집중이 더 본질적인 것이기 때문입니다. 이것은 초점을 정확하게 만들어주고 질문의 범위를 좁혀줍니다. 그 결과 내면에서 답을 더 빨리 찾도록 만들어줍니다.

아울러 '참나는 어떻게 자각하고 깨어나는가?'라는 질문은 깨어남에 대한 방법에 대한 질문이므로, 이런 질문을 계속 던지게 되면 내면에선 이에 대한 답을 찾게 되기 때문에, 답을 더 빨리 찾을 수 있도록 도와주게 됩니다. 마찬가지로 '완전한 참나는 무엇인가? 완전한 깨달음은 무엇인가?'라는 질문은 완전한 참나와 완전한 깨달음이 무엇인지에 대해 깊이 생각하게 만들고, 그쪽으로 의식의 초점을 맞춰 마음을 이끌어주고 옮겨가게 도와줍니다. 때문이 이에 대한 답이 나오도록 지렛대 역할을 해주게 됩니다.

이런 이치와 작용 때문에 참나에 대한 질문은 '나는 누구인가, 나는 무엇인가'라는 질문보다 훨씬 더 효과적이라고 말할 수 있습니다. 내면에 질문을 계속 던지면 답이 나옵니다. 질문을 반복해서 던지면 내면은 그 답을 찾는 방향으로 움직이기 때문입니다. 그러므로 이러한 잠재의식의 작동방식을 확고히 믿어야 합니다. 지속적으로 '계속 찾다 보면 반드시 답이 나온다!'고 믿으면 믿을수록 더욱 그렇게 될 것입니다.

언제 어디서든 자유롭게 이 질문을 던질 수 있습니다. 눈을 뜬 상태에서 이 질문을 던질 수도 있지만, 눈을 감고 내면에 깊이 집중하면서 온 마음으로 간절하게 질문하는 것이 더 좋을 것입니다. 미간에 빛에너지가 있다고 상상한 다음, 미간에 의식을 모은 상태에서 외우는 것을 가장 권해드리고 싶습니다. 이 화두(질문)로 마음의 문을 계속 두드리면 깨달음의 빗장은 언젠가 반드시 열리게 될 것입니다.

"나"나 "내 것"이라는 우리의 지각, 존재함에 대한 우리의 경험에는 수많은 관념들이 동반됩니다. 이러한 관념들은 흔히 자기 이미지라 불리는 자신이 누구인지에 대한 이미지를 형성합니다. 자기 이미지를 가지는 경험을 탐구하는 한 방법은 다음과 같이 질문하는 것입니다. "나는 나 자신에 대한 나의 이미지 안에서 생겨나는 것인가, 아니면 나 자신에 대한 나의 이미지가 내 안에서 생겨나는 것인가?"

우리의 본질에 대한 더 큰 진실과 맞닥뜨릴 때 우리의 한정된 자기 이미지와 그것과 연관된 관념들은 그 힘과 의미를 잃어버립니다. 왜냐하면 더 작은 진실은 더 큰 진실의 빛 앞에서는 진실함과 영향력을 잃어버리기 마련이니까요.

-니르말라, 『나는 없다』에서

중요한 것은 이 질문을 놓지 않고, 숨 쉬듯 늘 이 질문과 함께 살아가는 것입니다. 그것은 깨어남을 위한 집중이요 몰입일 것이며, 그러한 고도의 집중/몰입 상태는 내면을 하나로 정렬시키고 질문의 에너지를 더 강화시킬 것입니다. 만약 하루 온종일 이런 질문을 던진다면 빠른 분들은 며칠 만에도 깨어날 수 있으리라 생각합니다. 만약 하루에 1시간씩 이 명상을 집중적으로 한다고 치면 빠르면 보름 안에, 늦어도 100일 안에 어떤 내적 변성을 경험하게 되지 않을까 합니다.(한 문장당 10~20회 정도 소리 내어 읽어서 녹음해서 반복해서 들으셔도 됩니다.) 다른 명상들도 다 마찬가지만 굳건한 믿음을 가지고 꾸준히 하는 것이 관건일 것입니다.

오로지 진정한 자신이 누구이고 무엇인지를 열정적으로 탐구할 때,

충분히 깊이 탐구하여 개인적이고 분리된 자아라는 꿈에서 깨어날 때,

오직 그럴 때에만 투쟁이 그칩니다.

-아디야샨티

　누가 이 방법으로 깨어나는 최초의 분이 되실까요? 이 방법으로 깨어나는 분들이 많이 생겨나 이 방법의 뛰어난 효과와 가치가 확실히 증명되고 널리 알려졌으면 좋겠습니다.

눈을 감고 양손을 펴서 무릎 위에 올려놓습니다. 손 위에는 배구공만 한 빛에너지가 있다고 상상합니다.

①단계: 양손 위의 빛에너지를 바라보고 느끼며 "(나는) 매 순간 깨어서 바라본다!"를 반복합니다. (1~2분)

②단계: 가슴에 배구공 5배 정도 크기의 빛에너지를 있다고 상상합니다. 이 빛에너지를 바라보며 "(나는) 매 순간 깨어서 바라본다!"를 반복합니다. (2분 이상)

③단계: 배구공 100배 크기의 빛에너지가 내 몸 전체를 감싸고 있다고 상상하며, "나는 매 순간 깨어서 바라보는 참나(관조자)다!"를 반복합니다. (5분 이상) 이 과정에서 내면에서 일어나는 모든 생각/감정/욕구도 함께 매 순간 깨어서 바라봅니다.

이 명상법은 '알아차림과 관조하기'를 누구나 쉽게 할 수 있게 만들어진 명상법입니다. 바라보면 '거리'가 생기기에 분리가 일어납니다. 마음으로부터 거리와 분리가 생기면 마음으로부터 초연해지고 편안해집니다. 그런데 마음(생각, 감정)은 눈에 보이는 것이 아니기에 자각하거나 바라보기가 쉽지 않습니다. 그래서 손과 가슴에 있는 빛에너지와 그때의 감각부터 단계별로 자각하고 바라보는 연습을 하는 것입니다. 이러한 과정은 신체감각을 발달시키고, 마음을 편안하게 하며, 머릿속을 맑게 비워주는 역할을 합니다.

이 명상을 꾸준히 하게 되면 자각과 관조의 힘이 높아질 뿐 아니라 자아상(정체성)이 '매 순간 깨어서 바라보는 존재(참나)'로 바뀌게 됩니다. 그렇게 무의식의 신념이 바뀌면 나는 그런 존재가 될 수밖에 없습니다. 하여 이 명상법은 빠르게 내면을 고요하고 편안하게 하고, 빛에너지를 채워 무의식을 정화합니다. 아울러 알아차림의 지향점을 정확히 잡아줄 아니라 마음(생각)과 자신을 참나 상태에서 계속 바라보게 하기 때문에 자각과 관조의 힘을 키우는 데도 효과적인 명상법이라 할 수 있습니다.

명상은 '행위'에 반대하지 않는다. 그대가 삶으로부터 도피해야 하는 게 아니다. 명상은 그대에게 삶의 새로운 방식을 가르쳐줄 뿐이다. 그대는 태풍의 눈이 된다. 그대의 삶은 계속 이어지면서도 기쁨과 명쾌함과 비전, 그리고 창의성을 통해서 더욱 강렬해진다. 하지만 그대는 멀찍이 언덕 위에 서서 관찰자로 머물며 자기 주변에서 일어나는 모든 일을 그저 바라본다. 그대는 행위자가 아니라 관찰자다. 그대가 관찰자, 주시자가 되는 것, 이것이 바로 명상이 가진 비밀이다.
-오쇼, 『마음 챙김이란 무엇인가』에서

몸을 감싸고 있는 빛에너지를 바라보는 것이 익숙해지면 그다음 단계로 '마음

바라보기'도 함께하면 더 좋습니다. 명상 중에 내면에서 일어나는 '모든 감정(생각/욕구)'도 빛에너지 속에서 함께 매 순간 깨어서 바라봅니다. 이때 마치 감정을 따뜻이 껴안아주듯 그 감정에 빛에너지가 스며들어, 어떤 감정이든 빛에너지로 바뀐다고 상상하면서 그것을 고요히 바라봅니다. 모든 감정은 신성에너지의 일부입니다. 어떤 감정이든 그 감정에 빛에너지가 스며들어 빛에너지로 바뀐다고 상상하는 것은 치유(무의식 정화)에 많은 도움이 됩니다. 이렇게 감정이 빛에너지로 바뀌는 것을 생생히 상상하고 바라보면서 동일하게 만트라를 반복하면 됩니다. "나는 매 순간 깨어서 바라보는 참나다. 나는 매 순간 깨어서 바라보는 관조자다."

시공을 초월한 참나와 하나가 되는 순간,
우리는 다시 태어난다!
묵은 업에서 초월하여 새로운 존재가 된다.
묵은 과거와 결별하는 최고의 비법은,
참나와 하나가 되어 시간성을 초월하는 것이다.

–윤홍식

명상법으로 세상에 가장 많이 알려져 있는 방법이 알아차림명상(마음챙김, 위빠사나)입니다. 허나 이런 방법으로 초심자가 관찰자/주시자가 되는 느낌을 짧은 시간에 터득하기는 쉽지가 않았습니다. 알아차림 명상은 초심자는 물론이고 명상을 오랜 한 사람들에게도 결코 쉽지 않은 방법입니다. 반면 '참나로 바라보기 명상'은 초심자가 단지 5분만 명상을 해봐도 '관찰자가 되는 느낌'이 어떤 것인지, '주시자가 되는 느낌'이 어떤 것인지 금방 알게 해 줍니다. '자각하기'와 '바라보기'가 어떤 것인지 금방 이해할 수 있게 해 줍니다. 정화의 빛에너지 속에 있는 자신을 고요히 바라보면서 만트라로 의식을 자꾸 깨우다 보면, '매 순간 깨어서 바라보는 참나' 상태로 점점 더 가까워질 것입니다.

참나 만트라 명상

눈을 감고 양손 위에 배구공만 한 빛에너지가 있다고 상상합니다. 미간에도 야구공만 한 밝은 빛에너지가 있다고 상상합니다. 이 빛에너지가 머릿속을 맑게 정화하고 참나의식을 깨워준다고 상상합니다. 이 빛에너지를 고요히 바라보며 만트라를 반복합니다. 만트라는 마음속으로 외워도 되고, 소리 내어 외워도 됩니다.

· 나는 늘 완전한 자각으로 깨어나는 참나다.

· 나는 늘 완전한 수용으로 깨어나는 참나다.

· 나는 늘 모든 자아를 수용하고 사랑하는 참나다.

· 나는 늘 모든 순간을 수용하고 사랑하는 참나다.

· 모든 나는 늘 있는 그대로 완전한 참나다.

만트라가 다섯 가지이므로 만트라 하나를 1분씩 외우면 총 5분이 되고, 2분씩 외우면 10분이 되고, 10분씩 외우면 50분이 됩니다. 자신의 의도에 맞게 횟수와 시간을 자유롭게 조절하면서 하면 됩니다. 5분이나 10분을 1세트로 치고, 여러 세트를 반복해도 됩니다.

명상의 궁극적인 목적은
결국 지속적이고 영구적인 명상 상태에 도달하는 것이다.

-스바기토R. 리버마이스터

이 만트라를 스스로 무한 반복해도 되고, 이 다섯 가지 만트라를 각각 10~20회씩 소리 내어 읽어서 녹음해서 반복해서 들으면서 암송해도 됩니다. 항아리에 조금씩 물을 계속 부어주면 결국 항아리에 물이 가득 차게 되듯이, 만트라를 계속 반복하게 되면 결국 내 의식과 무의식에 만트라가 가득 채워지게 됩니다. 그렇게 되면 점점 더 내 생각과 신념이 만트라를 닮아갈 것이고, 그것이 지속되면 만트라가 이끌어주는 길을 따라 영적 각성이 일어나게 될 것입니다.

깨어있는 의식은 하나의 연속체이다. 강물이 계속 흘러가는 것과 같다. 명상에 젖어든다는 건 하루 종일, 매 순간 명상의 상태에 있다는 뜻이다. 하루 종일 명상의 분위기에 있을 때에만 그대의 가슴에서 꽃이 피어날 수 있다. 그 전에는 아무 일도 생기지 않는다.

-오쇼, 『마음 챙김이란 무엇인가』에서

모든 나는 있는 그대로 완전한 참나입니다. 예컨대 저항하는 나도, 수용하지 못하는 나도 있는 그대로 완전한 참나입니다. 마찬가지로 무지한 나도, 괴로운 나도, 집착하는 나도, 실패한 나도, 상처받은 나도, 외로운 나도, 불안한 나도, 두려워하는 나도, 분노하는 나도, 짜증 내는 나도, 욕구불만인 나도, 열등한 나도, 수치스러운 나도, 우월하고 싶은 나도, 억울한 나도, 강박적인 나도, 걱정하는 나도, 무력하고 무능한 나도, 갈등하는 나도, 미루고 주저하는 나도, 의심하는 나도, 용기 없는 나도, 자책하는 나도, 조급한 나도, 갈망하는 나도, 비난받은 나도, 비판하는 나도, 비교하는 나도, 판단분별하는 나도, 무시당한 나도, 거부당한 나도, 버림받은 나도, 이해받지 못한 나도, 사랑받지 못한 나도, 마음에 안 드는 나도 있는 그대로 다 완전한 참나입니다.

모든 나는 늘 참나 속에 있습니다. 그래서 상처받은 나의 내면아이도, 집착하는 내 에고도 다 참나 속에 있는 참나의 일부요, 있는 그대로 완전한 참나입니다. 어떤 파도도 완전하지 않은 파도는 없으며, 어떤 파도도 바다의 일부가 아닌 적은 없습니다. 모든 나는 언제나, 매 순간 있는 그대로 완전한 참나입니다. 0.1초도 참나가 아닌 나는 존재하지 않습니다. 물고기가 물속에서 물을 찾을 필요가 없듯이 우리는 매 순간 '완전한 참나'이기에 이를 온전히 이해할 때는 참나를 더 이상 찾을 필요가 없어집니다.

참나는 모든 자아를 조건 없는 수용과 사랑으로 껴안습니다. 그 조건 없는 수용과 사랑 속에서 모든 자아는 참나와 하나가 됩니다. 참나에게는 비교분별의 마음이 없기 때문에, 모든 자아는 비이원성의 하나 됨 속에 놓이게 됩니다. 참나와 참나 아님을 구분하는 것은 에고의 생각뿐입니다. 그 생각에서 벗어나 보면 참나와 에고도 하나가 되고, 모든 것은 다 '하나'가 됩니다. 그래서 존재하는 것은 '하나'밖에 없고, '참나'밖에 없습니다. 다른 측면에서 보자면 존재하는 것은 '나 아닌 나'밖에 없고, '신'밖에 없습니다. 우주만물은 모두 참나의 현현이요 신의 현현입니다.

'깨달음'이라는 말이 가리키는 것은 참된 당신입니다. 참된 당신은 얻거나 잃을 수 있는 상태가 아닙니다. 그것은 어떤 영적 체험이 아닙니다. 모든 상태와 체험은 오고 갑니다. 참된 당신은, 상태나 체험과 상관없이, 바로 지금 존재하는 영원불변함입니다.

-아디야샨티,『완전한 깨달음』에서

나는 지금도 완전한 참나요, 영원히 완전한 참나입니다. 이것은 조금도 바뀔 수 없는 영구불변의 광대하고 숭고한 영적 진실입니다. 참나 만트라를 반복하게 되면 영적 각성이 일어나게 될 것이요, 그러면 자연스레 머리와 가슴으로 이 말의 깊은 진의를 알게 될 것입니다.

눈을 감고 쉼 호흡을 두세 번 한 다음, 탁구공 크기의 '밝은 빛에너지'를 상상합니다. 이 빛에너지가 내 머릿속에서 좌우로 '무한대 곡선'을 그리면서 천천히, 천천히 움직이는 것을 생생하게 상상합니다. 반드시 천천히 움직이는 것이 좋은데, 어느 정도 속도가 가장 이완이 잘 되는지 스스로 찾아보시기 바랍니다!

이 빛에너지는 나를 치유하고 정화하는 기적의 에너지이자 신성의 에너지입니다. 이 좋은 에너지가 계속 순환하면서 내 머릿속과 무의식을 맑게 정화해 준다고 상상합니다. 이렇게 1~2분 정도 빛에너지를 움직인 다음, 움직임을 멈추고 머릿속에 '빛으로 된 무한대 곡선'을 떠올립니다. 이것을 고요히 바라보며 "나는 무한조화로 깨어나는 무한의식이다!"를 10회 정도 반복합니다. 이것을 1세트로 치고 똑같은 방식으로 3세트 이상 반복합니다.

이 명상을 2, 3세트만 해도 머릿속이 금방 고요해지고 차분해지는 것을 느낄 수 있을 것입니다. 맑은 빛에너지가 좌우로 움직이기 때문에, 뇌를 유연하게 만들어주고 뇌세포에 좋은 자극을 주게 됩니다. 그래서 이 명상법은 머리가 너무 굳어 있거나, 머리가 막힌 듯 무거운 느낌이 있는 분들에게도 좋습니다. 아울러 짧은 시간에 머리를 맑게 하고 뇌파를 알파파 상태로 만들어주기에, 머리를 많이 쓰시는 분들이나 공부하는 수험생에게도 좋습니다. 짧은 시간에 머릿속을 이완시켜 주기에 자기최면으로 응용하기에도 좋은 방법입니다.

'조화'와 '무한'은 신성의 핵심 속성이자 참나의 핵심 속성입니다. 이 명상법의 만트라인 '나는 무한조화, 무한의식이다'는 무한대 곡선의 움직임이나 이미지와 의미상 아주 잘 연결됩니다. 그래서 '조화/무한'이라는 공통분모 때문에, '무한대 곡선의 움직임'과 이 '무한의식 만트라'는 에너지가 잘 결합되고 증폭되도록 서로 도와주는 역할을 합니다.

> 내가 하늘을 닮은, 하늘과 한 몸인 존재, 완전한 존재라고 생각할 때, 나의 모든 잠재력이 좋은 쪽으로 최대한 발휘됩니다. 또 하늘(우주)의 무한한 기운(에너지)이 함께 교감하면서 도와줍니다. 나에게 부족한 것들도 모두 채워집니다. 부족한 것들을 메우기 위해 힘들여 애쓰지 않아도 쉽게 채워지고 우리가 바라는 것 이상으로 넘치게 됩니다.
>
> -자허, 『숨 명상 깨달음』에서

무한대의 텅 빈 우주가 그러하듯, 무한조화와 무한의식은 우리의 본성입니다. 그것은 이미 우리 안에 있습니다. 우리 안의 늘 있었던 광대하고 신성한 보물을 우리가 모르고 살고 있는 것입니다. 만약 죽을 때까지 이를 모르고 산다면, 이것은 여러 면에서 매우 안타까운 일이 될 것입니다. 명상이란 이런 내면이 보물을 캐내는 일과 같을 것입니다.

무한의식은 마음과 의식이 무한대로 넓어지는 것이기에, '무한'에 집중하게 되면 내면이 확장되어 치유가 일어나고 머리와 가슴이 가벼워집니다. 그것이 더 깊어지면 영적 각성도 함께 일어날 것입니다. 우리가 잊고 있을 뿐 우리는 모두 원래부터 끝도 한도 없는 무한의식입니다. 우리는 누구나 무한의식이며, 이 속에 모든 것이 있으며, 이 속에서 우리는 모두 다 하나입니다. 이것을 깨달을 때까지 명상 훈련은 계속되어야 할 것입니다.

무한의식 만트라 명상

마치 신선이 된 것처럼 지상이 아니라 하늘 위 구름에 앉아서 명상을 한다고 상상합니다. 하늘 속 구름에 앉아서 명상을 하면 넓고 넓을 하늘을 가까이에서 접할 수 있을 뿐 아니라 지상과 분리된 느낌이 들어 마음을 비우거나 초연해지는 데 더 훨씬 더 효과적입니다.

눈을 감고 양손은 무릎 위에 펴서 올려놓습니다. 양손 위에는 배구공만 한 밝고 따뜻한 빛에너지가 있다고 상상합니다. 마음의 눈으로 구름 한 점 없는 넓고 넓은 텅 빈 하늘을 바라봅니다. 한쪽만 보는 것이 아니라, 하늘의 왼쪽과 오른쪽 그 사이의 공간과 거리 전체를 바라봅니다. 그러면 오픈 포커스가 되어 심리적 시야도 넓어지고 마음이 이완되게 됩니다. 10초 이상 이렇게 바라본 다음 이 상태를 계속 유지하면서 만트라를 반복합니다. 만트라는 소리 내어 외워도 되고, 마음속으로 외워도 됩니다.(소리 내어 외우는 것과 마음속으로 외우는 것 이 두 가지 함께해 보시길 바랍니다.)

· 나는 무한자각으로 깨어난 무한의식이다.
· 나는 무한수용으로 깨어난 무한의식이다.

· 나는 텅빈마음으로 깨어난 무한의식이다.

이 만트라 속에 나오는 '무한자각, 무한수용, 무한의식, 텅빈마음'은 크게 보면 다 같은 말입니다. 같은 속성을 초점에 따라 다르게 표현한 것입니다. 아울러 인과의 작용 차원에서 보면, '무한자각, 무한수용, 텅빈마음(비워진 마음)'이 원인이라면 무한의식은 그 결과일 것입니다. 물리적 법칙과 카르마 법칙에 따라 원인이 있으면 결과는 반드시 그림자처럼 따라오게 됩니다. 내가 무한자각과 무한수용으로 마음을 비우면 내 안에 무한의식은 깨어날 수밖에 없습니다.

주의력과 이로부터 생기는 자각(알아차림)은 진정한 배움과 교육으로 들어가는 출입구이자 사용할수록 심화되는 평생의 재능이다. 지속적으로 자각에 머무는 능력이야말로 단순히 생각의 영향력을 제어하고 그것의 균형을 바로잡아 더 현명한 관점을 일으키는 것 외에도, 지금까지와 '완전히 다른' 사고를 가능하게 할 수 있다.

-존 카밧진, 『처음 만나는 마음 챙김 명상』에서

오픈 포커스의 이완과 확장된 시야 속에서 무한자각과 무한수용을 계속 말하고 음미하면 이것이 자기 암시(조건반사)가 되기 때문에서 그러한 상태로 의식/무의식이 저절로 옮겨가게 도와줍니다. 그것이 충분히 숙성되어 내면화되면 만트라에서 말한 바와 같이 무한의식이 깨어나게 될 것입니다. 고로 명상 시간 외에 일상에서도 오픈 포커스와 함께 언제든 만트라를 자주 암송하시면 좋습니다.

· 할 수 있다. 내 안에 모든 것이 있다. 내 안에 모든 답이 있다.

· 할 수 있다. 나는 잠재의식의 무한한 힘과 지혜로 완전히 깨어난다.

· 할 수 있다. 내 안에 무한하고 완전한 진리와 깨달음이 있다.

· 할 수 있다. 내 내면은 이미 모든 것을 알고 있다. 내 내면의 지혜가 모든 답을
  찾아준다.

· 할 수 있다. 나는 확고하고 완전한 믿음으로 점점 더 쉽고 빠르게 깨어난다.

이 다섯 가지 확언은 깨달음을 도와주는 암시문입니다. 우리는 잠재의식 차원에서 늘 자기 최면 상태입니다. 고로 인생은 절대적으로 자기 최면이라 할 수 있습니다. 이런 점을 안다면 매사 의도적으로 더 좋은, 더 가치 있는 자기 최면을 해야 할 것입니다. 깨달음을 얻으려면 깨달음을 얻을 수밖에 없도록 자기 최면을 하는 것이 좋을 것입니다. 이 암시문들은 바로 이를 위해 만들어진 것입니다. 무한의식 만트라와 함께 외우면 좋습니다. 무한의식 세 가지 만트라와 함께, 혹은 따로 10회씩 녹음해서 들어보는 방법을 권해드립니다.(배경음악은 필수!)

Checker 44 | 안구운동 무의식 정화명상

이 명상법은 트라우마와 PTSD(외상후 스트레스장애) 치료에 좋다고 알려져 있는 EMDR(안구운동 민감소실 및 재처리요법)의 명상버전이자 업그레이드 버전이라고 할 수 있습니다. EMDR은 눈을 뜨고 하지만 이 명상법은 눈을 감고서 합니다. EMDR는 도와주는 상담가나 정신과전문의가 있어야 하지만, 이 명상법은 혼자서도 언제든 자유롭게 할 수 있습니다.(비싼 비용을 들이지 않아도, 더 효과적인 방법으로 혼자서 증상을 해결할 수 있는 셈입니다.)

눈을 감고 눈동자를 좌우로 부드럽게 움직여 줍니다.(눈동자가 왼쪽에서 오른쪽으로 갈 때 3초 정도로 하시면 됩니다.) 아울러 머릿속 정중앙에 테니스공만 한 빛에너지가 있어, 눈동자가 움직일 때 이 빛에너지도 천천히 좌우로 함께 움직인다고 상상합니다. 이 빛에너지가 좌우로 움직이면서 내 머릿속을 깨끗이 정화시켜 준다고 상상합니다. 단지 이렇게만 계속 반복하고 있으면 머릿속이 편안하게 이완되는 것을 느낄 수 있을 것입니다. 마치 자동차 와이퍼가 유리의 먼지나 빗물을 닦아주듯이, 이렇게 '눈동자'와 '빛에너지'가 좌우로 함께 움직이게 되면 머릿속이 맑아지고, 무의식을 정화시켜 주게 됩니다.

이것을 최소 3~5분 이상 해보시기 바랍니다. 이처럼 짧게 여러 번 반복해도 되고, 한 번에 이보다 훨씬 더 길게 해도 됩니다. 이것이 1단계인데, 이렇게 1단계를 충분히 반복하는 것만으로도 EMDR보다 더 좋은 치유효과를 낼 수 있습니다. 1단계가 익숙해지면 2단계도 해보시기 바랍니다.

· 완전한 느긋함/완전한 편안함

· 완전한 몰입/완전한 믿음

· 완전한 조화/완전한 평화

· 완전한 자각/완전한 깨달음

· 텅 빈 근원/텅 빈 자유

눈동자와 빛에너지가 좌우로 움직일 때 이 만트라를 '왼쪽/오른쪽'에 맞춰 마음속으로 외우면 됩니다. 이 외에도 좋은 뜻을 담고 있는 구절이라면 다양하게 사용할 수 있는데, 이 다섯 가지 버전은 제가 찾은 베스트 조합이라고 할 수 있습니다. 한 가지 버전을 2분 동안 할 수도 있고, 5분 동안 할 수도 있고, 10분 동안 할 수도 있습니다. 2분 동안 한다면 1세트가 10분이 될 것이요, 5분 동안 한다면 1세트가 25분이 될 것이요, 10분 동안 한다면 1세트가 50분이 될 것입니다.(저는 상담 때 주로 '2분씩 1세트 10분' 버전을 많이 사용합니다. 필요에 따라 똑같이 여러 세트를 반복할 수 있습니다.)

이렇게 다섯 가지 번전을 다 하는 것이 기본 형식이지만, 이 다섯 가지를 다 하지 않고 자기에게 필요한 한두 가지 버전만을 반복해도 됩니다. 아울러 이 버전 외에 좋은 의미를 담고 있는 단어나 구절은 어떤 것이나 다 가능합니다. 예컨대 '무한한 사랑/무한한 축복'도 가능하고 '매 순간 자각한다./매 순간 깨어난다.'나 '더 자각한다./더 깨어난다.'도 가능합니다. 나에게 도움이 되는 내용을 담고 있다면 어떤 구절도 다 가능합니다. 그래서 이 방법으로 다양한 자기 암시도 가능합니다. 다양하게 잘 활용해 보시기 바랍니다.

> 명상이란 마음의 활동을 가라앉히는 것이고,
> 그럼으로써 마음의 본성이 순수한 앎,
> 곧 알아차림이라는 사실을 스스로에게 드러내는 것이다.
>
> -루퍼트 스파이라

EMDR은 램 수면 때 눈동자가 좌우로 움직인다는 점에 착안해서 개발된 치료법입니다. EMDR에 대해 보다 상세히 공부해보고 싶으신 분은 다음의 책들을 참고해 보시기 바랍니다.

- 프랜신 샤피로, 『트라우마, 내가 나를 더 아프게 할 때』
- 프랜신 샤피로, 『EMDR 불안, 스트레스, 충격적 사건을 극복하기 위한 치료법』
- 로렐 파넬, 『EMDR 마음의 상처 치유하기』
- 아리엘 슈와르츠, 『EMDR 치료와 소매틱 심리학의 통합』
- 바브 메이버거, 『트라우마, 기억으로부터의 자유』

구름에서 내려놓기 명상

눈을 감고 하늘 속 구름 위로 올라가 명상을 한다고 상상합니다. 구름 밑으로 내 모든 고통과 상처와 생각과 집착과 저항을 전부 다 번져버린다고 상상한 다음, 만트라를 반복합니다.

· 모든 생각과 분별을 다 내려놓고 아주 편안해진다!
· 모든 집착과 저항을 다 내려놓고 아주 편안해진다!
· 나는 매 순간 다 내려놓고 텅빈마음으로 깨어난다.

구름 위에서 명상을 하게 되면 지상과 공간적 분리가 일어나기 때문에 심리적 거리가 생겨 '생각과 집착'을 내려놓기가 한결 쉬워집니다. 아울러 하늘 속에 있기 때문에 텅빈마음과 접속되기도 더 쉬운 상태가 됩니다. 이렇게 정식버전으로 하는 명상 시간이 아닐 때도, 괴로운 생각에 얽매일 때 언제든 마음속으로 내려놓기 만트라만 반복하면 좋습니다.(다 내려놓고 아주 편안해진다!)

그대의 마음을 더 자각하라. 그러면 마음을 자각하는 가운데 그대는 그대가 마음이 아니라는 사실을 자각하게 될 것이다. 그리고 그것이 혁명의 시작이다. 그대는 높이 더 높이 솟아오르기 시작한 것이다. 그대는 더 이상 마음에 붙잡혀 있지 않다. 마음은 바윗덩이와 같은 작용을 하여 그대를 아래로 끌어내린다. 마음은 그대를 중력의 장(場) 안에 붙잡아 둔다. 그대가 더 이상 마음에 묶여 있지 않게 되는 순간 그대는 붓다장(buddhafield)으로 들어간다.

-오쇼

"에고=생각에 대한 집착" 이 이치(공식)에 따라, 생각에 대한 집착을 다 내려놓으면 에고는 저절로 해체되고 텅빈마음이 깨어나 아주 편안한 상태가 됩니다. 이는 에고를 녹이는 초고속 지름길이라고 할 수 있습니다. 이 세 가지 만트라만 꾸준히 열심히 외워도 짧은 시간에 그렇게 될 수 있습니다. 내려놓으면 편안해진다는 것을 조금이라도 체험하게 되면 그것은 갈수록 점점 더 쉬워지고 빨라질 것입니다.

욕심이 담긴 마음은
크기가 아무리 작아도 가라앉고 맙니다.
그러나 욕심을 버린 마음은
세상을 다 담을 만큼 커도 무게가 없습니다.

-배종훈

생각과 집착을 다 내려놓으면 텅빈마음의 상태 즉 '조건 없는 수용의 상태'가 됩니다. 그래서 이치상 '내려놓기'와 '수용하기'는 반드시 만나게 됩니다. 붙잡고 있는 생각과 집착을 다 놓으면 조건 없는 전면적인 허용과 수용은 저절로 일어나게 됩니다. 생각과 분별로 집착과 저항을 붙들고 있는 것은 에고입니다. 그렇다면 그 반대인 내려놓기의 끝은 어디일까요? 그 끝은 에고 소멸의 텅빈마음이고, 저항제로의 지극한 평정심이고, 경계 없는 완전한 깨달음일 것입니다. 명상이란 에고를 내려놓는 훈련이요 집착과 저항을 내려놓는 훈련입니다.

우리 내면에는 텅 빔의 절대평화가 있습니다. 이것이 우리의 본성(신성)이요, 내면의 천국입니다. 전면적인 허용/수용을 가로막은 것은 전부 조건적인 생각(판단, 비교, 분별의 기준)들입니다. 그 생각들을 내려놓고 모든 것을 조건 없이 수용하면 할수록 우리는 절대평화에 더 가까워지게 됩니다. 이 절대평화가 온전히 깨어나는 것이 궁극의 치유요 영적 깨달음입니다.

> 에고를 내려놓는 목적은 최상의 현실을 보지 못하게 가로막는 장애물을 제거하기 위해서이다. 최상의 현실 안에서 우리는 우리가 이미 사랑이며, 사랑, 평화, 기쁨, 영의 충만함 같은 필요로 하는 모든 것을 이미 끝없이 받고 있음을 알게 된다.
>
> -누크 산체스, 『에고로부터의 자유』에서

영적 차원에 보면 우리는 상처받은 적이 한순간도 없습니다. '상처받았다는 생각'이 있었을 뿐입니다. 그래서 이 생각을 다 내려놓으면 모든 상처는 그 순간 완전히 제로가 됩니다. '상처받았다는 생각'이 없어지면 상처받은 사람도, 상처받았던 과거도 다 사라지게 됩니다. 그래서 '상처'라는 생각을 내려놓으면 새로운 해석을 따라 과거 또한 바뀌게 됩니다. 1초만 지나도 과거는 사라지고 존재하지 않습니다.

에고가 붙들고 있는 과거 또한 하나의 '생각' 일뿐입니다.

상처는 오직 '상처받았다는 생각' 속에만 있습니다. 그래서 '상처받았다는 생각'을 다 내려놓으면 모든 상처는 그 즉시 다 사라져 버립니다. 아울러 죽을 때까지 다시는 상처받을 수 없는 사람이 됩니다. 상처받을 수 없는 영혼으로 거듭나는 것, 이것이 절대적 자존감이요 참나의 부활입니다. '불행'이라는 생각, '부족하다'는 생각, '온전하지 않지 않다'는 생각 등등 다른 생각들도 전부 다 마찬가지입니다. 내려놓는 순간 그것은 다 제로가 됩니다. 모든 생각은 에고가 붙잡고 있는 하나의 해석일 뿐입니다.

멘탈 회복을 향한 첫 번째 단계는
마음의 짐이 되는 좌절감, 후회, 고통스러운 기억과의 결별이다.
마치 족쇄처럼 나를 붙잡고 있던 것들을 끊어내면
감정적 자유를 경험할 수 있다.

-데이먼 자하리아데스

내려놓으려면 자신이 '생각'과 '분별'을 붙잡고 있어서 고착되어 있다는 것을 자각해야 합니다. 자신이 집착과 저항을 붙잡고 있어서 괴로움이 발생한다는 것을 자각해야 합니다. 이것을 매 순간 깨어서 자각하고 내려놓는 것이 에고를 내려놓는 것입니다. 구름이 하늘에서 자유롭듯, '생각에 대한 집착'만 다 내려놓으면 에고는 저절로 다 녹아서 무한한 텅빈마음의 품속으로 편안하게 안기게 될 것입니다. 그렇게 온전한 내려놓음 속에서 텅 비어서 무한한 순수의식이 깨어나게 되면 우리는 늘, 넓고 넓은 참나의 사랑과 평정심 속에서 살아가게 될 것입니다.

빛 피라미드 명상

작은 텐트만 한 '빛의 피라미드' 속에 내가 앉아 있다고 상상합니다. 눈을 감고 양손은 엄지 끝을 검지 손톱 끝에 둥글게 살짝 붙여서 무릎 위에 차분히 올려놓습니다. 이 무드라는 마음을 차분하게 하는데 도움을 줍니다.

빛으로 된 피라미드의 정점에서 내 머릿속으로 신비로운 치유 에너지가 계속계속 들어온다고 상상합니다. 그렇게 '빛 피라미드' 속에서 좋은 빛에너지를 계속 받는다고 상상하면서, 신비로운 치유 에너지로 내 몸이 가득 채워진다고 상상하면서 호흡에 따라 만트라를 반복합니다.

①
들숨: 합일의식
날숨: 전체의식

②
들숨: 무한의식

날숨: 초월의식

①을 한 다음 ②를 하시면 됩니다. 똑같이 50%씩 ①을 5분 동안 했다면 ②도 5분 동안 하면 됩니다. '합일의식/전체의식/무한의식/초월의식' 이 짧은 만트라는 크게 보면 다 같은 말이지만 약간씩 초점을 달리해서 순수의식(참나의식)을 표현한 단어라고 할 수 있습니다. 이렇게 네 가지 만트라를 사용하는 것은 마치 비타민A-B-C-D를 다 먹는 것처럼, 다양한 정신적 요소를 흡수하기 위함입니다. 한 단어만 사용하는 것보다 네 가지를 다 사용하는 것이 영적 각성에 더 도움이 되기 때문입니다.

빛 피라미드 속에서 명상을 하게 되면 신비로움과 정제된 느낌이 들기 때문에 영적 각성에 대한 집중력과 에너지의 강도가 높아지는 효과가 있습니다. 빛 피라미드는 신성의식을 만나는, 영적 각성을 일으키는 나만의 신비로운 밀실이라 할 수 있습니다. 상상도 에너지고, 말(언어)도 에너지입니다. 이 신비로운 영적 공간 속에서 자주 좋은 에너지를 공급받으면, 심리치유는 물론이요 몸에도 좋은 영향을 끼칠 것입니다.

· 나는 합일의식, 전체의식이다!
· 나는 무한의식, 초월의식이다!

명상 시간 외엔, 이렇게 틈날 때마다 문장형 만트라만을 반복해서 만트라 명상을 할 수 있습니다. 이 만트라는 무의식을 정화하고 영적 각성을 일으키는 강력한 만트라입니다. 이러한 만트라가 삶의 깊은 노래처럼, 깨달음을 불러오는 기적의 주문처럼 내면에서 계속 반복된다면 그러한 의식의 변형은 반드시 일어나게 될 것입니다.

우리는 모두 하나이다. 모든 것이 하나이다. 단지 하나만 존재하고 모든 것은 존재하는 그 하나의 일부이다. 이것은 당신이 신성이라는 의미이다. 당신은 당신의 몸이 아니고, 당신의 마음이 아니며, 당신의 영혼이 아니다. 당신은 이 세 가지 모두의 독특한 조합이며, 그것이 당신 전체를 이룬다. 당신은 신성의 개별화된 존재이다. 지상에 나타난 신의 표현이다.

-닐 도널드 월쉬, 『신이 말해준 것』에서

우리의 의식은 주파수와 같습니다. 라디오에 주파수를 맞추고 있으면 그 주파수에 맞는 방송을 들을 수 있는 것처럼, 신성의식에 계속 추파수를 맞추고 있으면 신성의식이 깨어날 것입니다. 빛의 피라미드가 그 안테나 역할을 해줄 것입니다. 이 명상을 하는 모든 이에게 그런 감격의 순간이 환희의 유성우처럼 맑게 쏟아지기를 기원합니다.

의식확장 명상

①단계

내가 하늘 위 구름에 앉아서 명상을 한다고 상상합니다. 구름에 앉아서 명상을 하면, 하늘에서 명상을 하는 것이 되기 때문에 지상과 분리된 느낌이 들어 마음을 비우거나 초연해지는 데 더 좋은 효과를 볼 수 있습니다.

눈을 감고 양손은 다섯 손가락 끝을 가볍게 서로 붙여서 양 허벅지 사이에 편안하게 올려 놀려놓습니다. 이 무드라는 이 자체만으로도 심리적 안착을 만들어 줄 뿐 아니라, 명상 신호와 조건반사를 만드는 앵커링 역할을 해줍니다.

내 몸속에는 그 부피만큼의 빈 공간이 있습니다. 이 공간이 100배 커졌다고 상상한 다음 "의식확장 텅빈마음!"을 10회 반복합니다. 다시 1000배 커졌다고 상상한 다음 똑같이 "의식확장 텅빈마음!"을 10회 반복합니다. 다시 10000배 커졌다고 상상한 다음 똑같이 "의식확장 텅빈마음!"을 10회 반복합니다. 다시 10만 배 커졌다고 상상한 다음 똑같이 "의식확장 텅빈마음!"을 10회 반복합니다. 다시 100만 배 커졌다고 상상한 다음 똑같이 "의식확장 텅빈마음!"을 10회 반복합니다. 그다음에 우주 끝까지 무한대로 커졌다고 상상한 다음 똑같이 "의식확장 텅빈마음"을 5분 이상 계속해서 반복합니다.

명상은 생각과 감정 너머의 의식, 배경의 공간으로서 의식(배경의식), 근원의
식으로 안내하는 여정입니다. 마음을 이용하고 생각을 바라봄으로써 생각 너
머와 마음 너머의 공간, 비유하면 구름 너머 하늘을 볼 수 있습니다. 명상은 그
길입니다.

-최훈동,『내 마음을 안아주는 명상 연습』에서

내 마음과 의식이 우주 끝까지 무한대로 커지면 우주의 모든 것이 내 마음과 의
식 속에 있게 됩니다. 우주가 내 마음속에 있으니, 즉 내 마음과 우주가 하나가 되는
것입니다. 이런 수준으로 의식이 무한대로 확장되어, 우주와 내가 하나임을 아는
것이 영적 각성이요 무한의식(합일의식)이 되는 것입니다.

②단계

1단계를 5분 이상 한 다음 2단계를 진행합니다. 우주만큼 마음과 의식이 확장
된 상태에서 호흡에 따라 만트라를 반복합니다.

첫 번째 호흡: 의식확장(들숨)/텅빈마음(날숨)
두 번째 호흡: 무한의식(들숨)//텅빈마음(날숨)

이 명상법은 여덟 글자로 된 두 가지 만트라가 '교차 순환되는 방식'을 취합니
다. 첫 번째 호흡엔 첫 번째 만트라를, 두 번째 호흡엔 두 번째 만트라를 합니다. 이

런 식으로 두 만트라를 번갈아가 가며 계속 순환 반복합니다. 두 만트라 속엔 반복되는 부분이 있어 리듬을 탈 수 있을 뿐 아니라, 교차 반복을 해야 하기에 집중력을 더 요하게 됩니다. 그래서 의식과 무의식에 더 잘 스며드는 효과가 있습니다.(익숙해지면 1단계 생략하고, 2단계만 바로 할 수도 있습니다. 최소 5분 이상 하는 것을 추천합니다.)

내면 공간이 무한대로 넓어진 상태에서 만트라를 반복하면 '텅빈마음과 무한의식'에 심리적 추파수가 더 잘 맞춰지기에 저절로 마음이 비워지고 점점 더 평온한 상태가 됩니다. 이 명상법은 영적 각성을 위해 최적화된 명상법이지만, 의식이 넓어지고 깨어나는 과정에서 저절로 무의식 정화가 일어나기 때문에 심리치유에도 좋다고 말할 수 있습니다. 이 명상법으로 향후 영적 각성을 하시는 분들이 무수히 많이 나오지 않을까 합니다.

오픈 포커스 빛 명상

눈을 감고 내 머리 양 옆으로 50센티 정도에 배구공만 한 빛에너지가 있다고 상상합니다.(눈높이와 같은 위치) 마음의 눈으로 이 두 빛에너지를 동시에 바라보고 있으면 오픈 포커스가 됩니다. 이 상태에서 계속 빛에너지를 바라보며, 마음속으로 만트라를 반복합니다.

· 나는 모든 것을 바라보는 텅빈마음이다!
· 나는 모든 것을 자각하는 텅빈마음이다!

오픈 포커스가 되면 가벼운 트랜스 상태(수용모드)가 됩니다. 그래서 오픈 포커스 자체가 명상효과를 가지는데, 이 상태에서 오픈 포커스를 더 강화하는 만트라를 외우게 되면 효과가 극대화됩니다. 이 명상법은 매우 단순하지만 빠르게 뇌파를 안정시키고 머릿속을 맑게 비워주며, 텅 빈 상태로 내면을 세팅해 줍니다. 그래서 심리치유(무의식 정화)뿐 아니라 영적 각성에도 아주 뛰어난 명상법이라 할 수 있습니다. 이 명상법이 익숙해지면 두 빛에너지의 거리를 50센티뿐 아니라 100센티까지 확장한 상태에서도 해보시기 바랍니다.

예컨대 우물 속에서 하늘을 보는 것을 좌정관천(坐井觀天)이라 합니다. 에고의 우물 속에서는 에고의 세상밖에 볼 수가 없습니다. 심지어 에고 속에서는 결코 에고조차 제대로 볼 수가 없습니다. 에고를 제대로 볼 수 있는 것은 에고에서 온전히 빠져나올 때 가능해지는 일입니다.

숲 속에선 숲 전체를 바라볼 수 없습니다. 숲에서 빠져나와야만 숲 전체를 바라볼 수 있습니다. 마찬가지로 모든 것을 바라보려면 모든 것에서 빠져나온 상태여야 합니다. 모든 것에서 빠져나와 모든 것을 바라볼 수 있는 것은 오직 '텅빈마음'밖에 없습니다. 이것이 '나는 모든 것을 바라보는 텅빈마음이다'의 의미입니다. 이처럼 이 만트라 속에도 오픈 포커스가 담겨 있습니다. 그래서 이 만트라를 반복하게 되면 '모든 것에 빠져나와 모든 것을 바라볼 수 있는 상태', 즉 에고에서 벗어난 텅빈마음의 순수의식 상태를 만들어줍니다.

일상적인 일을 할 때마다 언제나 그와 함께 무한한 공간, 침묵, 영원을 자각하라. 대상들 사이, 대상들 주변, 그리고 대상을 통과하는 3차원의 공간을 자각해 보라. 자신의 모든 감각(보는 것, 듣는 것, 몸으로 느껴지는 것, 맛보는 것, 냄새 맡는 것)과 정신적 활동, 시간 감각에서도 주의를 기울이라. 대상과 공간 모두를 주의의 대상에 포함시키라. 모든 것에 두루 스며 있는 '공간'을 느낀다고 상상해 보라. 두드러져 나타나는 모든 것의 밑바탕을 이루는 그 배경 공간을 느낀다고 상상해 보라.

-레스 페미, 『오픈포커스 브레인』에서

김상운 님의 '거울명상'이나 설기문 님의 '쬠쬠기법'도 모두 오픈 포커스를 기반으로 만들어진 기법입니다. 두 방법 모두 효과가 뛰어난 훌륭한 방법입니다. 다만 '오픈 포커스 빛명상'은 거울명상과 달리 거울이 없어도 언제 어디서든 할 수 있고, 쬠쬠기법처럼 손을 눈높이까지 올리지 않아도 할 수 있습니다. 그래서 어디서든 눈만 감으면 쉽고 편리하게 바로 할 수 있습니다.

'오픈 포커스 빛명상'을 해보신 분들은 공통적으로 짧은 시간에 머리가 텅 빈 듯 맑아지고 마음이 편안해진다고 말합니다. 널리 알려져 있는 거울명상과 쬠쬠기법은 놀라운 치유사례를 많이 만들어내었는데, '오픈 포커스 빛명상'도 이 방법들처럼 앞으로 놀라운 치유사례를 많이 만들어 내지 않을까 합니다. ('거울명상'도 '쬠쬠기법'도 이미 책으로 나와 있고, 유튜브에도 관련 영상이 많으니 궁금하신 분들은 이를 참고해 보시기 바랍니다. '오픈 포커스'에 대해 더 상세하게 알고 싶으신 분은 레스 페미의『오픈 포커스 브레인』을 읽어보시기 바랍니다.)

눈을 감고, 싱잉볼처럼 생긴 내 마음의 그릇이 내 앞에 있다고 상상합니다. 그 그릇 속의 빈 공간을 바라봅니다. 그렇게 몇 초 동안 바라보다가 그 그릇이 열 배 커진다고 상상합니다. 또 몇 초간 바라보다가 백 배 커진다고 상상합니다. 그런 식으로 천 배, 만 배, 백만 배씩 점점 더 커져서 마지막엔 우주를 다 담을 만큼 '무한대'로 커진다고 상상합니다. 그 그릇의 왼쪽과 오른쪽 사이의 빈 공간을 고요히 바라보면서 만트라를 반복합니다.

· 나는 텅 빈 무한의 그릇이다. 나는 텅 빈 무한의 마음이다.
· 나는 텅 빈 무한의 그릇(마음)이다. 내 안에 모든 것이 있다.

내 마음의 그릇이 조금씩 커져 가면, 그 그릇의 빈 공간을 바라보는 내 시선과 의식도 점점 더 확장되어 갑니다. 이때 마음은 오픈 포커스가 되어 가벼운 트랜스 상태가 만들어집니다. 그 상태에서 만트라를 외우게 되면 만트라가 의식과 무의식 더 잘 스며들게 됩니다. 아울러 우주만큼 무한대로 커진 내 마음의 그릇은 바라보는 것은 이미지 차원에서 내 마음이 무한히 확장된 느낌을 줍니다. 그래서 우주가 내 마음속에 있는 느낌이 어떤 것인지 알게 해 줍니다. 이런 느낌이 의식에 깊이 스밀 만큼 강하게 들면 그때 의식 확장(영적 각성)이 일어나게 됩니다.

이 명상은 영적 각성뿐 아니라 심리치유에도 좋습니다. 내면공간이 넓어지면 억압된 감정이나 생각들이 잘 풀리기에 가슴이 넓어지고 가벼워지는 느낌이 듭니다. 마음의 그릇이 무한대로 커져서 그 속에서 우주를 바라보게 되면 심리적 시야와 폭이 비약적으로 확장되어 집착과 저항도 자연스레 줄어들게 됩니다. 마음의 폭이 넓어지면 넓어질수록 고통은 상대적으로 더 작은 것이 됩니다. 이는 치유의 아주 중요한 원리 중 하나입니다.

> 우리가 '참나'로 돌아감은 우리 안에 깊이 숨어 있는 하늘의 성품·정신·생명력을 밖으로 활짝 펼치는 것입니다. 본래 우리 것이 아니고 어두운 세상이 만들어 놓은 이지러진 마음을 훌훌 털어버리고 하늘의 성품으로 돌아가는 것입니다. 복잡한 세상사로 인해 생겨나는 온갖 번뇌를 떨치고 하늘의 정신, 완전한 지혜를 되찾는 것입니다. 또 하늘의 생명력으로 충만해지는 것입니다. 그러기 위해선, 무엇보다 먼저 내 안에 하늘의 성품(마음)·정신·생명력이 깃들여 있음을 알아야 합니다. 이들이 내 안에 살아있음을 믿고 실감할 때 빨리 '참나'로 돌아갈 수 있습니다.
>
> ─자허, 『숨 명상 깨달음』에서

내 마음은 본디 우주의 모든 것을 다 담을 수 있는 무한의 그릇이며, 끝도 한도 없이 텅 빈 무한의 마음입니다. 빈 그릇처럼 오직 텅 비어있기에, 모든 것을 다 담을 수 있는 '무한'일 수가 있습니다. '무한의 텅빈마음' 속에 혹은 '텅빈마음의 무한' 속에 우주의 모든 것이 다 있습니다. 무한한 사랑과 평화도 이 속에 있고, 무한한 진리와 깨달음도 이 속에 있고, 신과 영원도 이 속에 있고, 우주의 시작과 끝도 이 속에 있습니다. 이 명상법은 에고의 마음에서 벗어나 이런 '무한의 마음'이 나의 본성임을 단시간에 느끼고 체득할 수 있게 만들어줄 것입니다.

미간 차크라 깨우기 명상

눈을 감고 무릎 위에 양손을 올려 놓습니다. 양손 위에는 배구공만 한 밝고 따뜻한 빛에너지가 있다고 상상합니다. 미간에도 야구공만 한 밝은 빛에너지가 있다고 상상합니다. 이때 코로 호흡을 하는 것이 아니라 미간으로 호흡을 한다고 상상합니다. 숨을 들이쉴 때마다 미간으로 아주 좋은 빛에너지가 들어와 머릿속을 맑게 가득 채운다고 상상합니다. 이런 상태를 유지하면서 호흡에 따라 만트라를 반복합니다.

들숨: 완전한 자각(완전한 자유)

날숨: 완전한 깨달음(완전한 기쁨)

미간 호흡을 따라 이렇게 명상을 해보시면 머리가 맑아지고, 머릿속에 좋은 에너지가 채워지는 느낌이 들게 될 것입니다. 숨을 마실 때 빛에너지가 미간으로 들어와서 머릿속을 가득 채우는 상상을 생생하게 하는 것은, 다른 온갖 생각을 잊게 만들 뿐 아니라 실제로 에너지 정화작용이 일어나기 때문에 명상 효과를 더 좋게 만듭니다.

명상, 자각, 마음 챙김, 의식…
어떤 이름으로 부르느냐는 중요하지 않다.
실타래 같이 엉킨 수많은 생각들 속에서
자신의 잃어버린 '주시자'를 발견하는 것이 유일한 관건이다.

-오쇼

차크라는 우리 몸에 있는 영적인 에너지 센터입니다. 특히 7차크라 중에서 '미간 차크라'는 영적 각성과 가장 긴밀한 관련이 있는 차크라입니다. 그래서 미간 차크라를 깨우면 영적 각성이 더 잘 일어날 수 있습니다. 하지만 미간뿐 아니라, 나머지 여섯 차크라에도 똑같은 방법으로 이 명상을 할 수 있습니다. 그러면 차크라가 정화되고 활성화되는 데 많은 도움이 되리라 생각합니다.

신성 아바타 명상

눈을 감고 무릎 위에 양손 올려 놓습니다. 양손 위에는 배구공만 한 밝고 따뜻한 빛에너지가 있다고 상상합니다.(양손을 가슴 앞에 합장하는 방법도 가능합니다.) 내 안에는 이미 완전한 신성이 있습니다. 그 신성이 '다 깨어난 나의 자아'가 미소 지으며 내 앞에 마주 앉아 있다고 상상합니다. 자신이 상상할 수 있는 가장 평온하고 밝고 사랑 넘치는 자기 모습을 떠올리시면 됩니다. 나도 그 '완전히 깨어난 신성자아'를 미소 지으며 계속 바라봅니다. 즉 서로 미소 지으며 생생하게 바라보는 것인데, 이는 거울 뉴런을 활성화시킵니다. 미소 짓는 것이 앵커링 역할을 하기 때문에 이 명상법에선 반드시 이를 지키는 것이 좋습니다.

숨을 쉴 때마다 신성 자아의 가슴에서 엄청난 빛에너지가 쏟아져 나와 내 가슴으로 들어온다고 상상합니다. 이는 가슴차크라를 활성화시킬 뿐 아니라, 신성자아와 합일되는 느낌을 더 강화시킵니다. 이 상태를 계속 유지하며 호흡에 맞춰 만트라를 반복합니다.

들숨: 완전한 신성

날숨: 완전한 합일

명상이 끝날 때는 그 신성 아바타가 내 안으로 스며들어서 완전히 나와 하나가 된다고 상상합니다. 그런 다음 내가 완전히 깨어났을 때 어떤 느낌이 들지를 생생히 상상해 봅니다. 이 상태에서 "내 신성은 늘 온전하고 완전하고 완벽하다./나는 지금도 완전한 신성이요, 영원히 완전한 신성이다!"를 각각 1분 정도 외운 다음 명상을 끝냅니다.

진리에 이르는 열쇠는 당신이 누구인지를 아는 겁니다. 당신이 무엇을 믿고 있는지를 알아보세요. 당신의 신념 체계가 바로 열쇠입니다. 당신 스스로 자신이 무엇을 믿고 있는지 살펴보십시오. 얼마나 터무니없는 것들을 믿어 왔는지 깨닫게 될 때, 심지어는 자신이 그런 것들을 믿고 있었는지조차 모르고 있었음을 깨닫게 될 때, 그래서 당신 자신의 진정한 모습을 가리는 켜켜이 쌓인 껍질들을 인정하고 받아들이게 될 때, 자신의 모든 면을 진실로 껴안게 될 때, 그때에야 비로소 당신은 자신의 신성을 인지하는 단계로 접어들게 됩니다. 그리하여 당신 자신이 바로 신임을 알게 되는 겁니다. 그처럼 간단합니다.

-자니 킹, 『가슴이 노래 부르게 하라』에서

이 명상법은 이미 내 안에 완전한 깨달음과 신성이 있음을 자각하게 하고, 깨어남에 대한 자신감을 키워주는데 도움을 주는 명상법입니다. 내가 고통 속에 있든, 행복 속에 있든 내 신성은 늘 있는 그대로 완전합니다. 내가 번뇌 속에 있든, 깨달음 속에 있든 내 신성은 늘 있는 그대로 완전합니다. 내 신성은 0.1초도 내 곁을 떠난

적이 없고 떠날 수도 없습니다. 온전하고 완전하고 완벽한 신성은 언제나 나와 함께 있습니다. 내 모든 것이 완전한 신성의 현현이기 때문입니다. 내 안에 신성의식이 깨어날 때 이것이 나의 절대적 진실임을 알게 될 것입니다.

완전함 만트라 명상

눈을 감고 양손을 펴서 무릎 위에 올려놓습니다. 양손엔 배구공만 한 밝고 따듯한 빛에너지가 있다고 상상합니다. 미간에도 야구공만 한 밝은 빛에너지가 있다고 상상합니다. 미간에 의식을 집중한 상태에서 만트라를 반복합니다.

· 모든 것은 있는 그대로 완전하다. 모든 순간도 있는 그대로 완전하다.

· 내 마음도 있는 그대로 완전하고, 내 인생도 있는 그대로 완전하다.

· 내 의식도 있는 그대로 완전하고, 내 무의식도 있는 그대로 완전하다.

· 내 에고도 있는 그대로 완전하고, 내 신성도 있는 그대로 완전하다.

· 나는 지금도 있는 그대로 완전하고, 영원히 있는 그대로 완전하다.

위의 5가지 만트라를 자유롭게 계속 반복하시면 됩니다. 한 가지 만트라를 1분 동안 해도 되고, 5분이나 10분 동안 해도 되고, 1시간 동안 해도 됩니다. 하나의 만트라를 10회씩(혹은 20회씩) 읽어서 녹음해서 반복해서 들으면서 암송해도 됩니다. 만약 이 만트라들이 너무 많다고 생각되면 압축버전인 "모든 마음은 있는 그대로 완전하다. 모든 나도 있는 그대로 완전하다." 이 만트라 하나만 무한 반복하는 방법도 가능합니다.

> 행복과 불행 모두를 받아들일 때
> 당신 삶의 경험은 온전한 것이 되며,
> 그것이 바로 거룩함에 가닿을 수 있는 길이다.
>
> -마이클 브라운

'좋다'는 것도 에고의 관념이요 '나쁘다'는 것도 에고의 관념이듯이, '완전하다'는 것도 관념이요 '불완전하다'는 것도 관념입니다. 이러한 관념과 분별심을 다 내려놓으면 어떻게 될까요? 완전함에도 불완전함에도 얽매이지 않게 될 것입니다. 그러한 상태를 에고의 분별심이 사라진 절대수용의 상태라 할 수 있습니다. '완전함/불완전함'의 관념에서 벗어난 상태는 이분법적 분별심에서 벗어난 것이기에 이를 '절대적 완전함'이라 할 수 있을 것입니다.

자신과 삶에 대한 사랑을 위해 명상하라. 당신은 자신의 모든 '불완전함'을 포함하여 있는 그대로 완전하기 때문에 지금보다 '더 좋은' 사람이 될 수는 없다. 당신은 이미 온전하다. 그럼에도 당신은 당신이 가능하리라고 생각했던 것보다 훨씬 더 자기 존재의 충만함을 제대로 체현할 수 있다.

-존 카밧진, 『처음 만나는 마음 챙김 명상』에서

구름이 하늘 속에 있듯, 생각구름이 텅빈마음 속에 있듯 모든 것은 오직 이 절대적 완전함 속에만 있습니다. 이 절대적 완전함은 늘 모든 것에 스며 있습니다. 그래서 모든 것은 있는 그대로 완전하다고 말할 수 있습니다. 에고의 생각을 내려놓고 보면 모든 것은 있는 그대로 완전합니다. 완전하지 않다는 것은 에고의 생각일 뿐입니다. 깨달음의 눈은 모든 것에서 완전함을 보고, 모든 것을 있는 그대로 완전하다고 봅니다.

이러한 관점에서 보면 세상 모든 것은 늘 있는 그대로 완전합니다. 모든 순간도 있는 그대로 완전합니다. 우주의 시작과 끝이 이처럼 절대적 완전함으로 가득 채워져 있습니다. 빛은 빛으로서 완전하고 어둠은 어둠으로서 완전합니다. 안쪽은 안쪽으로서 완전하고 바깥은 바깥으로서 완전합니다. 행복은 행복으로서 완전하고 불행은 불행으로서 완전합니다. 번뇌는 번뇌로서 완전하고 깨달음을 깨달음으로서 완전합니다.

불완전함은 오직 '불완전하다는 생각' 속에만 있는 것이기에, '내 인생은 완전하지 않다는 생각, 나 자신이 완전하지 않다는 생각'만 내려놓으면, 모든 불완전함이 그 즉시 사라지기에 내 인생은 있는 그대로 완전하고, 나 자신도 있는 그대로 완전함을 알게 됩니다. 내 고통도, 내 불행도, 내 슬픔도, 내 분노도, 내 좌절도, 내 수치도 전부 다 있는 그대로 완전합니다. 내 생각도, 내 욕망도, 내 집착과 저항도, 내 에고도 있는 그대로 완전합니다. 내 모든 것은 늘 있는 그대로 완전합니다. 심지어 '완전하지 않다는 생각'도 완전합니다.

빛과 어둠이 하나의 짝이고, 뒷면과 앞면이 하나의 짝인 것처럼 신성과 에고도 하나의 짝입니다. 그래서 신성은 신성으로서 완전하고, 에고는 에고로서 완전합니다. 이 양자의 완전함을 함께 인정하고 수용해 줄 때, 내면은 더 편안해지고 조화로워질 것입니다.

우리는 각자의 이해와 인식의 한계만큼만 이 세상을 볼 수 있기에,

내게 보이는 세상이 불완전하다면

그 이유는 오직 내 인식의 문제임을 알아야 한다.

-진세희

세상 모든 것은 0.1초도 완전함에서 벗어난 적이 없고 벗어날 수도 없습니다. 그처럼 나는 한순간도 완전하지 않은 적이 없습니다. 나는 있는 그대로 늘 완전했고, 앞으로도 늘 완전할 것입니다. 아울러 내 인생도 있는 그대로 늘 완전했고 앞으로도 늘 완전할 것입니다. 모든 것은 완전함으로 서로 연결되어 있으니, 나는 모든 것의 완전함이요 완전함의 모든 것입니다. 이는 절대수용의 관점이자, 모든 것을 완전함으로 받아들이는 순수의식과 합일의식의 세계관입니다.

그러한 의식상태가 되면 절대수용의 상태가 되기 때문에 마음이 훨씬 더 편안한 상태가 될 것이요, 외부의 영향에도 훨씬 적게 흔들리는 사람이 될 것입니다. 완전함의 눈으로 세상을 보는 이는 모든 것에서 진리와 섭리를 볼 것이요, 신의 눈과도 늘 함께 할 것입니다. 이 만트라 명상이 그러한 의식으로 안내하는 가이드가 되어줄입니다.

우주합일 명상

양손 손바닥을 펴 무릎에 올려놓고, 눈동자를 정확히 위아래로 열 번 움직인 다음 고요히 눈을 감습니다. 양손엔 배구공만 한 밝고 따듯한 빛에너지가 있다고 상상합니다. 호흡을 크게 몇 번 한 후에 광활한 우주 공간을 가능한 최대한 생생하게 상상합니다. 내 몸이 지구를 빠져나와 무한한 우주 공간에 있다고 상상합니다. 그 상태에서 광활한 우주를 바라보며 내 마음이 무한히 넓어지고 커져서 우주만큼 커지고 확장된다고 상상합니다. 내 마음이 우주만큼 커지면 우주가 내 마음속에 있게 되고, 우주의 모든 것 또한 내 마음속에 있게 됩니다. 이것을 이해하는 것이 아주 중요합니다. 그렇게 우주만큼 내 마음이 무한대로 확장된 상태, 우주가 내 마음속으로 들어온 상태를 온전히 느껴주면서 만트라를 반복합니다.

· 나는 텅 빈 무한의 마음으로 완전히 깨어난다.
· 나는 텅 빈 근원의 마음으로 완전히 깨어난다.
· 나는 텅 빈 무한의 마음이다. 내 안에 모든 것이 있다.

· 나는 늘 우주 속에 있고 우주는 늘 내 속에 있다.

· 나는 늘 신 안에 있고 신은 늘 내 안에 있다.

· 나는 늘 모든 것 속에 있고 모든 것은 늘 내 속에 있다.

· 나는 늘 무한한 사랑 속에 있고 무한한 사랑은 늘 내 속에 있다.

· 나는 늘 무한한 평화 속에 있고 무한한 평화는 늘 내 속에 있다.

· 나는 늘 무한한 자유 속에 있고 무한한 자유는 늘 내 속에 있다.

· 나는 늘 완전한 허용 속에 있고 완전한 허용은 늘 내 속에 있다.

· 나는 늘 완전한 진리 속에 있는 완전한 진리는 늘 내 속에 있다.

· 나는 늘 완전한 조화 속에 있는 완전한 조화는 늘 내 속에 있다.

· 나는 우주의 모든 것이자, 신의 모든 것이다.

이 13개의 만트라를 순서대로 10번씩 암송합니다. 혹은 각 만트라를 10회씩 소리 내어 읽어 편안한 배경음악과 함께 녹음해서 녹음파일을 반복해서 들으면서 암송을 해도 됩니다. 녹음파일을 듣는 경우는 듣기만 해서는 안 되고 필히 스스로 암송을 함께해야 합니다. 만트라는 필히 다 외우는 것이 좋은데, 익숙해지면 금방 이 만트라를 다 외울 수 있을 것입니다.

당신의 가장 높은 영적 감각에 연결된다는 것은

신이라는 평화 속에 사는 것과 같다.

-웨인 다이어

텅 빈 무한의 마음속에 우주의 모든 것이 있습니다. 우주의 모든 것이 있다는 것은 우주의 모든 시간과 공간도 내 마음 안에 있으며, 신과 천지만물도 내 마음 안에 있으며, 무한한 사랑과 평화, 완전한 진리와 조화도 다 내 마음 안에 있다는 뜻이 됩니다. 나는 우주의 모든 것이자 그 모든 것과 늘 하나입니다. 에고의식에서 벗어나 이렇게 확장된 의식 수준인 '전체의식'으로 깨어나는 것이 영적 각성입니다. 그래서 이를 '우주의식(무한의식)'이나 '합일의식'이라 부르는 것입니다.

나는 이 말들입니다. 그리고 말과 말 사이의 모든 행간입니다. 나는 모든 문장이 끝나는 곳에 있는 침묵, 첫 문장이 시작되기 전의 기대이고 예상입니다. 나는 검은색입니다. 나는 흰색입니다. 그리고 회색빛 그림자입니다. 또한 모든 색이기도 합니다. 나는 이해이고, 이해의 결핍입니다. 나는 같음이고, 다름입니다. 나는 분리이고, 말로 표현할 수 없을 만큼의 완전한 결합입니다.

-제프 포스터, 『명상의 기쁨』에서

이 명상은 우주와 하나 되는 명상이기에, 의식과 시야를 넓게 확장해 주고 가슴을 트이게 해 주는 역할을 합니다. 그래서 이 명상법은 무엇보다 '내 마음이 무한히 넓어지고 커져서 우주만큼 확장되는 상상'을 최대한 생생하게 잘하는 것이 중요합니다. 그런 느낌이 들어야 만트라가 내면에 잘 스며들 것이기 때문입니다.

제가 상담 중에 이 명상 세션을 진행하면 대부분 의식이 넓어진 느낌, 가슴이 트이고 뭔가 채워진 충만한 느낌을 받는다고 말합니다. 지금까지 저의 상담 중에 이 세션으로 가장 많은 분들이 영적 각성을 했을 만큼 의식 확장과 영적 각성에 특화된 명상법이라 할 수 있습니다. 만약 집중해서 만트라를 계속 반복하면 아주 빠른 경우 고작 몇 시간 안에도 영적 각성이 바로 일어날 수도 있으리라 생각합니다.

아무리 큰 물탱크도 물을 계속 부어주면 물탱크에 물이 가득 채워지듯, 지속적으로 만트라를 계속 반복하게 되면 의식과 무의식에 만트라가 가득 채워져서 만트라와 같은 내면 상태가 만들어질 것입니다. 즉 그러한 의식 상태로 내면이 변형되는 영적 각성이 일어나게 될 것입니다. 누구나 응당 그렇게 되겠지만, 영적 각성이 일어나기 전에도 그 과정에서 무의식 정화를 통해 다양한 심리치유 또한 일어나게 될 것입니다.

나 선언 명상

나 선언 명상은 '나에 대한 선언'을 통해 자아의 정체성을 영적 의식으로 바꾸는 명상법입니다. 우주 공간 속에서 내 몸과 마음이 사라져 우주 전체와 하나가 되었다고 상상합니다. 무한한 우주 전체 공간을 음미하면서 만트라를 반복합니다.

1

· 나는 완전한 자각이요 완전한 자각의 모든 것이다.

· 나는 완전한 허용(수용)이요 완전한 허용(수용)의 모든 것이다.

· 나는 완전한 진리요 완전한 진리의 모든 것이다.

· 나는 완전한 조화요 완전한 조화의 모든 것이다.

· 나는 완전한 신성이요 완전한 신성의 모든 것이다.

· 나는 완전한 초연함이요 완전한 초연함의 모든 것이다.

· 나는 완전한 깨달음이요 완전한 깨달음의 모든 것이다.

2

· 나는 무한한 마음이요 무한한 마음의 모든 것이다.

· 나는 무한한 사랑이요 무한한 사랑의 모든 것이다.

· 나는 무한한 평화요 무한한 평화의 모든 것이다.

· 나는 무한한 자유요 무한한 자유의 모든 것이다.

· 나는 무한한 기쁨이요 무한한 기쁨의 모든 것이다.

· 나는 텅 빈 우주요, 텅 빈 우주의 모든 것이다.

이 13개의 만트라를 순서대로 각각 10회씩 외우거나 혹은 10회씩 녹음해서 들으면서 암송해도 됩니다. 이 전체를 계속 반복해서 외우는 것이 기본형식이지만, 특정 만트라만을 계속 반복하는 방법도 가능합니다. 녹음을 듣는 경우도 반드시 마음속을 함께 암송하는 것이 더 좋습니다.(명상 시간 외에도 일상에서 틈날 때마다 자주 해도 됩니다.)

어떤 사람이나 어떤 것들로부터도 결코 영향을 받지 않는 상태를 한 번 상상해 보세요. 심지어 주위에 가난과 고통, 기근, 질병 경제, 파탄, 폭탄이 떨어지는 상황에서도 여러분 내면에서 그 어떤 것에도 흔들림 없는 고요함을 찾을 수 있습니다. 그게 가능한 일인가요? 단언하건대 가능합니다. 밑에서부터 위로 올라가는 방법이 아닌 정상에서부터 시작하세요. 여러분이 지금 100퍼센트 초연하다고 느끼세요. 그리고 나서 그것을 방해하는 어떤 생각, 느낌, 감정을 모두 흘려보내세요. 이것은 더 이상 어떤 것에도 개의치 않겠다는 결정입니다. 오직 에고만이 이런저런 것들에 신경 쓰는 것을 좋아합니다.

-레스트 레븐슨, 『세도나 메서드』에서

본성 차원에서 보면 나는 텅빈마음이요 우주의 모든 것은 늘 내 속에 있기 때문에, 나는 완전한 허용(수용)이요, 완전한 진리요, 완전한 조화요, 완전한 신성이요, 완전한 초연함입니다. 또 나는 늘 무한한 마음이요, 무한한 사랑이요, 무한한 평화요, 무한한 자유입니다. 모든 것이 늘 내 안에 있습니다. 나는 모든 것과 하나요, 모든 것은 나와 하나입니다. 이것이 나의 영적 진실이요, 진짜 정체성입니다.

이러한 의식으로 깨어나는 것은 나의 진정한 정체성을 회복하는 것입니다. 아울러 내 안에 본래부터 있었던 텅 빈 무한의 마음(순수의식)이 깨어나는 일이요, 내 영혼이 광활하게 부활하는 일입니다. 이 만트라들은 나의 영적 진실과 신적 정체성에 대한 위대한 선언입니다.

어떤 판단을 내릴 때는 오직 한 가지만 고려하면 된다. 이것이 '내가 누구인지'를 진술하는지, 이것이 '내가 되고자 선택하는 존재'를 선언하는지만. 삶 전체가 그런 선언이 되어야 한다. 사실 삶의 모든 것이 그러하다. 너는 그런 선언을 우연히 할 수도 있고 네 선택으로 할 수도 있다. (…) 네가 지금껏 자신에 관해 가졌던 가장 위대한 전망의 가장 숭고한 해석에 따라 살아라. 그것을 선언함으로써 그렇게 살기 시작하라. 그것을 그렇게 만드는 첫 단계는 그것이 그렇다고 말하는 것이다.

-닐 도날드 월쉬, 『신과 나눈 이야기』에서

닐 도날드 월쉬의 『신과 나눈 이야기』엔 위의 인용문 외에도 '가장 위대한 전망의 가장 숭고한 해석'이라는 구절이 여러 번 등장합니다. "'자신이 참으로 누군지' 결정하고 선언하며, 창조하고 표현하며, 체험하고 성취하는 것. 너희가 지금껏 '참된 자신'에 대해 가졌던 가장 위대한 전망의 가장 숭고한 해석으로 순간순간마다 자신을 새롭게 재창조하는 것. 바로 이것이 인간이 되는 데 있어 너희의 목적이고, 바로 이것이 삶 전체의 목적이다."

나 자신에 대한 '가장 위대한 전망의 가장 숭고한 해석'은 무엇일까요? 내가 생각하는 나의 정체성/자아상이 내 모든 생각과 믿음과 행동을 결정합니다. 에고로서의 정체성은 그 어떤 것이든 최상이거나 궁극의 것일 수 없습니다. 그렇기에 에고로서의 정체성은 '가장 위대한 전망의 가장 숭고한 해석' 또한 될 수 없습니다. 그것은 오직 참된 자신 즉 참나와 순수의식 수준의 정체성일 때만 가능한 것입니다. 이 만트라들은 자신에 대한 가장 위대한 전망의 가장 숭고한 해석으로서의 정체성을 선언하는 것입니다.

이러한 숭고한 해석으로 자신으로 바라보고 이해하는 것, 이러한 위대한 전망으로 삶의 매 순간을 살아가는 것 그것이 영적 각성이요, 깨달은 자의 정체성일 것입니다. 이 만트라들을 반복하면 자신에 대한 '가장 위대한 전망'의 '가장 숭고한 해석'이 무엇인지를 알게 될 것입니다. 하늘 아래 모든 사람은 오직 자신이 믿는 자아상과 정체성대로 살아가게 될 것입니다. 에고의 자아상이 아니라, 참나와 신성의 자아상으로 살고자 한다면 '나'에 대한 가장 위대한 선언으로 깨어나야 할 것입니다.

신의식 깨우기 명상

눈을 감고 양손은 펴서 무릎 위에 올려놓습니다. 빛의 폭포수 아래에서 명상을 한다고 상상합니다. 어머어마한 정화에너지가 내 몸 전체를 감싸고 있다고 상상합니다. 이러한 심상화는 에너지 강도를 높여주고 만트라와 연결되어 집중력과 정화 효과를 높여줍니다. 미간에는 야구공만 한 밝은 빛에너지가 있다고 상상합니다. 이 빛에너지가 머릿속을 맑게 정화하고 신성의식을 깨워준다고 생각합니다. 오로지 의식을 미간에 모으고 이 빛에너지를 고요히 바라보며 만트라를 반복합니다. 만트라는 소리 내어 외워도 되고, 마음속으로 외워도 됩니다.(소리 내어 외우는 것과 마음속으로 외우는 것 이 두 가지 함께해 보시길 바랍니다.)

· 나는 늘 신의 마음으로 깨어나고, 신은 늘 나의 마음으로 깨어난다.

· 나는 늘 신의 사랑으로 깨어나고, 신은 늘 나의 사랑으로 깨어난다.

· 신은 언제나 완전하다. 그래서 나도 언제나 완전하다.

만트라는 세 개이므로 하나의 만트라를 3분 정도 외우면 9분이 될 것이고, 5분 정도 외우면 15분이 될 것이고 10분씩 외우면 30분이 될 것이고, 20분씩 외우면 1시간이 될 것입니다. 얼마만큼의 시간을 안배해서 하느냐는 자신의 뜻에 맞게 취사선택하시면 될 것입니다. 다만 단기간에 영적 각성을 바란다면 좀 시간 비중을 늘리는 것이 좋을 것입니다. 예컨대 이 만트라를 하루에 1시간씩 외워서 고작 9일 만에 쿤달리니가 깨어나고 영적 각성까지 한 분도 있었습니다. 이 만트라는 그만큼 강력합니다.(혹여 이 말이 조금이라도 거짓말같이 느껴진다면 매일 1시간씩 10일만 해보시기 바랍니다. 어떤 체험이든 반드시 하게 될 것입니다.)

여기서 말하는 '신(神)'이란 우주만물의 근원인 조물주를 상징하는 것입니다. 특정 종교와는 아무런 상관이 없습니다. 그저 나와 우주만물의 '영적인 근원'을 상징하는 말로만 이해하시면 됩니다. 신은 모든 것의 근원이며 모든 것의 모든 것이니 오직 이를 상징하는 말일 뿐입니다. 노자의 『도덕경』에 '천지지모(天地之母)'라는 단어가 나오는데 '천지의 어머니' 또한 신과 같은 의미일 것입니다.

자기 자신에 사로잡혀 있을 때 당신은 신으로부터 분리된다.
신에 이르는 방법은 단 한 걸음이면 족하다.
자신으로부터 벗어나는 한 걸음 말이다.

-수피교의 한 스승

본성 차원에서 보면 나도 텅빈마음이요 신도 텅빈마음입니다. 나의 모든 것도 텅빈마음이요 신의 모든 것도 텅빈마음입니다. 그래서 나의 모든 것은 신의 모든 것이요, 신의 모든 것은 나의 모든 것입니다. 나는 천지의 마음이요 천지는 나의 마음이듯이, 나는 신의 마음이요 신은 나의 마음입니다. 신과 나는 늘 하나이기 때문에 나는 매 순간 신으로 존재하고 매 순간 신의 마음으로 존재합니다. 마찬가지로 신은 매 순간 나로 존재하고 매 순간 나의 마음으로 존재합니다.

신과 내가 하나라는 의식으로 깨어나는 것이 신인합일의 신의식이며, 이것이 순수의식으로 깨어난 영적 각성입니다. 이분법으로 신과 나를 구분하는 것은 에고의 관념 즉 생각일 뿐입니다. 이러한 분별심이 사라지고 나면 나는 신과 둘이 아니라 하나가 됩니다. 무분별의 의식 속에선 우주가 나와 하나가 되듯이, 신과 내도 하나가 됩니다. 이를 받아들이기 어려운 분들에겐 이게 이상한 얘기처럼 들리겠지만, 이것이 동서고금의 모든 각자들이 말한 깨달음의 본질이요 실체입니다.

반드시 그 모든 것 안에는 신이 존재한다! 하지만 과연 우리 중 누가 신을 그렇게 인식하고 있는가? 그리하여 우리는 그의 현현(顯現), 즉 그가 모습을 드러낸 만물 안에 그가 존재한다는 것을 인정하지 않고, 그 만물 안에서 그를 보려하지 않고, 그리고 그를 모든 것이라고 부르지 않기 때문에 우리는 우리의 어두운 마음들이 사실로서 받아들였던 오류, 악, 거짓을 보고 "분리되었다는" 오해의 혼돈 아래에서 우리 자신을 잃어버렸다. 그 결과 우리는 모든 것을 포함하는 의식을 잃고 자신들이 분리되었다는 생각 속에서 부조화, 병, 마음의 고통을 경험한다.

-조셉 베너, 『웨이아웃』에서

언제나 신이 내 안에 있듯, 구원도 내 안에 있고, 천국도 내 안에 있습니다. 신도 구원도 천국도 밖에서 구하는 것은 전부 수렁이나 미로 속에 빠지는 잘못된 길이요 사이비일 뿐입니다. 이 명상을 꾸준히 열심히 하는 사람은 이 말이 무슨 뜻인지 명확히 알게 될 것이요, 제가 한 말이 거짓이나 헛소리가 아니라는 것도 알게 될 것입니다. 깨어난 이들은 모두 제 말에 100% 동의할 것이며, 지금껏 그래왔듯 기꺼이 '진짜 복음'을 세상에 함께 전할 것입니다.

> 이 세상은 통째로 신입니다. 세상 만물은 그 자체로 신이고 거기에 인간도 포함되어 있습니다. 세상에 존재하는 것 중 신이 아닌 것은 없고 신의 힘이 작동하지 않는 것은 없습니다. 그러므로 신이 아니라고 느껴지는 것이 있다면 그것은 인간의 마음이 지어낸 분별일 뿐입니다.
> -진세희, 『사는 것도 두렵고 죽는 것도 두려운 당신에게』에서

이에 대한 보다 상세한 설명을 듣고 싶으신 분들은 이 책들을 읽어보시기 바랍니다.

- 조셉 베너, 『내 안의 나』
- 조셉 베너, 『웨이아웃』
- 루비 넬슨, 『문 모든 길은 내 안에 있다』
- 페테르 에르베, 『우리는 신이다』
- 이시다 히사쓰구, 『탐욕의 원칙』
- 오쇼, 『도마복음 강의』
- 베어드 T. 스폴딩, 『초인생활』
- 닐 도날드 월쉬, 『신과 나눈 이야기』

Checker 56 | 신의식 만트라 명상상

이 명상법은 앞서 본 '신의식 깨우기 명상'의 다른 버전이라 할 수 있습니다. 방법은 '신의식 깨우기 명상'과 동일합니다. 무드라를 한 상태에서 미간에 의식을 모은 채 만트라를 반복합니다.

· 나는 완전한 고요 속에서 내가 신임을 안다. 나는 완전한 고요 속에서 신으로 깨어난다.

· 나는 완전한 자각 속에서 내가 신임을 안다. 나는 완전한 자각 속에서 신으로 깨어난다.

· 나는 완전한 허용 속에서 내가 신임을 안다. 나는 완전한 허용 속에서 신으로 깨어난다.

· 나는 완전한 수용 속에서 내가 신임을 안다. 나는 완전한 수용 속에서 신으로 깨어난다.

· 나는 완전한 내려놓음 속에서 내가 신임을 안다. 나는 완전한 내려놓은 속에서 신으로 깨어난다.

· 나는 완전한 내맡김 속에서 내가 신임을 안다. 나는 완전한 내맡김 속에서 신으로 깨어난다.

· 나는 완전한 믿음 속에서 내가 신임을 안다. 나는 완전한 믿음 속에서 신으로 깨어난다.

· 나는 완전한 사랑 속에서 내가 신임을 안다. 나는 완전한 사랑 속에서 신으로 깨어난다.

· 나는 완전한 조화 속에서 내가 신임을 안다. 나는 완전한 조화 속에서 신으로 깨어난다.

이 아홉 개의 만트라를 순서대로 10회씩 암송합니다. 혹은 각 만트라를 10회씩 소리 내어 읽어 편안한 배경음악과 함께 녹음해서 녹음파일을 반복해서 들으면서 암송을 해도 됩니다. 녹음 파일을 듣는 경우는 듣기만 해서는 안 되고 반드시 스스로 암송을 함께해야 합니다.

하지만 오해는 하지 말았으면 한다. 이 세상 모든 것과 모든 이가 온전하고 완벽하다고 말했지만, 현재의 "분리된" 마음과 현재의 이해력을 지닌 그대가 보고 믿는 것이 그러하다고 말하는 것은 아니다. 지금 그대의 시야로 보는 것, 그대의 이해력으로 믿는 것은 "외형"이다. 그것은 분리된 마음이 창조한 것에 불과하다. 하지만 그대가 마음속에서 진실이라 생각했던 것의 그림자일 뿐이다. 그래서 그 그림자는 그대가 모든 것 안의 모든 것인 신을 알게 되면, 그리고 선함, 아름다움, 완벽함만을 투영하고 있는 신의 존재를 알게 되면 사라지게 될 잠시간의 잔상(殘像)일 뿐이다.

-조셉 베너, 『웨이아웃』에서

내가 에고의식 차원에서 진실이라고 믿는 것이 진실이 아닐 수 있습니다. 내가 진실이라 믿었던 것이 에고의식의 그림자일 수도 있습니다. 새가 알을 깨고 나와야 넓은 하늘 속에서 날 수 있는 것처럼, 영적 진실은 에고의식을 깨고 나와야만 알 수 있는 것입니다.

이 만트라들은 에고가 만들어낸 신과 나를 둘로 보는 이원성의 관념 즉 '분리된 마음'을 지워줄 것입니다. 그것은 신적 자아가 깨어나면 사라질 에고의식의 잔상일 것이기 때문입니다. 내가 신과 하나임을 아는 것은 내가 모든 것과 하나임을 아는 것과 같은 선상에 있습니다. 모든 것은 신의 현현이기 때문입니다. 이런 의식의 개화가 바로 살아서 거듭나는 것이요, 찬란한 영혼의 부활입니다.

명상은 심오한 이완이다. 명상 상태에서는 에고의 흥분된 목소리와 헛된 공상들이 묻히고 만다. 우리 모두는 신의 목소리와 직접 연결되는 라디오 회선을 내면에 가지고 있다. 문제는 그 라디오가 심한 전파 장애를 겪고 있다는 것이다. 하지만 우리가 고요히 있으면서 신과 보내는 시간 동안에는 그 전파 장애가 없어진다. 우리는 신의 작고 고요한 목소리를 듣는 법을 배운다. 천국에서 우리가 듣게 되는 유일한 목소리가 이것이다. 우리가 그곳에서 행복한 이유가 여기에 있다.

-마리안느 윌리암슨, 『사랑의 기적』에서

이 만트라들 속에는 '완전한 수용이나 내려놓음' 같이 심리치유에 좋은 요소들도 가득 담겨있습니다. 그래서 이 만트라를 반복하면 영적 각성이 되기 전에도 무의식이 정화되고 다양한 치유 효과가 발생하게 될 것입니다. 깊은 몰입 속에서 이 만트라들을 계속 반복하고 있으면 마치 끝없는 파도가 밀려오듯 신성의식이 끝없이 내 의식의 바닷속으로 밀려들어오는 느낌을 받게 될 것입니다. 그 끝없는 신성의식의 파도에 계속 접속된다면 어찌 깨어나지 않을 수가 있겠습니까. 이 만트라들이 신성의식을 깨우는 꺼지지 않는 내면의 촛불과 같은 것이 되기를 기원합니다.

명상은 신의 말 없는 사랑을
당신이 머물고 있는 지금 순간으로 가져오는 작업이다.
고요와 정적 속에서 신의 에너지는 당신 것이 된다.

-웨인 다이어

치유를 위해서든,
영적 각성을 위해서든
명상이 자연스러운 습관이 되어야 하고
일상화가 되어야 합니다.

명상이 자연스러운 습관이 되어야 하고
일상화가 되어야 합니다

일상이 여행인 나는 늘 길을 물어가면서 다닌다. 길을 알려주는 사람들의 손 끝에서 때로는 사랑, 때로는 증오, 때로는 무관심을 본다. 증오를 가진 자의 손 가락은 엉뚱한 곳에 가 있고, 무관심한 자의 손가락은 어디를 가리키는지조차 알 수 없다. 그러나 사랑으로 가득한 자의 손가락은 언제나 정확한 곳을 가리킨 다. 사랑이 없다면 우리는 영원히 길을 헤매고 말 것이다.

-홍신자, 『생의 마지막 날까지』에서

저는 이 책이 심리치유와 마음공부를 하시는 분들께 정확한 곳을 가리키는 사 랑 가득한 손가락이 되기를 희망하면서 썼습니다. 그 희망에 얼마만큼 도달했는지 저로서는 알 수 없지만, 이 책엔 실로 제 30년 마음공부의 거의 모든 노하우가 담 겨 있습니다. 제 30년 마음공부는 혼돈과 무지와 시행착오의 연속이었습니다. 다만 그러한 경험 덕에 이제는 시행착오를 줄이고 진리의 길로 곧장 나아가는 법을 어느 정도는 알게 된 듯합니다.

사샤 바힘의 『내 기분 사용법』엔 이런 구절이 있습니다. "행동을 바꾸기를 진지하게 원한다면, 성공 확률을 높이기 위해 할 수 있는 모든 것을 시도해보아야 한다. 또 목표 달성을 위한 최상의 조건을 만들려면, 어떤 톱니바퀴를 돌릴 것인지 고려해야 한다."

제가 많은 명상법을 탐구하고 개발하게 된 것은 '깨달음을 위한 더 효과적인 방법'을 찾고자 하는 간절함 때문이었습니다. 멈출 수 없었던 그 간절함 덕에 비록 오랜 시간이 걸리긴 했지만 효과적인 방법들을 어느 정도는 찾은 것 같습니다.

이 책의 명상법을 충실히 실행하는 분들은 제가 30년 걸려서 얻은 것을 3주나 3달 안에도 얻을 수 있으리라 생각합니다. 이 또한 이 책을 쓰면서 제가 가졌던 바람이었습니다. 실제로 제게 상담이나 참나코칭을 받으시는 분들은 10~20시간에 대부분 초견성을 하는 경우가 많습니다.(아주 빠른 경우는 상담 2회 만에 영적 각성을 하는 경우도 있습니다.) 이제 초견성 정도는 누구나 단기간에 할 수 있는 시대가 되었습니다. 이 책의 명상법을 잘 활용하시는 분들 중엔 영적 각성까지 하시는 분이 무수히 많이 나오지 않을까 합니다.

예컨대 영어공부를 매일 10분씩 하는 사람과 매일 1시간씩 하는 사람의 결과가 같을 수 없듯이, 명상도 매일 10분씩 하는 경우와 매일 1시간씩 하는 경우 또한 그 결과가 결코 같지 않을 것입니다. 만약 빠른 치유나 영적 각성에 뜻이 있다면 매일 1시간 이상 명상을 하는 것을 권하고 싶습니다. 간절함이 있다면 그 간절함에 답하는 행위는 반드시 따라오지 않을까 합니다.

사과 씨앗은 하루 만에 자라지 않지만, 물과 햇살을 계속 부어주면 점점 더 자라날 수밖에 없습니다. 명상의 씨앗 또한 마찬가지가 아닐까 합니다. 명상도 자꾸 하다 보면 반드시 실력이 늘게 되어 있습니다. 치유를 위해서든, 영적 각성을 위해서든 명상이 자연스러운 습관이 되어야 하고 일상화가 되어야 합니다. 어떤 목적으로 얼만 만큼의 시간과 노력을 투자하든, 저는 모든 독자들께서 이 책의 명상법들을 잘 활용해 최대한 많은 것을 얻으시기를 소망합니다. 아울러 독자들께서 이 책의 명상법들이 어떤 효과와 가치가 있는지를 직접 '증거'하는 분들이 되어주시기를 소망합니다.

> 삶이 어둠으로 가득 차 있고, 자신이 품어 온 희망이 단 하루도 빛을 본 적이 없는 수백만의 사람들을 바라보지 말라. 나무로 성장하지 못한 채 썩고 쓸모없어진 씨앗을 바라보지 말라. 삶이 성공적이었으며 신성을 경험했던 소수의 사람들을 보라. 그리고 기억하라! 그러한 씨앗들에게 가능한 일은 다른 모든 씨앗에게도 가능하다는 사실을. 누군가 한 사람이 신성을 경험할 수 있었다면 다른 모든 사람들 역시 경험할 수 있다.
>
> 씨앗으로서 그대가 가진 가능성은 붓다, 마하비라, 크리쉬나 또는 예수의 경우처럼 그대에게도 마찬가지이다. 자연은 누구도 편애하지 않는다. 모든 사람들이 똑같은 가능성을 가지고 있다. 그러나 우리들 중 많은 사람들이 이러한 가능성을 실제화하려는 노력을 해 본 적이 없다. 그래서 가능성이 드러나지 않는 경우가 많다.
>
> -오쇼, 『명상의 길』에서

이 명상법들은 애초부터 심리치유를 위해 만들어진 것이므로, 조금만 응용하면 상담 때 다양한 치유법으로 활용이 가능한 것들입니다. 제가 실제로 상담 때 항상 그렇게 하고 있습니다. 이 명상법들을 얼마만큼 소화해서 어떻게 응용하고 결합하는가 하는 것은 상담가의 몫일 것입니다. 그런 점에서 이 명상법들은 심리치료에 종사하시는 분들께도 많은 영감과 도움을 줄 수 있으리라 생각합니다.

저는 이 책의 명상법들이 국내는 물론이요 전 세계에 알려지기를 희망합니다. K팝이 전 세계에 사랑받듯이, K명상이 전 세계에 알려져 전 인류의 좋은 문화적 자산이 되기를 바라기 때문입니다. 저는 우리나라가 문화적 사대주의를 벗어나 새로운 문화를 창출하고 선도하는 정신적 선진국이 되기를 바랍니다. 이 책의 명상법들이 전 세계인들로부터 사랑받고, 여러 전문가들로부터 연구된다면 저자로서 이보다 더 기쁜 일은 없을 듯합니다.

어떤 새도
절반의 마음으로 날갯짓하지 않는다

어떤 번개도
건성으로 파열하지 않는다

어떤 강도
마음에 없이 바다로 향하지 않는다

어떤 바다도
절실함 없이 파도치지 않는다
-류시화, 「늦게 출가해 경전 외는 승려가 발견한 구절」에서

효과적인 명상법에 대한 제 연구는 앞으로도 계속될 것입니다. 그래서 독자들의 명상 경험담은 제게 많은 도움이 될 것입니다. 이 책의 명상을 해보신 분은 제 메일로 많은 경험담을 나눠주시길 부탁드립니다. ujuhanl@hanmail.net

"내 상처가 나으면 나는 이제 백신입니다. 나와 같은 아픔을 겪고 있는 사람들에게 나는 특효약입니다. 주위를 살피면… 오직 나만이 힘이 되어 줄 수 있는 사람이 있습니다." 조정민 님의 이 잠언이 아프고 상처받은 모든 이들에게 해당되는 일이었으면 좋겠습니다. 모든 독자 분들께 명상의 치유와 기쁨과 축복이 함께하기를 기원합니다. ♁